三浦忠司　著

八戸藩の歴史をたずねて

――八戸藩領をあるく　東京散歩

デーリー東北新聞社

八戸藩領をあるく　目次

第3章　飢饉と安藤昌益

第4章　藩政改革

第5章　維新の動乱と近代の予兆

東京散歩　目次

写真撮影　デーリー東北新聞社写真部
「八戸藩領をあるく」井深　裕介
岩村　雅裕
大粒来　仁
「東京散歩」岩村　雅裕

藩境
郡境
通境
街道
伝馬継所
在郷町
鉄山
湊
久慈川
野田
生
久慈・八日町
長内
門前
夏井
小久慈
滝山
三日町
大川目
広野
繋
戸呂町
南山形・関
川井
金取
荷軽部
江刈
米通
九戸街道
寺田
長興寺
伊保内
戸田
小田
葛巻
椛木
州街道
一戸
沼宮内
藩
領

〔八戸藩領図〕

下図の本領（三戸郡・九戸郡）のほかに、飛び地として志和郡に片寄・土館・稲藤・平沢の4か村が所在した。

〔東京散歩地図〕

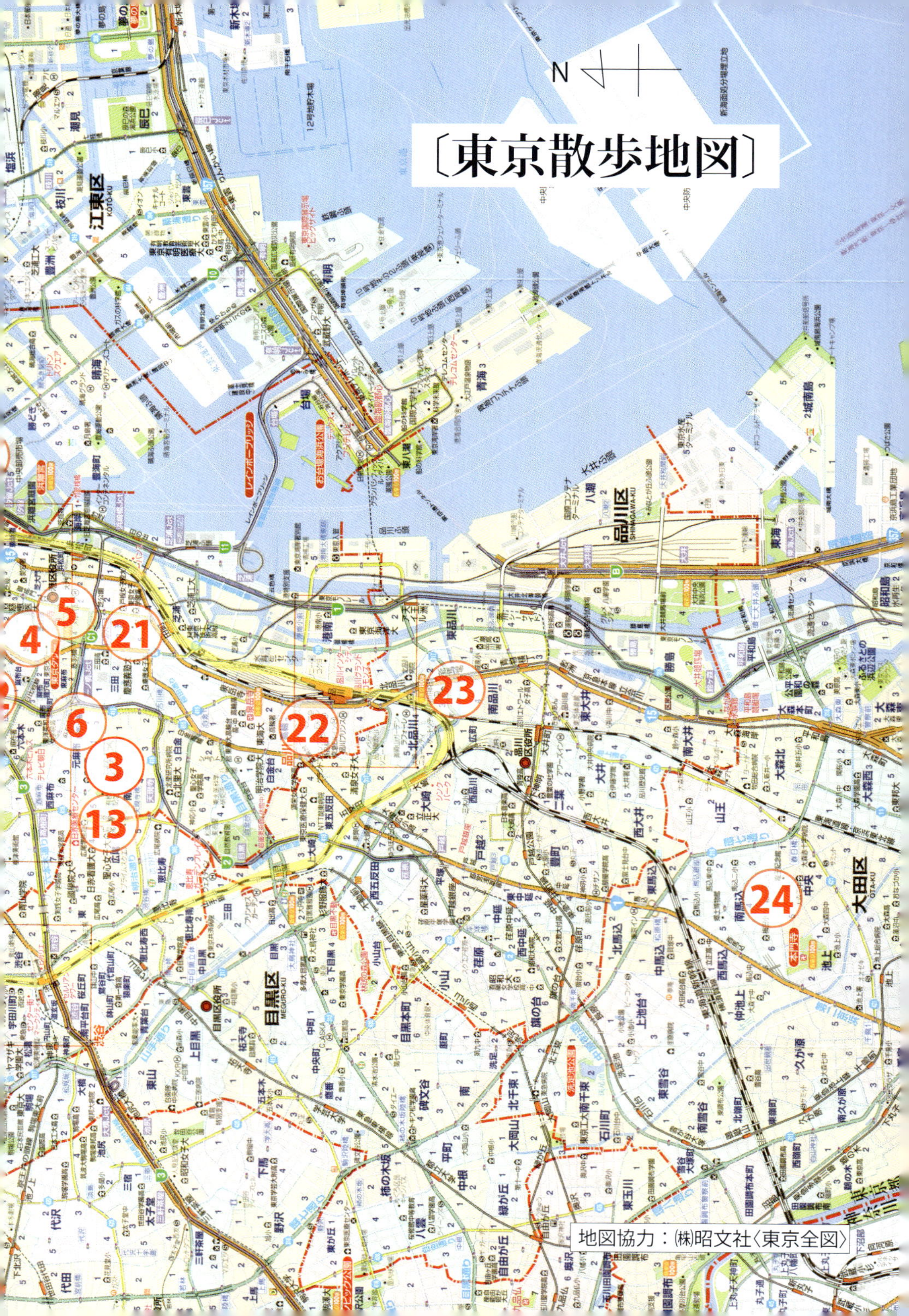

地図協力：㈱昭文社〈東京全図〉

荒川区
台東区
墨田区
文京区
千代田区
中央区
新宿区
豊島区
渋谷区
26
29
35
10
7
9
8
32
16
18
17
19
31
36
33
11
12
34
38
14
28
15
25
37
27

【参考】八戸藩主一覧

代数	藩主名	続柄	官名	生没年	没年齢	藩主在職年	在職年齢	在職年数	戒名	奥方
1代	南部直房《なおふさ》	盛岡藩主南部利直の男	左衛門佐	寛永5年(1628)～寛文8年(1668)6月24日	41	寛文4年(1664)12月6日～寛文8年(1668)6月24日	37～41	5	清涼院	盛岡藩士川口源之丞の娘
2代	南部直政《なおまさ》	直房の男	遠江守	寛文元年(1661)5月6日～元禄12年(1699)3月16日	39	寛文8年(1668)8月21日～元禄12年(1699)3月16日	8～39	32	天祥院	盛岡藩主南部行信の娘志久
3代	南部通信《みちのぶ》	養子、盛岡藩主南部重信の男	遠江守	延宝元年(1673)2月11日～享保元年(1716)8月24日	44	元禄12年(1699)5月13日～享保元年(1716)8月24日	27～44	18	三玄院	加賀大聖寺藩主前田利明の娘(継室)
4代	南部広信《ひろのぶ》	通信の男	甲斐守	宝永3年(1706)3月7日～寛保元年(1741)5月2日	36	享保元年(1716)10月26日～寛保元年(1741)5月2日	11～36	26	正見院	丹波篠山藩主松平信庸の娘
5代	南部信興《のぶおき》	広信の男	左衛門尉	享保10年(1725)9月25日～安永2年(1773)8月13日	49	寛保元年(1741)6月24日～明和2年(1765)5月29日	17～41	25	龍津院	大和芝村藩主織田輔世の娘(前室)
6代	南部信依《のぶより》	信興の男	甲斐守	延享4年(1747)2月10日～天明元年(1781)6月7日	35	明和2年(1765)5月29日～天明元年(1781)2月14日	19～35	17	宝性院	伊予吉田藩主伊達村信の娘
7代	南部信房《のぶふさ》	信依の男	伊勢守	明和2年(1765)6月15日～天保6年(1835)5月16日	71	天明元年(1781)2月14日～寛政8年(1796)2月13日	17～32	16	仙溪院	越後新発田藩主溝口直養の娘
8代	南部信真《のぶまさ》	信依の男 信房の弟	左衛門尉	安永7年(1778)2月1日～弘化3年(1846)12月29日	70	寛政8年(1796)2月13日～天保13年(1842)5月11日	19～64	47	惇徳院	相模小田原藩主大久保忠真の娘
9代	南部信順《のぶゆき》	養子、鹿児島藩主島津重豪の男	遠江守	文化10年(1813)1月11日～明治5年(1872)2月20日	60	天保13年(1842)5月11日～明治4年(1871)7月14日	30～59	30	神葬により戒名なし	信真の娘鶴

一覧は三浦忠司『御九代集　全』(種市町教育委員会、平成七年)や三浦忠司執筆「八戸藩」・『北海道・東北藩史大事典』(雄山閣、昭和六三年)などにより作成した。

八戸藩領をあるく

第1章　八戸藩の誕生

第1節　盛岡藩の野心

海運拠点に城都建設

鷹狩り名目　支配強化

「田面木の里を過ぎ根城を越え、八戸に至りて見れば、いと大きにいみじく作れる城あり。殿閣高くそびえ、千尋の堀を四方にめぐらす」

これは万治三（一六六〇）年正月に、盛岡《もりおか》藩主の侍医である渡部益庵が八戸《はちのへ》の様子を『八戸紀行』(1)に書いたものである。八戸藩が誕生する四年前のことである。このときには既に堀を巡らし、高殿を備えた城が築かれており、八戸の町並みも整っていたものと思われる。

この紀行が書かれる三〇数年前、八戸には根城《ねじょう》に城を構えた根城南部《なんぶ》氏がおり、約三〇〇年にわたって八戸地方を支配していた。ところが、根城南部氏が寛永四（一六二七）年に遠野《とおの》（岩手県遠野市）へ移封された。伊達氏に対する備えを理由としていたが、根城南部氏が八戸

盛岡を出た渡部益庵は、田面木の里を眺めながら八戸城に到着した。田面木堤は八戸藩時代からずっと水をたたえる＝八戸市田面木

がままに統治することができた。

城代が統治

八戸の統治は、八戸城代とその下の八戸代官、八戸蔵奉行によって行われた。慶安年間（一六四八～五一）には、八戸城代として米田四郎兵衛と三ケ尻弥兵衛がおり、八戸代官には麦沢五郎左衛門、沢里宮内、志村四郎左衛門、袴田伝右衛門、玉内長右衛門、七戸次郎衛門、八戸蔵奉行は細越与左衛門、田名部小左衛門、高橋彦七が就いていた（慶安御支配帳）[2]。八戸代官は村々の行政を管轄し、八戸蔵奉行は米や大豆・粟《あわ》などの年貢収納に携わっていた。

八戸への城都建設の背景には、盛岡城下は海から遠いので、海に面した八戸を海運の拠点、つまり船運による物資の交易センターにしようという野心があったのではなかろうか。これを裏付けるように、正保三（一六四六）年から承応二（一六五三）年にかけての盛岡藩『雑書』[3]（藩の日記）には、八戸では船が建造され、船を使って米・大豆などの産物を江戸へ運んでいることが見られる。

岩淵の別雷神社。江戸時代には新山権現と呼ばれていた。盛岡藩の支配当時に鷹狩り用の鷹の餌として犬を上納することを免除する証文が残されている＝八戸市新井田

藩主が縄張り

八戸の地勢の重要性をいち早く見抜いたのは、初代盛岡藩主南部利直《としなお》であった。利直は鷹狩りにしばしば八戸を訪れ、平地と山地、川と海に恵まれた地勢を熟知していた。これを朱雀《すざく》や玄武《げんぶ》、青龍《せいりゅう》、

白虎《びゃっこ》になぞらえ、「四神相応の霊地」であるとして、根城南部氏の移封後の寛永五～六年ごろに自ら縄張りをして城塁を築き、町割りを始めたと伝えられている（附録伝など）。(4)

鷹狩りは二代藩主重直《しげなお》も行った。『八戸紀行』はその鷹狩りの随行記録であった。鷹狩りは鷹を放して鳥やウサギなどの小動物を捕らえるものである。これは藩主の遊興だけで行ったのではない。鷹狩りを名目に領内を巡視し、民情を探った。何よりも多くの家臣を従え、領地をくまなく歩き、権力を一手に掌握したことを示す一大示威行動であった。八戸の鷹狩りも権力を握った盛岡藩主による支配権強化を目指したものである。

鷹狩りに関連した地名に、新井田岩淵に鷹待場の字名があり、八戸城下の町名鷹匠小路も、鷹使いの鷹匠に由来するものである。

鳥獣の宝庫

馬淵川の南に城と街地が築造される一方、北の長苗代などの馬淵川流域の河川敷は鳥獣の宝庫であった。開田はいまだ進まず、沼や湿地が多く雁《がん》や鴨《かも》、雉《きじ》などが生息し、鶴・白鳥などが飛んできた。盛岡藩『雑書』には、この時期、鷹狩りや追い鳥の狩猟記事が数多く記されている。さらには鹿も生息しており、鹿猟も頻繁に行われていた。

鹿猟の目的は刀などの武具や馬具などに使用する鹿皮の需要が大きかったことによろう。狩猟で得た鳥類や獣皮は、藩の手で江戸に向けて送られ、諸大名の刀剣など(5)を飾った。

【二万石を領有】 八戸藩は寛文四（一六六四）年に盛岡藩から分離独立して誕生した藩である。以来、明治四（一八七一）年に廃藩置県になるまで存続した。八戸城（現在の八戸市内丸）に治所を構え、青森県南部から岩手県北部にかけて二万石の地を領有した。現在の行政区域にすると、青森県八戸市・南部町（旧名川町・福地村分）・階上町、および岩手県久慈市・洋野町・軽米町・葛巻町・九戸村という二県二市五町一村にわたる広範囲な地域である。歴代藩主は、初代南部直房《なおふさ》から九代信順《のぶゆき》まで続いた。

第2節　独立藩の誕生

幕府の台命により創設
「分家でない」と宣言

寛文四（一六六四）年十二月六日、南部直房《なおふさ》は兄の南部重信《しげのぶ》とともに老中酒井雅楽守の屋敷に招かれた。ここで幕府の台命《たいめい》（将軍の命令）が伝えられた。そのころ、盛岡藩主重直は世子なくして死去していた。しかし、家名の永続と祖父利直の忠功により遺領十万石を分かち、八万石は重信に、残り二万石を直房に与える、と申し渡された。これにより八戸藩が誕生することになった。

この席上、直房は十万石全てを兄に譲り、自分は兄を助けて忠勤に励みたいと願い出た。もちろんこの願いは受け入れられなかったが、直房の清廉さが称賛を呼んだという（八戸南部史稿）[1]。直房三七歳のときである。同月十五日に登城して四代将軍家綱に拝謁した直房は、従五位下左衛門佐《すけ》に叙任された。

跡目争い

現在の三八城公園は八戸城の本丸跡である。本丸は石垣こそなかったが、城下地区から見ると、要害な高台に築かれていたことが分かる＝八戸市内丸

幕府の台命が下されるまで、盛岡藩内には家督をめぐって激しい争いが起きていた。この年の九月、二代藩主重直が跡継ぎを決めないままに死去。家臣たちは、遠野南部氏を立てんとする者や徳川の一族を迎えんとする者などに分かれて抗争した。面白いことに、直房を相続人の一人に考えていた者は誰もいなかった。跡継ぎがいない場合、普通はお家断絶か領地没収となった。だが、運がよかった。この時期、幕府の大名統制策は、それまでの強硬的な武断政治から取り潰しをやめる方向へと転換しつつあった。そのため、盛岡藩は辛くも断絶という事態から逃れることができた。

長者山麓にある南宗寺《なんしゅうじ》の墓地には、歴代の八戸藩主９人が眠る墓地が立ち並んでいる＝八戸市長者

こうして重直の次弟の重信と末弟である直房がともに藩主に取り立てられた。八戸藩は新規に独立藩として生まれることになったのである。

新しく取立

ところで八戸藩の創設について近年、八戸藩は幕府による新規取立による独立藩ではなく、普通の遺領相続ではなかったのかという見解が出されている。この見解は、幕府の記録である「徳川実紀」や「柳営日次記」に、「養子願之儀、年来言上に及んでいた[2]」と記されているのを根拠とし、弟重信を養子にしたいと幕府に願っていたという考えである。

しかしこの養子願いは、重直が以前に他家から養子をもらっていたように、他家からもう一度養子を得たいと願ったものではなかろうか。この願いが聞き届けられないうちに重直が死去したので、幕府では、身内に弟二人がいることを考慮し、遺領十万石を分割して新たに二家に相続させることにしたのである。

八戸藩の新規取立を裏付けるのは、盛岡藩『内史略』[3]である。これには、「南部家の古来からの旧家を惜しんで家名を断絶せずして、盛岡・八戸両家を取り立てる。これは旧来の遺領相続ではなく、新たな御恩として新規御取り立てしたものである。決して先祖伝来の遺跡相続と思うべからず。これが幕府の台命である」という内容が記されている。さらに藩主に登用された重信は、「我らと直房に領地を下されたのは、兄の跡目ではない。新儀に御取立になったものである」として、重役北氏とその内室へ手紙を書き送っている（歴代御記録[4]）。

直政の遺訓

八戸藩二代藩主直政《なおまさ》が書き残した「御遺訓」[5]（元禄九年）はもっと明瞭である。「父兄の遺禄を受けたと言うべからず。幕府から今新たに禄を賜うて立てられたものなり。これをもって我家が従属の末家として領地を嫡家より分け得たるものではない。幕府より新たに領地を賜うとの命を蒙り、別に一家を立てたものである」と主張している。

八戸藩は盛岡の遺領を分配されて誕生した「分家」ではなく、幕府から新たに禄を与えられてつくられた藩である、と宣言しているのである。それは、八戸藩は盛岡藩の支藩ではない、対等な立場に立つ独立藩として幕府から創設されたことの強調である。

幕府にとってみると、新規に藩を創設することは大名に対する新たな統制策であった。外様《とざま》大名の力が肥大化するのは好ましいことではない。取り潰しが難しいとすれば、大名を細分化して統制した方がやりやすかったのである。「分割して統治せよ」といわれるゆえんである。

【側室の子が大名に】　初代八戸藩主の直房は盛岡藩初代利直の第七子であった。母は盛岡藩士中里嘉兵衛の娘で、盛岡の石合で生まれた。側室の子であったので、中里家で養育され、中里数馬直好と名乗る。後に部屋住として二〇〇石を与えられたが、藩主の子としては小禄であった。妻は家臣の川口源之丞の娘である。正室と認められていなかったのか、藩主系譜には妻はなしとある。しかし、奥様と呼ばれており、直房死後は霊松院と称した。子には直政、直常、富姫がいたが、直常は夭折、富姫は直房死後に誕生した。母の父は下閉伊郡中里村の出身であり、直房はここの生まれという説もある。

第3節　城下町の成立

階上岳　町割りの目印

白山川を水源に堰引く

寛文五（一六六五）年八月、藩主の生母とその妻子たちが盛岡から八戸へ移ってきた。盛岡藩からもらい受けた家臣二一人も一緒であった。翌六年五月、藩主直房も江戸を出発して初めて八戸にお国入りした。

新しい藩ではあったものの、『八戸藩日記』には、藩誕生に伴う築城工事や城下町の新たな町づくりが記されていない。これは盛岡藩時代に形成された八戸城とその付属の町が八戸城下としてそのまま転用されたことを示すものであろう。

八戸町の起源について、八戸藩の伝承を記録した『附録伝』は、寛永四（一六二七）年の根城南部氏の遠野転封後、盛岡藩主南部利直の手によって八戸城の築城と町づくりが行われたと伝える。

長横丁が基準

城は、当時柏崎（現在の内丸あたり）と称されていた台地の末端に築か

八戸市庁前ロータリーから長横町方面を望むと階上岳がそびえる。町割りの基準線の延長が頂上に至った＝八戸市番町付近

れた。城の南側の大手筋から長横丁を基準にし、西方に上町として三日町・十三日町・廿三日町、東方に下町として八日町・十八日町・廿八日町の六町が町割りされた。上町には旧根城城下の商家、下町に旧新井田城下の商家が移されて、寛永七年に町並みが完成したという。基準線をそのまま延ばすと階上岳の頂上に至る。階上岳は町の目印であるランドマークであった。

『盛岡藩雑書』によれば、正保二（一六四五）年に八日町、翌三年に三日町が現れ、慶安元（一六四八）年には廿八日町の町名が現れて、八戸「新町」一〇六軒の屋敷割りと家造りが出来ている。最初に、今の表通りとなる廿三日町から廿八日町の表町が造られ、次いで新町としての裏町（裏通り）が造成された。

二ツ屋下の山裾には、土で埋もれているものの、今でも町堰の水路跡が残っている＝八戸市沢里付近

しかし、正保二年から九年たった承応三年には大火が発生。十八日町から出火して廿八日町とその裏町も含めて六三軒が焼失。さらに現在の来迎寺とみられる浄土寺も炎上した。このころになると、十八日町界隈《かいわい》は大火になるほど家がひしめき合っていたのである。

城南に町人町

八戸城下の基本的な構成は、城を中心にその南に東西に細長い町人町が置かれた。町人町をはさむようにして北の城の周囲には上級藩士の武家町、南の城下端には下級藩士の武家町が置かれ、町人町の東西の両端には城下を防衛する足軽町が配置されていた[1]。

武家の屋敷割りについては、寛文五年以降、城に近い番丁から武家町の整備が進められ、垣根の築造や屋敷地の配分などの指示が出されている。是川の母袋子《ほろこ》山からは、三千本もの松材が伐採されて建築に充てられた（阿部家文書[2]。

町人町は盛岡藩時代の表町六町と裏町六町のつくりが核になっている。ところが『附録伝』には、藩政前期には、本町たる表町が七町で、裏町が五町であったとする。表町七町とは、廿三日町から廿八日町までの六町に荒町が加わっていたのだろう。荒町の隣にある新荒町は天明二（一七八二）年まで足軽町であったので、町人町には入っていなかった。

一方、裏町は廿六日町から十一日町までの五町が町域であったと考えられる。廿一日町とも呼ばれた下大工町は、町域には入っていなかった。下大工町が町人町に組み入れられたのは、文化二（一八〇五）年になってからであった。

街路に用水路

表町の街路両側には町堰が造られた。町堰は城下の生活用水や防火用水に使われた用水路で、基本的なインフラ施設であった。町堰の水源は白山川(現土橋川)の上流の笹子下である。ここから沢里山の裾を巡って大杉平に水を引き、上組町を経て新荒町に至った。ここで街路の両側に水路が分かれ、三日町などの表町を経て、廿八日町の東端から北の低地に排水されていた[3]。排水場所は近年まで「ドド場」と呼ばれた。どうどうと音を立てて水が落ちていたからであろう。

町堰が廿八日町で終わっているということは、町域の東端が廿八日町であったことを示すものである。廿八日町が町はずれであったとすれば、町堰の始まりは盛岡藩の町づくりのときに築造されたものと考えられる。

八戸藩時代に入ると裏町にも町堰が延長された。表町から水路が分岐し、十一日町から類家堤に落水させている[4]。

> **【『附録伝』】** 作者や成立年代は不明だが、八戸藩に伝わった伝承や古記録類を編さんしたものに『附録伝』がある。南部私大や向鶴紋の起源から始まり、柏崎・都台と呼ばれた原野への八戸町の縄張り、御殿を築造した由来、さらには修験者の身投げ伝説がある法霊大明神縁起など、興味深い内容を記している。記述は藩草創期だけではなく、藩政時代中期の延享年間ごろまでの出来事にも及ぶ。とりわけ元禄を中心とした二代直政の事績が目立っている。いずれも八戸藩の成り立ちを解き明かす内容となっている。

第４節　領地確定と家臣団

二万石の割に広い領域

藩主の生母一族多用

八戸藩が誕生した翌年の寛文五（一六六五）年二月、盛岡藩から領地の配分があった。八戸藩領の村は、三戸郡から八戸村など四一カ村、九戸郡から種市村など三八カ村、ほかに飛び地として盛岡藩の南にある志和郡（岩手県紫波町）から片寄村などの四カ村が加えられ、合計八三カ村で構成された。治所は八戸町の八戸城と定められた。

現在の青森県八戸市と三戸郡、岩手県九戸郡と岩手郡にまたがる地域に当たる。長い海岸線と広大な山間地を持っていた。幕府が公認した所領である八戸藩の本高（表高）は二万石で、三戸郡一万五八五石余、九戸郡六千二二五石余、志和郡三千一九〇石余と書き上げられた（領地書上目録）[1]。寒冷地で米が穫れなかったので、二万石が収穫できるような分まで領域が広がっており、石高の割に藩領域が広いことが八戸藩の特徴である。

本徒士町や徒士町周辺には、城下町の面影を残す丁字路や鉤《かぎ》形道路が残っている＝八戸市本徒士町

五二一人で編成

藩成立にあたり盛岡藩から二一人の藩士を譲り受けることになった。これに直房の生母の実家である中里氏とその親戚一族が召し抱えられた。さらに盛岡藩の次・三男や八戸に残った根城南部氏の旧臣なども採用された。一年後には藩士二五一人、足軽・小者《こもの》二四九人などからなる総勢五二一人の家臣団が編成された（寛文五年御支配帳(2)）。

八戸藩士に召し出された諸氏を見てみよう。盛岡藩から譲られた侍は、湊市郎右衛門、津村伝右衛門、井上半平たちである。湊は室町期の「日の本将軍」安東氏の末流湊安東氏の末裔、津村は戦国期に南部氏に助力した伝法寺城主の末裔、井上は、利直が大坂の陣に出陣した折、大坂の娘が産んだ子の子孫である（井上家譜(3)）。いずれ劣らず名門の出身で、盛岡藩主と同等の由緒が煙たがられたのか、八戸に移された。

中里一族

初期の藩政の中核を成したのは、初代藩主の直房の母、仙寿院の生家である中里氏である。中里家の嫡家は盛岡藩に仕えたが、次男以下親戚一族は八戸藩に大量に召し抱えられた。中でも次男家の弥次右衛門は家老として草創期の八戸藩を切り開いていった。三男家の清左衛門は二代藩主となる直政のお守り役を勤め、のち二番家老として藩政運営に力を注ぐことになる。中里氏の出身は下閉伊郡中里村である。そこに隣接する下閉伊郡や三陸沿岸の岩泉、接待、重茂、船越などの諸氏も八戸藩に召し出された。

本丸の内濠《うちぼり》跡の碑。八戸市庁前から本八戸駅に至る道路は、本丸にあった内堀が昭和８（1933）年に埋め立てられて造成された＝八戸市内丸

ほかにも武芸や学問に秀でた者が召し抱えられた。弓術に秀でていた宗氏や安見流砲術・吉田日置流弓術の指南として三浦氏、躾方師範として女鹿氏が採用された。宗氏は盛岡に流罪となっていた福岡藩家老栗山大膳の寄子《よりこ》（仮の親子関係を結んだ武士）で、栗山が預かった大名の家臣であった。

禄高は低く

藩士に登用されると、藩主から知行宛行状《ちぎょうあてがい》が与えられた。知行宛行状とは、藩主が花押を据えて御恩と奉公を確認する文書である。各家では家臣の証しとして子孫末代まで大事に伝えられた。八戸藩では、二代藩主までは発給されていたが、これ以後は百姓の高を書き上げた小高帳《こだかちょう》によって代替えされたようである。

ただ八戸藩士の禄高は低く抑えられていた。寛文五年の禄高では、湊市郎右衛門の五〇〇石が最高、次いで津村伝右衛門・井上半平の四〇〇石、中里弥次右衛門三〇〇石であった。低く抑えることができたのは、小さな藩であったことのほかに、中世以来の譜代の家臣が一人もおらず、気兼ねなく石高を決めることができたからであろう。

家臣団が成立すると、藩の職制は家老の下に軍事を担当する番方《ばんかた》と行政を執行する役方《やくかた》に分けられた。番方は番士を率いる番頭《ばんがしら》、足軽を率いる者頭《ものがしら》が将官であった。役方は側廻《そばまわり》（藩主の生活関係）と勝手《かって》（行政司法の執行関係）に分けられた。側廻は用人《ようにん》が統括し、勝手は吟味《ぎんみ》・目付《めつけ》・勘定頭《かんじょうがしら》が三役と称して藩の政策決定とその執行に携わっていた。江戸時代後期の天保八（一八三七）年の御役付座列帳(4)では、家老に逸見主計、番頭に逸見六郎右衛門、者頭に津村鹿之助らが見え、吟味は接待忠兵衛、目付は宗権右衛門、勘定頭は玉内庄兵衛らが就いていた。

【飛び地の志和】　八戸藩領に志和（紫波）郡四ヵ村が飛び地として配分された。志和はたった四ヵ村で三千石の収量があり、八戸藩二万石のおよそ六分の一の石高を占めた。米が穫れない本領を哀れみ、格別に米どころの志和が与えられたのであるが、なぜ志和が選ばれたかは分かっていない。逸話では、領地を散らばせないで片寄せてほしいと言ったところ、片寄村のある志和が交付されたという話が伝えられている（柏崎記(5)）。直房の妻の実家である川口氏に縁のある所領であったとの指摘もある。

第5節　初代藩主直房の死

藩分割に恨み　暗殺説も

二代直政　幕府要職に

初代藩主直房は就任四年で突然死去した。寛文八（一六六八）年六月二十四日のことである。四一歳であった。公式には病で死去したとされるが、藩が分割された恨みにより盛岡藩の刺客によって暗殺されたという話が伝えられている。[1] その真偽は分かっていない。

しかし、死去する直前に小姓の梶川幾右衛門と石原間之助が「逆賊」として成敗されている。さらに藩の重臣が幕府に対して、死亡に「虚説」はあるものの、少しも異変がなかったことを誓う起請文を提出しており、[2] 何か不自然な出来事が起きたことがうかがえる。暗殺の真偽はともかく、藩主死去の危機を藩を挙げて乗り切ろうとしたのは事実であった。

八戸市の南宗寺にある初代藩主直房の墓碑。歴代藩主の墓碑が並ぶ左端にその五輪塔が建つ。清涼院殿の法号と没した年月日の寛文８（1668）年６月 24 日が刻まれている＝八戸市長者

二七歳で側用人

跡を継いだのは直房の嫡男で、わずか八歳の直政である。急きょ幕府に呼び出され、八戸藩主に就任した。その後、

元服した直政は、貞享元（一六八四）年九月、初めて将軍綱吉から領地の朱印状を与えられた。陸奥国三戸郡、九戸郡、志和郡の村々において二万石をあてがうというものである。藩成立以来二〇年目のことであった。十万石以上の大名であれば将軍の花押を据えた判物《はんもつ》が出されたが、八戸藩のような小藩では将軍の朱印が押されるだけであった。

その後、直政はめざましい昇進を遂げていく。外様大名ながら、三年後の貞享四年九月には詰衆、翌元禄元（一六八八）年九月に側衆となり、同年十一月には側用人《そばようにん》に抜てきされた。権勢を誇った柳沢吉保と同役である。二七歳のときであった。側用人の席次は老中の下、若年寄の上席とされた。しかし、側用人は将軍の側近として仕え、将軍の命を老中に伝える役職であったから、その権勢は老中を超えた。

南宗寺の山門。江戸時代の伽藍《がらん》は失われたが、元文4（1739）年建立の300年近い歴史の重みを伝える＝八戸市長者

就任が発令されると、祝いに訪れた大名は津軽家をはじめ二五〇人余にのぼり、朝から門前は訪問客と献上物であふれかえったという。(3) 就任と同時に譜代大名並みに遇された。八戸藩では、幕府要職に登用されたたった一人の藩主であった。

直政が側用人に登用された理由は、将軍専制をもくろんだ綱吉が、幕政の主導権を譜代大名から奪うために、外様大名などから人材を発掘して側近層を形成しようとしたことにあると言われる。しかし、登用される直接のきっかけは何らかあったはずである。

評判の学才

抜てきの理由としては、十五～十六歳で詩文を創作した学才が学問好きの綱吉の目に留まったからとか、あるいは幼少のときに綱吉と学問を共に学んだからとも言われるが、定かではない。

直政の学才を示す逸話が残る。朝鮮国より幕府に献上された屏風を開けれられず幕閣が困っていたところ、直政が上書きにある漢詩を読み解いて即座に開いて見せたという。(4) これに将軍はいたく感悦して、福島五万石を加増すると伝えた。直政は強く辞退し、柳沢の口添えにより代わりにオランダから献上された米曇羅《びいどろ》の大鏡が褒美に下賜された。この鏡は天下三面の鏡と称されるものであったという。

これと同時に七特許を受けた。庄屋《しょうや》と名主《なぬし》の名称、火の見櫓《やぐら》と町中一丁限二本貫《ぬき》の柵の設置、直成敗《じきせいばい》の実施、枡形《ますがた》と傍示杭《ぼうじくい》の設置がそれである。(4) これと関連するのか、元禄七（一六九四）年に八戸藩の村役人の名称が検断《けんだん》から庄屋、肝煎《きもいり》から名主と改められた。(5)

広い人脈

直政が側用人に就任して以来、将軍外出の供奉《ぐぶ》・宿直などの激務が続いた。卯の刻（午前六時）に登城して終日勤務。申の刻（午後四時）に下城すれば、また酉の刻（午後六時）登城、子の刻（午前〇時）に下城し、翌朝にはまた登城してそのまま宿直という具合だった。(6) そのためであろうか、元禄元年十二月中ごろから手にできものが出始めた。やがて将軍がこれに気づき、不浄の穢れなので養生をつくせと説諭され（御当代記）(7)、翌元禄二年一月、病気のため辞任した。詰衆に出仕以来、一年数カ月という短さであった。

しかし、その間、綱吉の能舞を有力大名とともに拝観したり、綱吉とともに能を演ずる栄誉にも浴した。(8) 人脈が広く、大学頭《かみ》林鳳岡や祈祷僧の知足院隆光、金地院崇寛などといった綱吉のブレーンとも交遊した。一介の田舎大名ではありえないことであった。

【八戸と江戸の菩提寺】 八戸市長者には、八戸南部家の菩提寺・南宗寺《なんしゅうじ》がある。初めは類家の本寿寺の隣に建立されたが、寛文十二（一六七二）年に長者山麓の現在地に移された。寺名は直房の父南部利直の法名南宗院月渓晴公大居士から付けられた。ここには墓所があり、歴代藩主の墓碑が並ぶ。一方、江戸の菩提寺は芝にある金地院《こんちいん》である。家康に仕え、黒衣の宰相と呼ばれた金地院崇伝が開山した。江戸で亡くなった五人の藩主と藩主夫人の墓がある。二代直政は江戸で没したので、江戸と八戸に墓碑が造営された。直政が編さんした漢詩文集の「新編文林全集」は両方の寺に納められた。

第6節　総検地と村落支配

田畑の生産力を把握

名主、数カ村ごとに

将軍の側用人まで出世した二代藩主直政であるが、その治世はどうだったのだろうか。藩事情を知るために全国を歩いていた幕府探索方による諸大名の評判記『土芥寇讎記《どかいこうしゅうき》』（1）＝元禄三（一六九〇）年＝には次のように記されてある。

「家民の仕置よし。直政は生まれながら悠然として愛悌あり。行跡にも不義なし。しかれども、文武を学ばず、諸士に任せたる故に家臣に奢りありと聞こえる。まず善将云うべし。ただし若年の時、仕置を家老に任するはもっともなり。成長の今に至りて政道を家老に任せるは非なり。故に家老に奢りあり」

直政は哀れみ深い人柄で不行跡もないので、善将とみられる。しかし、政道を家老に任せて顧みないのは、家老におごりが生まれ、将として物足りないと評されている。

二村を交換

軽米町の市街地から見上げる高台には町役場が見える。役場は江戸時代には軽米代官所があった場所で、伊保内や葛巻まで支配する重要な治所だった＝軽米町軽米

直政の時代には次第に法制が整い、藩の組織も機能し始めた。

寛文十二（一六七二）年、盛岡藩との間の境界問題がようやく決着した。これにより下市川の黒森を始点にして藩境塚が築立てられ藩領域が確定。貞享二（一六八五）年、七崎村（八戸市）が八戸藩に編入された。牧場が欲しかった盛岡藩は七崎村を八戸藩に譲る代わりに、北野牧のある侍浜村（久慈市）を盛岡藩領にしたいとして両村の交換が行われた。

元禄最後の年からは総検地が実施された。

八戸藩と盛岡藩との藩境だった六枚橋跡。名久井岳を望む相内の三戸街道には水路に架けられた六枚橋があった。両藩で橋板を３枚ずつ負担する習わしとなっていたので六枚橋と呼ばれた＝南部町相内

検地とは領内の田畑の面積と石高を調べるものである。藩創立以来、領内で進められた田畑の生産力を把握するのが狙いである。延宝五（一六七七）年に領内検地を終了し知行取りの藩士に小高帳が交付された。さらに元禄に入ると、新規開き立てした新田の検地が行われ、再度藩士に小高帳が交付された。元禄十年に作成された郷村御内所高帳(2)によると、領内石高は四万二千五九九石余と書き上げられた。畑作に対する水田化率は五八％で、六割近くで開田が進むようになった。

厳しい寒冷地

しかし藩創立時の内高は四万七四石であったから、これと比べると、二千石程度の増加にすぎず、農業生産が頭打ちとなっていた。寒冷地における農業経営がいかに厳しいものであったかを知ることができる。

しかも、元禄八（一六九五）年には八戸藩が誕生して以来の飢饉《ききん》に見舞われた。やませがもたらす冷害には寛文時代の最後のあたりから悩まされていたが、天和三（一六八三）年には財政悪化を打開するた

めに、俸禄カットに当たる貸上金《かしあげきん》を初めて実施した。藩士の俸禄を一〇〇石につき十両の割合で三年間借り上げるというものである。生活が成り立たない町人には低利の貸し付けを行う無尽《むじん》屋条目を定め、藩士には元禄元年に舫《もやい》金制度をつくり、参勤費用のほか生活資金の融通も始めた。直政の時代から、八戸藩には次第に財政窮乏が忍び寄ってきた。

区域に通制

八戸藩は各村々を支配するに当たり、通《とおり》制という行政区域を用いた。三戸郡には八戸廻《まわり》、名久井通《とおり》、長苗代通、九戸郡には軽米通、久慈通、志和郡には志和の行政区域を設定した。名久井、長苗代と軽米、久慈、志和に代官所を開設した。

村には、名主《なぬし》、乙名《おとな》、組頭《くみがしら》という村方三役を置いた。名主は村政の最高責任者で、いわば村長である。村ごとに置かれたのではなく、数カ村に一名置かれた。選出の仕方は、必ずしも村から選ばれるわけではなく、遠方の久慈通や軽米通を除くと、八戸の町人が就任することが多かった。その理由は、百姓が年貢を払えない場合、名主が才覚（工夫）して上納したので、少しでも資力のある町人の方がよかったからであろう。乙名は村から選ばれ、村の実質的な運営責任者、組頭は五人組に組織された百姓の代表であった。

天保七（一八三六）年ごろの八戸廻の名主は、湊名主が久兵衛、浜通（種市）名主が六日町松太郎、山根《やまね》（階上岳山麓の意）名主が十六日町新兵衛、糠塚名主が大工町儀兵衛、是川名主が鍛冶丁五郎八、新井田名主が田向孫右衛門、島守名主が三郎兵衛、入作名主が長横丁喜作であった（御徒目付当用袖玉(3)）。

【大下書と田屋】　名主などの村方三役のほかに、大下書《おおしたがき》、田屋《たや》という村役人がいた(4)。大下書は各通に一人が置かれ、名主の監督をしながら村からの願書を藩へ提出し、藩からの指示を名主へ伝えた。田屋は数ヵ村を管轄する名主の地域ごとに置かれた。大下書の指示を受けながら願書などの藩への取り次ぎに当たったほか、年貢の未納者などが城下に呼び寄せられると、田屋詰と言われて一時的な留置場所に使われた。両者とも直接村政に携わらなかったが、大下書は名主を監督したので名主よりは席次が上であった。

第7節　江戸城への出仕

上屋敷　幕閣の中枢地に

控えの間　大広間詰へ

幕府への奉公の一つとして参勤交代があった。一年ごとに江戸へ参府するため、藩主一行は八戸城の角御殿《すみごてん》前から南御門外にかけて立ち並び、そして出立した。

麻布に拝領

江戸における八戸藩の上屋敷は、現在の港区六本木一丁目に当たる麻布市兵衛町にあった。この他に中屋敷は上屋敷の向かいの同じ町内に、下屋敷は麻布新町に所在した。菩提寺は盛岡藩と同様に芝（同区芝公園三丁目）の金地院《こんちいん》である。江戸屋敷のうち、上屋敷は藩の政務を執る江戸役所そのもので、藩主とその夫人、家族が住む本邸でもあった。江戸詰の家臣もここに住んでいた。

上屋敷を市兵衛町に拝領したのは元禄二（一六八九）年のことである。二代藩主直政が将軍の側用人を辞し、江戸

明和２（1765）年に隠居した５代藩主信興は、新井田に御殿を造営し、風光明媚な景色を楽しんだ。現在の八戸市立新井田小と新井田八幡宮付近が隠居御殿跡に当たるらしい＝八戸市新井田

城西の丸下馬場先から移って以来、明治に至るまでの二〇〇年間、ここから動かなかった。藩成立当初の上屋敷は隅田川を隔てた新開地の本所馬場にあった。その後、浅草田中に移り、直政が詰衆に任じられると芝愛宕下に、側衆や側用人に登用されると西の丸下馬場先という江戸城郭内、老中や若年寄が住む幕閣の中枢地に移り住んだ。

江戸上屋敷絵図面[1]によると、敷地は約四千五〇〇坪。市兵衛町の街路に面した平坦地とそこより傾斜した低地の二面から成っていた。平坦地には藩主の御殿や上、中級家臣の長屋があり、低地には下級家臣の長屋や馬屋などが建っていた。御殿は家臣の政務を執る場所の表と、藩主の執務場所の中奥、夫人の住む奥の三つに区分されていた。御殿には見晴らしのよい御二階がそびえ、その後ろには池や築山のある庭園が広がっていた。

八戸城の角御殿表門は寛政９（1797）年に藩の重臣だった煙山家の門として建てられた。参勤に上る藩主はこの門前で隊列を整え、江戸へ向けて出発した＝八戸市内丸

この上屋敷の跡地は昭和六十三（一九八八）年から港区により発掘調査が行われた[2]。発掘された遺構は、建物の柱穴や礎石をはじめ、生活廃棄物の土坑、井戸跡、庭石や用排水路の配石、地下室状遺構。さらに茶碗、徳利、煙管《きせる》、釘、焼塩壷、灯明皿などという日常生活品のほか、蒔絵《まきえ》の椀や漆塗りの椀、げたなどのぜいたく品が数多く出土した。中でも目を引くのは、大小さまざまな地下室状遺構の「穴蔵《あなぐら》」である。これは火事などの緊急時に物品を収蔵する地下倉庫であった。

家格で区別

江戸に在府していた藩主は月の決まった日に江戸城へ出仕した。これを月次《つきなみ》登城という。このほか、元日や五節句などの行事日に登城した。出仕した際の控えの間は、家格によって厳密に区別されていた。

八戸藩は外様で二万石、城なし大名だったので、ランクの低い柳間詰であった。天保九（一八三八）年に城主格となり、やがて幕末の安政二（一八五五）年には、仙台藩などと肩を並べる大広間詰へと一躍昇進するが、それまでは他の小大名と同じ控えの間であった。家格によって居場所が異なったので、江戸城は究極の格差社会だったことになる。

服装で注意

江戸城では、城中の作法や服装などにさまざまな決まり事やしきたりがあった。明和二（一七六五）年一月、五代藩主信興《のぶおき》が御礼登城した際、殿中でつまずくことがあった。これは不作法なので、すぐに今で言う待機に当たる差控《さしひかえ》をすべきか老中にうかがった。ところが、老中はつまずいたことは問題にせず、服装を注意した。八戸侯の着衣がうこん色（濃い黄色）で目立ち過ぎる、西の丸へも出仕するのであれば着替えした方が無難だと言われた。侯は西の丸へは登城せず、直ちに差控の伺いを出した。老中からは、御年始の儀ゆえ、その儀に及ばずと沙汰され、おとがめなしで落着した（『柳沢家史料集成』[3]）。つまずくことも、派手な装束も殿中では御法度であった。

また天明二（一七八二）年、七代藩主信房《のぶふさ》が殿中で将軍へのお辞儀が一同より遅れたことがあった。慌てて大目付へうかがいを立てた。老中田沼意次はその儀に及ばずと達した（同集成）。ささいなことまでも、うかがいを立てて指示を仰ぐのが殿中のしきたりであった。

ちなみに五代藩主信興は隠居後に新井田に御殿を建てて住んだ。ここで病気静養をしながら穏やかな暮らしを楽しんだ。江戸城出仕の緊張から解放されたことであろう。

【江戸藩邸と静寛院宮邸】 八戸藩は開藩以来、上屋敷しか持っていなかったが、寛政四（一七九二）年に麻布新町に下屋敷、天保五（一八三四）年に麻布市兵衛町に中屋敷を拝領した[4]。本邸の上屋敷に対して、中屋敷や下屋敷は別邸であった。中屋敷には隠居した藩主や嗣子などが住み、下屋敷は休息用の別荘に充てられた。藩の産物を荷上げする蔵屋敷は深川富岡町にあったほか、百姓地を所有する抱え屋敷を白金（今里）に所有していた。上屋敷は明治維新後に宮内庁が買い取り、明治七（一八七四）年には皇女和宮が住む静寛院宮邸になった。藩政時代の建物の多くは取り壊されたが、正門と表長屋、中奥は旧藩のままの物が使われた（柏崎記[5]）。

第2章　藩政の確立

第1節　藩政の確立

三代通信が諸制度整備

飢饉相次ぎ財政窮乏

初代藩主直房は四一歳、二代直政は三九歳という若さで亡くなった。直政には跡目相続する男子がいなかったので、盛岡藩主重信の四男通信《みちのぶ》を養子に迎えた。元禄十二（一六九九）年のことである。

盛岡藩から藩主が入ったことで、藩創立以来盛岡藩との間で何かと起きていたもめ事が一気に解消した。養子縁組みの理由は、直政の正妻の志久が重信の孫娘であったほか、通信の母はお沢という八戸新井田の豪商松橋孫助の娘と言われ、八戸と強い縁があったことによろう。

政策転換

八戸藩政の基礎はこの三代通信から四代広信《ひろのぶ》の時代に確立した。領内の土地と生産高を把握する総検地は、元禄年間（一六八八～一七〇三）ごろまでにはほぼ終了し、元禄から享保年間（一七一六～三五）にかけては、法令や諸制度が整備された。

３代藩主通信の生母お沢の方を供養する浄生寺《じょうしょうじ》。その菩提《ぼだい》を弔うために実父の松橋孫助が享保19（1734）年に建立した。寺名はお沢の法号浄生院に由来する＝八戸市新井田

通信の治世の初めは相次ぐ元禄飢饉《ききん》で打撃を受けた。元禄八（一六九五）年の飢饉に続き、同十二年と十五年にも発生。十五年は窮民が一万六千七四五人に上り、二万石のうち一万七千八〇〇石余が損なわれるという八戸藩始まって以来の大飢饉に遭った。次第に財政窮乏の道を歩むことになる。しかし、通信は盛岡から船越治助、栃内金右衛門、川勝儀兵衛などの有能な側近を連れて来た。さらに文武に優れた槍術家の木幡や北条流軍学者の遠山などの人材を江戸で採用した。旧来の中里氏らの門閥層主体の藩政運営に対して側近や新参衆による官僚組織を整え、思い切った政策転換を実施した。

財政難の藩経費を立て替える仕送方を務めた櫛引村の豪農佐藤伝三郎寄進の石像。享保 19（1734）年に常安寺境内に先祖供養のために寄進した＝八戸市櫛引

収入安定図る

法令や諸制度の整備については、参勤費用を助成する觔《もやい》加入を下級藩士の給人《きゅうにん》にも拡充。さらに、藩士の俸禄を藩が借り上げる形の「貸上金」を制度化し、役職に応じて割合を定めた。これは実質的な俸禄カットに当たり、藩の収入増を狙うものだった。穀物などの物品買い占めの禁令を出す一方、検地定目《じょうもく》（規則）のほか、質屋定目、酒造礼金、沖《おき》の口《くち》（移出税）礼金などを制定した。

とりわけ元禄十五年に実施した知行地の所替えは藩権力の強化に役立った(1)。それは城下周辺に持っていた藩士の知行地を藩境付近の山間部に移し、城下周辺の水田地帯を藩の直轄地にして収入の安定を図るものである。

家臣統制のための諸法令整備もこの時期に進められた。家中の勤務心得や旅費規程、服務規程などが発布された。

商人が立て替え

広信の治世末期には、財政に明るい紫波源之丞が登用された。やがて家老となって寛延三（一七五〇）年に仕送《しおくり》制度を始めた。藩ではこの時期、江戸商人の宮本善八に一万三千両、猪狩与次右衛門に六千七〇〇両の借財を抱え、財政危機に直面していた。これを打開するために採用された施策である。この制度は領内の有力商人に毎月藩経費を立て替えさせて納入させ、年貢が入る秋に藩が利息を付けて返済するというものである。これにより藩は毎月安定した収入を確保でき、計画的支出も可能となって財政の健全化にひとまず成功した。

ところが宝暦五（一七五五）年の飢饉が発生すると、この制度だけでは対応できず財政危機が強まった。この窮乏は領内の百姓へ転嫁された。享保十八（一七三三）年に高一石につき一〇〇文の強制徴収を貸上金として一律に命じたのだった。これはやがて二五〇文となり、三〇〇文となって恒常的に百姓に負担を強いることになる。

藩経費を立て替えさせる勝手仕送方に任じられた商人は二一人いた。城下では、元締めの八日町湯浅屋孫兵衛、廿三日町源十郎（苗字＝米内）、荒町忠蔵の三人に加え、三日町近江屋市太郎（村井）、三日町大塚屋伊兵衛（村井）、三日町野田屋小右衛門、十三日町忠兵衛、廿三日町美濃屋三右衛門（金子）、廿八日町西町屋徳右衛門（石橋）、大工町宇兵衛の七人。村方では、新井田村孫助（松橋）、櫛引村伝三郎（佐藤）、剣吉村伊勢屋喜兵衛（出町）、伊保内村伊八郎、軽米村弥七、同村伝之助、同村小兵衛、久慈八日町重三郎（晴山）、同町伝兵衛、同町文次郎、志和村権兵衛（村井）の十一人であった。(2)

いずれも町方と村方を代表する有力商人である。彼らの多くはやがて苗字帯刀を許され、藩の御町御礼商人や御礼百姓の特権座列に加わった。

【南部家の三つの呼称】 歴代藩主の家系図には、三代目通信から代数を数えるものがある。初代は直房であるはずだが、あえて通信を始祖として四代目以降を数えている。初代、二代の血筋が途絶え、養子に入った通信の子孫が続いたことによるものであろう。また、南部家の呼び方には三通りがある。同じ南部を区別するために本拠地の地名を付けて三戸南部、八戸南部、根城南部とする。三戸南部家は後に盛岡に移るので、盛岡南部家と呼ばれた。ここから独立したのが八戸南部家。一方、八戸の根城に拠った根城南部家は遠野へ移ったので、遠野南部家という。八戸にいたため八戸家とも呼ばれたが、盛岡南部家の家臣となった。

第2節　年貢と税

米納と金納併用し徴収

諸役金増、百姓に重く

「百姓はたとえ労力がかかる田植え時でも、握り飯は無用である。朝昼晩の食事は粟《あわ》や稗《ひえ》、麦などのあり合わせをもって食べよ」(1)

八戸藩領では、こういう禁令が藩から度々発布された。握り飯は白米でなければ握ることができないので、これは米の飯は食べるなということである。当時の百姓は、白米は年貢として上納するものであったから、普段から口にすることはできなかったのである。

低い生産高

特に八戸藩領は稲作の北限に位置していたので、米の生産は地域によって土地の肥沃《ひよく》差が大きく、しばしば凶作を繰り返した。このため藩は、年貢徴収を米納だけに頼っていては税収を確保するのが難しかったことから、金納も併用していた。

年貢の納入に関して、享保年間（一七一六〜三五）二十カ年平均の年貢率で課税する定免《じょうめん》法が採られた（東京御用

苫米地地区の稲刈り風景。御嶽神社のある山沿いには、建武元（1334）年には既に開墾されていた水田地帯が広がる。島守や名久井と並び八戸藩主が食する御膳米の生産地だった＝南部町苫米地

長根リンク近くに残る水門跡。一帯は藩政時代から売市堤（長根堤）と呼ばれたため池だった。この水門から城下方面の水田に水が引かれ、水門の水の調整は米の生産高に大きな影響を及ぼした＝八戸市売市

留[2]。徴収方法は地域によって異なり、八戸廻《まわり》や長苗代通、名久井通では半米半銭（米納と金納が半分ずつ）、久慈通や軽米通では高一石につき銭一貫二〇〇文から二貫文（一貫文は一両の四分の一）までの金納とされた。藩領の中でも、米が比較的取れる三戸郡は米納と金納が併用され、あまり取れない九戸郡はすべて金納とされたのである。このような地域別の年貢納入方法が確立したのは、寛政八（一七九六）年ごろからである。それまでは、年によって金納であったり、米納であったりして一定しなかった。

藩の年貢制度は、享保九（一七二四）年に検地法を制定し、田畑の生産高を土地の地味に応じて上田（畑）から中田（畑）、下田（畑）、下々田（畑）の等級に分け、等級ごとの標準生産高（斗代《とだい》）を決め、その年貢率（歩付《ぶつけ》）を設定した[3]。つまり、上田とされた水田は、一反歩（十アール）につき斗代は一石二斗と決められ、これに五ツ（五割）と決められた歩付を掛けると、年貢額は六斗と算出されることになる。

ただ八戸藩の水田は下田と算定されることが多く、しかも水田に比べて生産高が低い畑（水田の六割の生産高）が圧倒的に多かったので、標準生産高や年貢額そのものが最初から低く抑えられていた。

豊年でも低率

藩における年貢の平均税率（引合《ひきあい》）は、延享四（一七四七）年では、「引合一ツ二三分より七八分まで、豊年は二ツ四五分より七八分まで」（八戸南部史稿）とされていた。つまり、平年は十二・十三%〜十七・十八%までとされ、豊年には二四・二五%〜二七・二八%までとなっていた。享保年間はこれより少し高く設定されていたようだが、豊年でも二八%という年貢率は、

幕府直轄地の天領《てんりょう》が四公六民（四割を幕府、六割を百姓が取る）とされた四〇%と比べるとかなり低いものであった。

しかし、年貢は低率でも、年貢以外に掛かる税金（諸役《しょやく》・諸出金《しょできん》）の負担は重かった。文化十（一八一三）年の種市村（現洋野町）喜蔵の税金を例にすると、持高二石九斗二升七合の土地の税金は、総計が六貫八〇四文[4]であった。このうち年貢金は一貫一九四文で、残り五貫六一〇文が諸役《しょやく》となっていた。

名主の逃亡も

諸役は、代官役料米などの小役金、藩士の参勤交代費用の舫《もやい》金、駕籠《かご》担ぎ人足の雇代などの小者金、財政不足の徴収金の貸上《かしあげ》金、さらには付加税に当たる万小繋《よろずこつなぎ》金、春木《はるき》（薪）割金、不時人足代、田代番代、雉《きじ》献上代、館越下堤加勢代などさまざまであった。八戸の館越堤（溜池）の修復賃も種市村の百姓にまで課せられていた。水田に水を引水する水門などの補修費用などに充てられた。結局、年貢金の比率は十七%にすぎないのに、諸役金は八三%を占めていた。藩は、年貢金にはあまり手を付けなかったが、諸役金だけは毎年増額したのでこれに百姓が苦しめられたことになる。

年貢上納は三月、六月、九月、暮（十一月）の四季に分けられて納入された。遅れると利息が課されるのは今も昔も同じであった。

年貢は村の連帯責任で納められたので、百姓が上納できないと名主が代わって納めた。飢饉《ききん》が続くと、百姓の滞納が多くなり、負担し切れない名主が逃亡することもあった。「天保七年飢饉」の最中の天保九（一八三八）年には、柏崎名主権兵衛と糠塚名主義兵衛が相次いで家財道具を残したまま出奔《しゅっぽん》している。

【巡見使用に答弁書】 八戸藩は全国の藩情を視察する幕府巡見使に備えて享保二（一七一七）年に想定問答集を作成した。[5] これには、長苗代の水田は肥沃に見えると言われたら、『広く見えるが三分二は湿地で田にできない、土地柄は中田だが日照りがちで収量がよくない』と答えよとある。櫛引辺りは中田、苫米地にかけては下田と説明せよと指示している。藩領では、長苗代から苫米地一帯は穀倉地帯だったが、ここでさえ上田は少なく、中田や下田が広がっていたことになる。平均税率は領内は下田が多いとして平年十七~十八%、豊年二七%~二八%と記している。延享四（一七四七）年の税率とほぼ同じだった。

第3節　地方知行の再編

藩士の領地を遠隔地へ

複数領主が分割統治

八戸藩では、藩創立当初から明治四（一八七一）年の廃藩に至るまで一貫して地方知行《じかたちぎょう》制が続いていた。地方知行制とは、藩主が家臣に領地を与え、家臣がその領地を直接経営する制度のことである。八戸藩では上級家臣にあてがわれ、殿様から拝領したので拝知《はいち》とも呼ばれた。

一般には藩権力が確立するにつれ、土地を家臣に支配させるこの制度は廃止され、俸禄米《ほうろくまい》を与える蔵米《くらまい》知行制へ移行すると言われている。この移行が八戸藩では行われなかったことは、藩権力の確立がなかったのかというとそうではない。

軽米通に集中

八戸藩は元禄十五（一七〇二）年正月に、全藩士に対し「諸士大小を問わず、近在にある領地は悉皆《しっかい》遠在に移し、替え地の小高帳を与う」（八戸南部史稿）[1]という指示を出した。城下近辺の米が取れる地域を藩が直轄する蔵入地《くらいりち》とし、藩士にあてがう地方知行地は遠く離れた、米の取れない地域に移し替えるというものである。これにより藩は地方知行制を

南部山から望む長苗代の水田地帯。八戸城下に近い長苗代地域は生産力が高かったため藩の直轄地に編入され、藩財政を支えた＝八戸市長苗代、河原木地区

存続させながらも、財政基盤を強固にして権力の確立を図ることに成功したのである。

それでは八戸藩の地方知行地はどの地域に多かったのだろうか。寛保元（一七四一）年七月の村の生産高を記録した「六御代官所村高帳」(2)によれば、総石高四万一千石余のうち、藩直轄の収入高となる蔵入高は二万七千石余だった。一方、知行藩士の収入高となる給所《きゅうしょ》高は一万四千石余となっていた。藩が直接支配する蔵入地は六六%、地方知行地の給所地（知行藩士の土地）は三四%である。こう見ると、総石高のほぼ六割強が藩の直接支配地であり、藩の支配力が優越していたことになる。残り三割の給所地のうち、給所地が多い地域は、軽米通が七〇%と高く、次いで名久井通が六〇%、久慈通が四六%、八戸廻《まわり》は十七%、長苗代通は十四%、志和は一%であった。

古くからの村のたたずまいが残る種市城内地区の東長寺周辺。八戸城下から遠方には藩士の知行地が配置されたが、この周辺には宗氏などに知行地が与えられていた＝洋野町種市城内

つまり、八戸藩の知行地の分布は軽米通と久慈通が含まれる九戸郡が圧倒的に多く、中でも軽米通に集中していた。この辺りは気候的にも冷涼だった。三戸郡では名久井通に集まっている。

このような分布構造にした理由は、遠隔地の生産力の劣る畑作地帯には藩士の知行地を配し、稲作生産力の高い水田地帯に藩直轄の蔵入地を集中させるという、元禄十五年の知行地再編策によるものであった。

相互にけん制

知行主の藩士は村に一人だけ配置されたのであろうか。一人だけだと、領地を得た知行主が百姓を巻き込んで反乱を起こす危険性が生じた。そこで、藩は必ず複数の知行主を配置し、相互に監視とけん制を行わせて、村を分割統治させたのである。

種市村（洋野町）の例では、山崎勘太夫、宗求馬、煙山斉宮、吉岡蔵人、名須川半蔵など八人が知行主として配置された（天保十年頃御家中分限帳）[3]。種市村の表高は三七七石余であったから、このうち八九％の村高が八人の知行地によって占められていたことになる。村から見れば、知行主が異なる百姓や蔵入地の百姓が同じ村で隣り合って生活し、田畑を耕していたことになる。

増税の裁量も

知行主の権限には、名主の任命、年貢や諸役金（年貢以外の税金）・貸上（財政不足の借用）金の徴収、江戸勤番・結婚費用などの手伝金の徴収のほか、家内奉公人の下男・下女の雇い入れ、知行百姓の宗門人別《にんべつ》帳の作成・管理などがあった。知行地の名主は小《こ》名主といい、知行地ごとに知行主が任命した。

年貢や諸役金の税率は知行主が独断で決めるのではなく、藩の蔵入地の税率を基準に賦課された。ただ知行主の意向や慣行によっては、藩の基準を超えない限り年貢の税率を変更できる裁量の余地はあった。文政六（一八二三）年、久慈や軽米に知行地を持っていた遠山庄右衛門は、長年常府として江戸勤務をしていた。このため、田舎の領地の税率は安くてもいいと低く抑えていたが、年貢から小役金《こやくきん》（名主の給金など）、番銭（番所の運営費）などにいたるまで、増額を申し渡している[4]。

知行主に裁量があったということは、往々にして百姓への税金を高くさせる結果につながった。藩では、寛延二（一七四九）年に年貢を「山越」と名付けて前年に取り立てたり、諸役も過役（無理な課税）を申し付けたりしているとして、知行主の過役を強く禁止して百姓の保護に努めていた[5]。

【在郷への引っ越し】 八戸藩では元禄三（一六九〇）年、「侍の風俗」を失うとして藩士の在郷《ざいごう》（田舎）での「作」を一切禁止した[6]。「作」とは耕作することなので、兵農分離を図る措置だった。しかし、飢饉《ききん》などで生活が難渋すると、生活費が掛からない在郷への引っ越しを願う者が後を絶たなかった。藩士井河幸太夫が次のように窮状を訴えた寛政九（一七九七）年の口上が藩日記に残されている。「大勢の手廻《てまわ》り（家族）を養い難く拝地に引っ越ししたが、天明の飢饉により困窮したため作物の手づくりを始めた。しかし、その後も不作が続き、江戸勤番も加わったので借財が積もり積もって、城中勤めの衣類までがぼろぼろの有り様である」[7]

第4節　軍制の確立

武具調達や出役で赤字

家臣に多額の出費強いる

将軍から領地の「御恩」を与えられる代わりに、諸藩は幕府への「御奉公」を勤めた。御奉公とは軍役や警備、火消、勅使饗応（天皇の使者の接待）、普請などの勤役を果たすことである。二万石の八戸藩は、幕府の規定では馬上二〇騎、鉄砲五〇挺《ちょう》、弓二〇張、旗五本、槍《やり》五〇本、雑兵六〇〇人を常備兵力として用意しておかなければならなかった。

信玄流を基に

創立時の八戸藩は、全てを常備することは難しかったが、延享元（一七四四）年に幕府から駿府加番《かばん》を命じられたときに軍制を定めた。駿府加番とは、現在の静岡市にあった幕府が直轄する駿府城の城外を警備する任務である。一年間軍勢を派遣しなければならず、幕府から扶助として合力米《ごうりき》が給与されたとしても、多大な出費を免れることはできなかった。

青森県立八戸高校の南西側から続く小道には、江戸へ向かう上り街道の一部である一ノ坂跡が残っている。ここは険しい坂道だったので、八戸藩の軍師森弾右衛門が寛保2（1742）年に改修工事を施した＝八戸市糠塚

藩は同じ年、軍師森弾右衛門（後に岩山に改名）に命じて武田信玄流兵学に基づく二万石の軍役人数を定め、八戸藩の軍制を確立した。[1] 軍編成は、先陣部隊の御先《さき》一の手と本陣部隊の御旗本一の手の二編成で、前者は侍大将を筆頭に総勢二八四人、後者は足軽大将を筆頭に三九一人。総人数は六七五人、兵糧輸送に使う馬の小荷駄は三四疋（頭）だった。

さらに藩士が担う軍役も延享三年に定められた。[2] 石高により軍役の人数は異なり、例えば一五〇石〜二〇〇石未満の藩士は、若党二人、槍持一人、挟み箱持一人、草履《ぞうり》取り一人と決められた。従って、一五〇石の藩士は五人の家来を従えなければ、海岸防備などに出役できないことになる。

桝形稲荷神社境内に残る桝形《ますがた》の土手跡。軍師森弾右衛門は信玄流兵学に基づき一ノ坂とともに桝形の大規模改築を行った。桝形とは四角形の防御施設で、これにより八戸城下入り口の防衛は堅固になった＝八戸市上組町

文化四（一八〇七）年、幕府から藩領内の海岸警備と蝦夷地への出兵が命じられると、この軍法を基にして海岸警備と蝦夷地出兵要員の陣立てが策定された。出兵は取りやめになったが、幕府には一の手人数七〇〇人という大変な数を申報していた。[3]

江戸城警備も

八戸藩が奉公する勤役はこれだけではなかった。江戸城の諸門の警備や勅使・院使の饗応なども勤めであった。諸門の警備では、俗に三十六見付《みつけ》と言われる江戸城外郭の城門の警備を担当した。

八戸藩には主に鍛冶橋、常盤《ときわ》橋、呉服橋、日比谷橋門番警備が発令された。一カ月交代で二藩が勤務し、藩士と足軽などが詰めた。鉄砲、弓、長柄《ながえ》などを備え、門内を通行する人や物を改めていた。門内には大名屋敷があったので、出入りする人や大八車に積んだ荷物が頻繁に往来した。女人の通行には特に厳しく、通行手形がなければ通さなかった。

しかし、門内には南北の町奉行所もあったので、訴訟人が早朝から押し掛け、果ては閉門時間を過ぎても通行を願う者もいた。

志和は別会計

勤役の出費に加え、参勤交代とそれに伴う藩主の江戸生活、さらには度重なる凶作・飢饉《ききん》の発生は藩財政を悪化させ始めた。藩政が確立した宝暦年間（一七五一～六三）前後の財政状況を見よう。

宝暦四（一七五四）年の収支は、収入では年貢金が三千五九両余と米二千三八八駄（一駄＝一貫五〇〇文換算）、礼金などの諸税は三三九両余。これは金に換算して四千一一五両余。支出では、藩士の給与が二千四四九両余、江戸・国元の運営費が二千九一六両余で、計五千三三六両余。差し引きで一千二五〇両余が赤字となっていた（『概説八戸の歴史』[4]）。

藩政中期の財政収入は約四千両あったことになるが、豊年であったこの年でさえ、千両を超える赤字が日常的に生じていた。一方、八戸藩の米どころに志和（岩手県紫波町）があった。志和の収入は約千両と見積もられていたが（同書）、江戸藩邸の食糧米と日常経費に充てられていたので、特別会計扱いとなり、藩財政の経常収入からは除外されていた。

藩の慢性的な赤字は、やがて幕府から海岸防備の強化が指示されると、一層窮乏に拍車が掛かった。寛政年間（一七八九～一八〇〇）以降、度々蝦夷地でアイヌの抵抗が起こり、これにロシア船などの侵入が加わり、藩内では軍隊編成や大砲場の築造が急がれた。それは兵力を担う家臣たちに武具の調達や出陣などで多大な出費を強い、百姓たちには大きな税負担となって跳ね返った。

【藩士の窮乏と武具調達】　刀は武士の魂だと言われる。しかし刀以外の武具では、武士個人が日常的に手入れして常備しておくのは難しかった。戦闘がない平和な時代が続いたので、鎧兜《よろいかぶと》などは補修しないと使えなかった。蝦夷地での対外危機が強まる中、享和三（一八〇三）年、藩は武具の補修を補助する武器舫《もやい》を始めた。[5]　文化四（一八〇七）年には補助を拡大。[6]　このとき初めて鎧甲を補修したのは、軍師の中里弥祖右衛門である。ほかに鎗《やり》奉行の金田一作兵衛は具足を持たないので、藩が常備する具足を払い下げてほしいと願った。軍の上層部でさえ武器装備が万全でないのが地方武士の実情だった。

第５節　商業の隆盛

鮫に廻船入港し活況

大豆移出、鰯加工盛ん

八戸城下の商業は、元禄年間（一六八八〜一七〇三）まではあまり振るわず、木綿や古着を売る木綿古手の商家はわずか二、三軒にすぎなかった。当時は三戸町に買い物に行ったとの話が伝えられている（八戸南部史稿[1]）。

しかし、元禄年間を過ぎると商業はみちがえるほどに成長した。廻船《かいせん》の入港が増加する享保年間（一七一六〜三五）になるとさらに商取引が活発化した。

外来商人が進出

城下の表町のうち、三日町、十三日町、廿三日町は商業の中心地として早くから栄えていた。しかし、元禄が終わり宝永の年に入ると裏町が台頭し、商業競争が激しくなった。宝永四（一七〇七）年三月に六日町と十六日町、廿六日町の裏町三町の商人たちは、塩とたばこの専売制撤廃を藩へ訴えた[2]。表町が専売で優遇されていることに対し、裏町が結束して商戦に乗り出そうという動きだった。

十三日町と廿三日町の交差点の辺りは、江戸時代に最もにぎわった場所だ。現チーノがある地には八戸三店の大塚屋、筋向かいの駐車場には同じく美濃屋が店を構え、側の路上では魚売りや野菜売りが声を枯らして商売に励んでいた＝八戸市十三日町と廿三日町（ヴィアノヴァから撮影）

元禄年間以降、商勢の高まりと同時に外来の商人が八戸へ進出してきた。江州高島郡大溝（滋賀県高島市）出身の大塚屋は、元禄十一（一六九八）年に盛岡から八戸に出店した[3]。同じ大溝出身の近江屋も盛岡から享保五（一七二〇）年に三日町に店を出し[4]、美濃屋は享保四年に開業した[5]。城下町ができたころから商いをしていた西町屋などの地元商人に新たに入ってきた商人が加わり、八戸の商業は一段とたくましくなったのである。この時期の代表的な商人としては、やや時代が下るが、近江屋市太郎、大塚屋伊兵衛、石橋徳右衛門、近江屋孫兵衛、美濃屋三右衛門、七崎屋半兵衛、近江屋市兵衛、丸谷荘次郎、大塚屋又兵衛などがいた（天明三年大飢饉《ききん》の献金者[6]）。

重要な収入源

外来商人のうち大塚屋と近江屋、美濃屋は、やがて八戸の国産物（地場産品）を扱い始め、これを中央市場に運んで利潤を獲得し、八戸三店《さんたな》と呼ばれるほどになった。

八戸を代表する国産物は畑作物の大豆だった。北に位置する八戸藩は、稲作経営は不利だったので、米に代わる作物として大豆を商品化した。ちょうど大消費地・江戸で醤油産業が成長し、これにすしやそば、天ぷらなどの普及が加わって醤油需要が急速に伸びたことが背景にある。原料の大豆を東北に求めるようになり、藩の重要な収入源となった。藩政期の前半ごろの大豆の他藩への移出量は正確には分からないが、年間一万石（一五〇〇トン）余には上っていたと考えられている。元禄十三年の移出税である沖口《おきぐち》は年間八〇〇両。その大部分が大豆とみられる。石数に換算すると大豆一〇〇石が七両であったから、大豆の移出量は一万一千石を超える。八戸藩表高二万石の半分に匹敵するほどの石数が移出されていたことになる。

台場跡のマリエントから望む蕪島周辺。蕪島の西に接する海域は鮫湊と呼ばれ、八戸湊の代名詞であった。江戸からの千石船（廻船）が入港して碇《いかり》をおろし、藩領で産出された大豆などを載せた艀《はしけ》船を待ち受けていた＝八戸市鮫町

諸国から移住

海に面した八戸藩は、漁業が盛んだった。江戸周辺の田畑にすき込む肥料として干鰯《ほしか》や〆粕《しめかす》の需要が高まるにつれて、鮭や鮑《あわび》漁に代わり、肥料原料となる鰯《いわし》漁が漁業の中心となった。

干鰯や〆粕の加工生産が活発化すると、元禄時代中期ごろには、早くも鰯干場や網干場の確保をめぐり、紛争が生じるようになった。鰯漁は浜で地引き網を行うほか、沖に船出する沖捕り漁も始まった。加工の活発化で前浜の漁場だけでは原料不足となり、盛岡藩領である市川沖にも出漁するようになった。元禄十二年、盛岡藩の五戸代官から鮭漁の障害となるので沖合での鰯漁をやめてほしいと強い抗議が藩へ寄せられた(7)。

一方、漁業の活況は自他領から多くの出稼ぎ者を引き寄せた。鰯の漁法を八戸に伝えた紀州などの漁民をはじめ、三陸沿岸を含めた各地から八戸に移住する者が出てきた。宝永三（一七〇六）年七月の八戸藩日記には、「湊浦が繁盛して諸国の者が入り込み、口論けんかが絶えない(8)」と記されている。それほど活況だったことを物語っている。元禄時代以後、湊界隈《かいわい》は鰯漁を背景ににぎわうようになった。

八戸藩の強みは城下町に付属した湊を持っていたことである。八戸湊は鮫、白銀、湊の三地区によって構成されていたが、通常、八戸湊と言えば、鮫湊を指した。蕪島の島陰が風を防ぎ、廻船の入港と停泊場所に最適だった。鮫には藩の浜蔵が建てられ、地元商人の三四郎家が船問屋に指定された。元禄六年と同十六年には鮫の船着場付近の区画整理が実施され、このころには湊町としての体裁が整った。

【酒屋の開業と湊の発達】　酒屋の開業は町のにぎわいと関係する。西町屋の『永歳目安録』によると、八戸町の酒屋開業は、元禄年間以前には廿八日町嘉兵衛、三日町八十郎、八日町嘉兵衛、十三日町忠兵衛の四軒しかなかった。ところが、元禄から宝永年間（一六八八〜一七一〇）に新たに五軒、さらに享保年間（一七一六〜三五）に九軒が開業した（中昔造酒屋由緒之事）(9)。これとほぼ同じころ、八戸湊が発達していく。酒田などから米を輸送する幕府城米船が宝永元（一七〇四）年に定期寄港したのを契機に浦役所が鮫に、川口役所が湊に開設されて藩の海運機構が整備された。浦役所は廻船の出入りを管理し、川口役所は漁船からの漁獲税を徴収した。

第3章　飢饉と安藤昌益

第1節　猪飢渇と宝暦飢饉

猪異常発生　田畑荒らす　百姓の一割　飢え死に

久慈市の五坊観音堂や洋野町明戸の大日孁《おおひるめ》神社には、猪《いのしし》にまたがった武者が刀を振りかざし、猪を退治している江戸時代の絵馬が納められている。百姓たちが退散を願って神仏に奉納したものである。

藩政時代には、猪が大量に発生して作物を食い荒らし、飢饉《ききん》までに至った「猪飢渇《けかじ》」という奇妙な飢饉があった。

階上山麓に多く

天明の飢饉を記録した『天明卯辰簗』[1]は次のように記している。

「延享三（一七四六）年から猪が国中にあふれ、田畑を荒らし回っている。寛延二（一七四九）年の巳年に至ってますます多くなった。海岸地方の浜浦通や階

根城隅の観音堂の境内にある猪退散の祈願塔。延享3（1746）年から大量発生した猪は、田畑に降りて作物を食いちぎり猪飢渇をもたらした。長苗代の農民も宝暦元（1751）年に悪獣・猪の退散を願い、塔を建立した＝八戸市根城

上岳山麓の下山根、田代、角の浜、鳥屋部の近郷では、暮らしに困る者が甚だ多く、十月になると窮民となって八戸の町に現れた。翌三年午の年、春までの餓死者は領内で四千五百人から四千六百人を数えた。四年になると落ち着いたが、それでも翌年の宝暦元（一七五一）年には、三千人が餓死した。これを巳午《みうま》の猪飢饉と言う」

この記録によると寛延二年から三年にかけて猪が異常発生し、田畑が荒らされて、藩内で百姓が少なくとも三千人は餓死したという。延享元年の八戸藩の百姓人口が三万一千三八七人だったので、その約一割が飢え死にしたことになる。餓死した者は武士や町人ではなく、穀物を生産している百姓ばかりだった。

百姓が飢え死にすると、困るのは百姓の年貢に依存して生活する武士たちである。九戸郡中野村（現洋野町）などに知行地を持っていた藩士吉岡権兵衛は、寛延元年に次のような口上書を藩へ提出してその窮状を訴えた。

根城の無縁塚にある寛延飢饉の供養塔。寛延２（1749）年と３年の猪飢饉で餓死した人を廿三日町泉沢茂兵衛が施主となって供養したものである＝八戸市根城

「私の拝地である中野村、種市村、道仏村では、五～六年前から猪荒れが始まった。去年より別して猪荒れがはげしくなり、山端畑などがことごとく掘り尽くされ、亡所《ぼうしょ》（荒れ地）同然になって甚だ困窮している」（八戸藩日記[2]）

天候不順も続く

この状況に追い打ちを掛けたのは宝暦五年の大飢饉だった。春以来、天候不順が続き、五月には大雨により諸河川が氾濫して田畑が冠水。六月になっても冷気強くついに凶作、飢饉となった。田畑合わせて一万八千五七三石が領内で被害を受けた[3]。表高二万石の八戸藩にあっては、九三％に上る大減収だった。とりわけ長苗代通の水田地帯の被害が目立っていた。飢饉書の『天明凶歳録』[4]は、「巳年凶作は猪荒れにて山根地域の百姓が困窮したが、当年

は長苗代通の百姓困窮なり。当年は田作至って悪しき故、畑形不足の場所はいずこも難儀なり」と記している。

宝暦四年の領内の人口は六万五千六一三人だったが、(5) 同六年には四万五千三六七人に激減し、(6) 差し引き二万人余の餓死者・行方不明者が発生した。地域別でみると、長苗代通は水田被害多かったものの、餓死人が五四人と少なかった。これに対して軽米通は餓死者一千九〇〇人、行方不明者六一一人、久慈通では餓死者五〇七人、行方不明者二三九人を数え、九戸郡が飛び抜けて多かった。(7) 寛延の猪飢饉を含めて、宝暦の飢饉は畑作が盛んな地域に餓死者が集中しているのが特徴である。この地域では、稗《ひえ》、蕎麦《そば》などの栽培によってようやく生計を立てていたのに、気候変動が農業経営を直撃し、わずかばかりの食料さえも奪い取ったのである。

塩、みそだけに

藩では自力復興できず、宝暦六年二月に幕府に貸下げ米を願い出た。しかし、願いは認められず、幕府の内意を受けた盛岡藩から千貫文（一両＝四貫文とすれば二五〇両）を借り受け、急場をしのいだ。(8) 藩では救助用の食糧は底をつき、命を維持するために最低限必要な塩、みその貸し付けを行うだけであった。

飢饉で財政難に陥った藩は、領内の百姓には高一石につき金一歩ずつ三年間の貸上（財政不足金の徴収）、藩士には家禄半額の貸上（家禄の削減）を強制し、有力商人には御用金を何度も献上させて収入増加をもくろんだ。藩の借金の累積は飢饉前から既に二万両に達していた。江戸商人の宮本善八や猪狩与次右衛門などからの借金であった。藩では仕送り制度を採用して有力商人に経費の立て替えを行わせ、これを切り抜けようとした。

【お救い小屋による救済】 水田地帯よりも階上岳山麓の山根《やまね》地域の畑作地帯に猪荒れが多かった。種市村と道仏村を知行していた奈須川五右衛門は、寛延三（一七五〇）年八月には、両村とも数年猪荒れとなり、困窮が続いたため百姓の多くが逃げ去ったと藩へ訴えた。(9) 逃げ去った百姓の行き着く先は八戸城下であった。町に来ると食糧にありつけた。ありつけない者はお救い小屋に飛び込んだ。飢饉が起きると、町にあふれる窮人を収容するお救い小屋として「非人小屋」が造られ、寺院が食べ物の施行《せぎょう》を行った。寛延三年の飢饉では、長者山堤の脇につくられたが、一一六人の収容者は次々に病死していった。

第２節　飢饉と安藤昌益

生産強制「大豆に疲れた」

幕藩体制の矛盾批判

八戸藩領に迫り来る飢饉《ききん》と百姓の窮状を直視していたのが安藤昌益である。昌益が八戸にやって来たのは、延享元（一七四四）年の夏あたり、四二歳のときである。これ以後、生まれ故郷の二井田村（秋田県大館市）へ帰るまで、十五年間ほど医業を仕事として八戸で暮らすことになる。

　昌益の八戸在住時の家族構成は、延享三（一七四六）年の宗門改帳[1]（現在の戸籍台帳）で知ることができる。これによれば、昌益は四四歳で十三日町に来た願栄寺の檀家だった。男二人、女三人の五人家族で、妻と息子が一人、娘が二人いたことになる。息子の名前は周伯と考えられており、十一歳であった。

天聖寺で講演

昌益がなぜ八戸に来たのかは分かっていないが、やって来た年の十二月、近所の天聖寺《てんしょうじ》で連続して「講演」を行った。このとき、昌益は初めて八戸の人に自らの思想を語った。当時の天聖寺前住職の則誉守西《そくよしゅさい》がその講演を聴いて感銘を受け、その様子が『詩文聞書記』[2]に次のように記されている。

安藤昌益が八戸に住んでいたとき居宅があった八戸市十三日町の櫓《やぐら》横丁。城下の繁華街の一角に持ち家を構え、５人家族で暮らしながら町医者をしていた。居宅跡の標柱がある＝八戸市十三日町

「数日にわたり講演した師、大医昌益先生は、身につけた道の広大さは天外にも聞こえるほどであり、徳の深いことは地の徳も及ばない。道や徳の教えは古えの聖人よりも秀でている」

守西は『奥州南部糠部《ぬかのぶ》順礼次第』を著した八戸藩きっての学者であったが、その守西でさえ昌益の学識の深さには驚いた。このころの昌益は「濡儒安《じゅじゅあん》先生」（儒者の安藤先生）と尊敬を込めて呼ばれていた。

餓死者を目に

天聖寺で講演したころの昌益は、単に博学な物知りの医者にすぎず、社会変革の思想家というわけではなかった。ところが、八戸に来て五、六年すると、武士が支配する社会体制を激しく批判し始めた。その契機は寛延二（一七四九）年の猪飢渇《けかじ》に始まる悲惨な飢饉体験だったに違いない。

昌益の著作である稿本『自然真営道』の大序巻には、「六月寒冷して諸穀実らず、あるいは旱魃《かんばつ》して衆穀《しゅうこく》熟さず、枯れ果てた。この凶年により衆人は餓死し、疫病で多くの人が死に追いやられている[3]」と書き記されている。冷害や日照りで農民が多数餓死している惨状を目の当たりにしていた。

このころから昌益は社会批判を始める。宝暦二（一七五二）年から『統道真伝』や稿本『自然真営道』の執筆を開始。さらに、同二年に書かれた刊本『自然真営道』の序文で、その執筆の動機を「天下の妄失《もうしつ》の病苦、非《ひ》命《めい》にして死せる者のために全霊を投じて、自然の真営道を著す[4]」と述べている。つまり、天下のでたらめな政治により病気に苦しみ、命短くして飢饉であえなく亡くなった者のために、全霊を懸けてこの本を書いたと断言した。社会の基底を支える農民が多数餓死するという悲惨な飢饉の体験が、

長者山麓の山寺跡には、元禄の供養塔をはじめ天明や天保大飢饉の供養塔や地蔵像が立ち並んでいる。昌益もここを訪れて飢饉の悲惨さを目の当たりにしたのだろう＝八戸市糠塚

昌益を社会批判に向かわせたのである。

江戸に供給続け

それでは、なぜ昌益がこの時期に社会批判を始めたのか。それは、飢饉や農民の餓死という一連の出来事の中に、社会の構造的な矛盾を見抜いたからではなかろうか。当時は全国的に、元禄年間（一六八八〜一七〇三）の繁栄を経て、幕藩経済体制下で全国市場が確立していた。八戸藩の経済も江戸の経済網の中に組み込まれ、地方が一方的に全国市場に原材料を供給するモノカルチャー（単一栽培）的な経済構造を強いられていたのである。

八戸の産物で全国市場の注目を浴びたのは大豆だった。江戸近郊で醤油産業が盛んになると、原料の大豆の需要が一気に高まった。これを受けて八戸藩は大豆生産を強化し、生産高を強制的に村々に割り当てた。これに対し農民たちが「大豆に疲れた」と悲鳴を上げていたことが『飢歳凌鑑』[5]という記録の中にある。藩は、貨幣を得るためには大豆を絶えず江戸へ供給せざるを得ず、飢饉で農地が荒廃し農民が餓死する状況になっても、大豆供給を続けなければならなかった。

地方が置かれているこのような現実に昌益は切り込んだ。昌益の著作は、一言も経済の構造的矛盾については触れていない。しかし、農民の労働や地方の生産を一方的に奪い取る幕藩経済の仕組みは、政治や社会の問題に行き着く。ここに至り昌益は、田舎の単なる物知り医者から社会に目を向ける医者に変身した。八戸藩領で矛盾を見たのを契機に、昌益は北の八戸の地から社会変革の実現を中央に発信したことになる。

> **【忘れられた思想家】** 安藤昌益は、武士が支配する社会の在り方を批判した思想家として名高い。しかし、古くから世に知られていたわけではない。明治四十一（一九〇八）年に昌益の著作を手に入れた狩野亨吉が「大思想家あり」と発表したのが初めて。しかし、これは学問上の発表で、一般に知られたのはカナダの研究者ノーマンの著書『忘れられた思想家―安藤昌益のこと』による。ノーマンは、封建時代の八戸で既に昌益によって最も進んだ民主主義思想が説かれていたことを、岩波新書から昭和二十五（一九五〇）年に刊行。戦後民主主義の高まりとともにベストセラーとなり、昌益は一躍世に出た。歴史の教科書にも記述され、全国から「八戸の昌益」として注目される。

第3節 昌益の直耕思想

八戸の知的集団と交流

先覚者からの影響も

安藤昌益は、延享元（一七四四）年から八戸十三日町に居住して町医者をしながら、『統道真伝』五巻五冊(1)、稿本『自然真営道』一〇一巻九三冊(2)などの膨大な書物を著した。

農民支配を糾弾

昌益の関心は最も人間らしい生き方は何か、そのために社会はどうあるべきかということだった。稿本『自然真営道』私制字書巻(3)では、「草木が春に芽生え、夏に成長して花を開き、秋に実を結んで冬に枯れる。人間もこの世に生まれ、育ち、結婚して子を産み、やがて老いて死ぬ」と述べている。

自然の大きな循環運動の中で、人々は田畑を耕しながら、「直耕《ちょっこう》」して生きていくのが自然の在り方であると説いた。男女の差別も封建制度の本質を成す士農工商の身分制度も自然の摂理に反するものであった。

ところが、現実にはこの直耕する農民を支配して「不耕貪食」

天聖寺境内の「昌益思想発祥の地」碑。天聖寺は安藤昌益が八戸に移住してきたときから活動場所となっていた。守西和尚に招かれて講演を行ったほか、八戸の知識人たちと交流。思想を門弟たちに伝える全国集会とも言うべき討論会を催した＝八戸市十六日町

〈働かず農民からの年貢をむさぼり食う〉する武士階級が存在した。彼らが自分たちに都合の良い法をつくり、「法の世」によって社会を支配しているのはなぜか、それはあるがままに循環していく自然の道理に反する、と厳しく糾弾した。武士が支配する政治の仕組みを変えなければ、汗を流して田畑を直耕する農民は救われないと力を込めて主張した。

事の本質究明

昌益が思索を深めたのは、なぜこの「八戸の地」であったのだろうか。強烈な飢饉《ききん》の体験があるにしても、思想的な飛躍を遂げた背景には、港湾都市としての城下町八戸とそこに形成された豊かな文化的土壌があったのではないだろうか。

八戸は日本最北端の藩の一つであった。しかし、文化の恩恵を受けない土地ではなく、参勤の武士や商人たちが全国を行き交い、湊を通して多種多様な文物が出入りする海に開けた都市であった。それと同時に、昌益の周辺には事の本質を究明しようとする知性あふれた八戸の人々がいたことである。それが神山仙庵《かみやませんあん》（仙確《せんかく》と号す）などの医師や江戸歌壇に連なる岡本高茂などの藩士であり、観音巡礼の信仰を追い求めた則誉守西などの僧侶や神官、商人たちであった。

昌益の八戸での門弟は、高弟の神山のほか、藩士では福田六郎、北田忠之丞、医師では関立竹、上田祐専、神官では中居伊勢守、高橋大和守、商人では中村忠兵衛、中村右助、島守伊兵衛たちが知られている。彼らは昌益を囲みながら勉強会を開いていたようである。発見された『転真敬会祭文』[4]という文書から「転真敬会」という名前の会合が開かれ、そこで昌益思想が論じられていたことが分かった。『自然数妙天地象図』[5]

階上町の寺下観音堂。津要玄梁が再興した観音堂の近くには日本最小と言われる五重塔跡がある。津要はこの世で苦しむ民衆を救うために五重塔の建立に浄財を募った。完成した延享元（1744）年はちょうど、昌益が八戸にやって来た年である＝階上町赤保内

という切り紙からは勉強会ではテキストのような物が作成され、これを基に学習していたことが推測されている。そうすると、昌益はこの八戸の知的集団の相互交流の輪の中で思想を育み、成熟させたことになる。

さらに昌益が八戸に来たころの動静を伝えるものに『詩文聞書記』(6)がある。昌益の天聖寺での講演や昌益の和歌が記されているが、昌益と交遊した人の名前が見られる。天聖寺和尚の守西・延誉担阿や岡本、神山を中心として、法光寺和尚充胤大棟、南宗寺和尚関龍祖雄、禅源寺和尚大江東義、藩医関立竹などが詩文を草している。このような文人たちが昌益の周りに寄り集まってにぎやかな知的サロンが生まれていた。

多彩な門弟

昌益が八戸にいたとき、八戸にはその道の先覚者がいた。彼らは人間のよりよい生き方や幸せを求めて活動していた。寺下(階上町)の津要《しんよう》玄梁は衆生救済のために五重塔を独力で建立し、常海丁の真法恵賢は自らの石像を造って生き仏として民衆に安らぎを与えた。種市の東長寺(洋野町城内)鞭牛《べんぎゅう》和尚は宮古に移住して村人のために道路の改修工事を成し遂げた。彼らは昌益とは方法が異なるが、人間本来の生き方とは何かを人々に問い、実践していた。それは直接的な影響はないにしても、昌益にとって人々の幸せとは何かを考える視点になったと思われる。さらに昌益の門弟からは『天明凶歳録』(7)を著した北田のように政治の責任として飢饉の惨状を告発する者も生み出した。

昌益の裾野にはこのような多彩な人物が広がっていたからこそ、昌益思想の高い峰がこの八戸で築かれたと考えることができる。

【天聖寺で討論会】 昌益が八戸に在住していたことが分かったのは、ノーマンの著作が昭和二十五(一九五〇)年に刊行される直前であった。八戸の郷土史家の上杉修や野田健次郎が八戸藩日記の中から昌益を発見していた。昌益は八戸で到達した思想を全国の門弟に伝えるために討論会を催した。八戸だけでなく江戸、京都、大阪、さらには松前、須賀川から十三人が参加した。場所は八戸の天聖寺であろう。「どうすればこの世から争乱をなくし、搾取も泥棒もない社会を実現できるのか」というような議論を展開した。この内容は良演哲論巻(稿本『自然真営道』第二五巻)に収録され、討論の過程を知ることができる。

第４節　天明大飢饉

藩史上最大の犠牲者
領内各地で放火、強盗

宝暦飢饉《ききん》の三十年後、八戸藩政史上最大の飢饉が天明三（一七八三）年に起きた。この年は五月から気候不順。夏には雨が降り続き、やませが吹いてことのほか寒かった。諸作の発育が不良。出穂せず、秋には田畑は一面青立の大凶作となる。十月、幕府への報告は、領内二万石のうち一万九千二三六石二斗の被害、うち田形一万一千五二五石余、畑形八千一一〇石余、実に九六％が収穫できない大凶荒であった。夏でも冷涼な気候をもたらす東からの風をやませと呼んでいるが、気象学的にも、十八世紀中ごろから十九世紀中ごろにかけては「小氷河期」の気候だった。

領民の半数被害

藩は、富裕商人から三千三七〇両の御用金を徴収して秋田米や新発田米の買い入れを図ろうとしたが、この年には間に合わなかった。飢え人が町や村にあふれ、お救い小屋を建て

階上岳山麓に広がる一帯は畑作などが盛ん。今は飢饉の面影がないが、天明大飢饉の当時は赤保内、鳥屋部などの山根地域は深刻な飢餓に襲われた＝階上町鳥屋部地区

て粥《かゆ》を施したものの、焼け石に水。領内各地では食糧を求めて放火や強盗が後を絶たず、疫病もまん延して餓死した者が多数に上った。飢饉の餓死者の人数では八戸藩時代最大の犠牲を生んだ。

天明四年六月の「御領内人別増減書上帳」[1]によれば、天明三年の領内総人数六万三千一五八人中、病死・餓死者二万五千三八〇人、離散・行方不明者四千九四二人で、計三万三二二人が被害を受けた。約半数に上る領民が病死や餓死、あるいは離散・逃亡ないし行方不明となっていたのである。餓死者の多い地域を見ると、八戸廻《まわり》が一万四千五一一人中七千四六二人（死亡率五一％）、名久井通が三千八六九人中一千九二九人（同五〇％）だった。次いで長苗代通三千三一一人中一千三四三人（同四一％）、軽米通が四千一七〇人中一千三六六人（同三三％）、久慈通が七千一八〇人中一千九八四人（同二八％）となる。

中でも、八戸廻の畑作地帯の被害が目立っている。例えば、階上岳山麓には金山沢、筋違、正部家、鳥屋部、赤保内の山根五カ村に二〇七軒があったが、飢饉後は六五軒しか残らず、人数は一千一九六人から三一六人に大激減する惨状であった[2]。農民に江戸に出す商品の大豆を強制栽培させたことで、稗《ひえ》、粟《あわ》、蕎麦《そば》などの雑穀の仕付けが減少し、食糧が枯渇する誘因となったのであろう。

対泉院にある「餓死万霊等供養塔」。背面の碑文には天明３年大飢饉で新井田の村々の半分が死に絶えたと刻されている。何字かは打ち削られ、ここには「人を食した」と書かれていたという＝八戸市新井田

下級武士に打撃

武士の様子はどうであったろうか。百姓が餓死すると、年貢に依存していた武士の生活は打撃を受けた。前掲の書上帳によると、知行地を持つ武士の中で百姓の死亡者数が多かったのは、

山崎勘太夫である。

山崎は大身の武士なので一千一六九人の百姓を抱えていたが、六三八人（同五五％）が死んだ。次いで佐々木金右衛門は七七六人中五三九人（同六九％）、中里弥次右衛門は八六六人中二〇九人（同二四％）が死んでいる。死亡率が高い武士を見ると、一〇二人の百姓中八五人（同八三％）が死亡した宗治郎七、一九一人中一五五人（同八一％）の中野門助、五五人中四二人（同七六％）の長内平次右衛門がいた。宗や中野の百姓死亡率が高いのは、彼らの知行地の多くが天明の飢饉で打撃を受けた畑作地帯にあったことによる。

倫理観も退廃

八戸廻の村に知行地が集中していた山崎は、百姓が数百人死に絶え、四〇〇石高のうち四分の一しか仕付けできないでいるとその窮状を藩へ訴えた[3]。また軽米などに五〇石を持っていた長内は、さらに深刻であった。知行地は宝暦五（一七五五）年の飢饉で過半が亡所となり、ようやく天明二年には四〇石の仕付高に回復した。ところが、天明三年は、皆無の凶作となり、百姓が死に絶えてわずかに二～三人が残るのみで、三～四石しか仕付けできないでいると申し立てた[4]。

知行地を所持している上級武士はまだ耐えられたが、藩からの現金・現米の給与のみで生計を立てている下級武士たちは、すぐに生活が行き詰まった。浅水多次右衛門はこの年に娘、伜、妹二人、弟二人、養母を次々に病死させ、妻も亡くした。本人は養育不行き届きとして外出禁止の閉門処分を受け、やがて自分も病死した[5]。他の下級武士の中にも家族を病死させ、町家へ金品をねだったかどで閉門を受けた者が少なからずいた[6]。飢饉は武士の倫理観も退廃させていた。

【飢饉書と火事の頻発】　天明の飢饉の悲惨さを伝えるものに『天明卯《う》辰簗《たつやな》』や『飢歳凌鑑《りょうかん》』などの飢饉書が知られている。ほかにも九戸郡大野村の『天明大凶作飢渇聞書』[7]は八戸藩の惨状をつぶさにつづっている。各書は飢饉は天災で起こるのではなく、政治の無策が引き起こした人災であると鋭く指摘する。飢饉が起きると必ず村や町では火事が頻発した。天明三（一七八三）年七月からの一年間では五〇〇軒が焼失したとの報告がある。食糧を手に入れることができない窮民が付け火をして食糧や金品を奪おうとしたのだろう。飢饉の窮状が人心を荒廃させ、社会不安を生んで村々の共同社会を崩壊させた。

久慈代官所に押し寄せる

「税制戻せ」と直接行動

天明の大飢饉《ききん》のときに軽米の豪農元屋五郎助が書いた手控えの万覚帳(1)に、「人食いども夜々参り、股を切り、腹を割り、五臓を取り出し、頭を割りて脳みそを取ってつぼけ（かご）へ入れる。切り取った肉はすぐに鍋で煮上げ、持ち運んで行った」という記述がある。さらに「鬼と言うは飢饉時の人食いどものことである。書をするのも恐ろしきほどなり。後世の人これを真とするか否か」と書き残している。

人肉食すの記も

飢饉書には人肉を食したことを記したものもあるが、藩日記などの公式文書には一切記述がない。従って、真実かどうかは確認できない。ただ食べたと書かざるを得ないほどに飢餓の状況がすさまじかったことは事実である。領内各地に残る供養塔はその悲惨さを語り継ぐ。

大飢饉以後、多くの餓死者が出たため耕地が放棄され、農業生

現在の「道の駅やませ土風館」の西方にある長福寺の近くには久慈代官所があった。寛政の百姓騒動や天保の百姓一揆にはここに多数の百姓が押し寄せ、騒乱となった＝久慈市中町

産が落ち込んだ。やがてそれが年貢未納をもたらし、藩の財政的な打撃は深刻となった。天明三（一七八三）年に六万三千一五八人だった百姓人口はすぐには回復せず、大飢饉から八年後の寛政三（一七九一）年は、領内総人口が四万四千九一九人、うち百姓は三万八千一四一人、[2] 二七年後の文化七（一八一〇）年にようやく五万一千三九六人に回復した。[3]

金上武士を登用

藩の財政対策は、領内の各階層に負担を求めざるを得なかった。従来通り百姓へは手伝金などを含めて貸上（財政不足の徴収金）を命じ、藩士へは半知（半分の削減）になるほどの俸禄の貸上、商人にはさまざまな名目で御用金を賦課した。御用金は町の有力者のみならず、村々の有力者にも拡大された。

鵜対の「餓死供養十三回忌」塔。天明飢饉が癒えると、領内には餓死者を弔う供養塔が建てられた。鵜対の共同墓地跡には、飢饉から 13 回忌に当たる寛政８年（1796）建立の供養塔が残っている＝八戸市八幡

天明八（一七八八）年には、沖口（移出税）の免除を条件に新たに二千五〇〇両を八戸三店を含む有力商人五店に命じた。[4] 千両、二千両と献金した七崎屋、近江屋、大塚屋、美濃屋などの有力商人は藩士に取り立てられることになった。

こうしたやり方は金上《かねあげ》武士と称されたが、中でも七崎屋半兵衛の長男松橋宇助は一五〇石（のち二〇〇石）で召し出された。さらに七崎屋からは半十郎、甚太郎が一五〇石で登用された。売禄値段は一〇〇石につき千両であったというから、三家を出した七崎屋は五千両を納めたことになる。藩財政は御用商人への依存度が高まると同時に、金上武士が登用されることにより、藩政運営に当たっては商人の権益保護や利益擁護をも考慮せざるを得なくなった。

寛政年間（一七八九～一八〇〇）に入ると、従来の財政手法では立

ち行かなくなり、主法替《しゅほうがえ》（藩政方針の変更）という藩政改革の施策が取られた。それは藩による大豆、干鰯《ほしか》などの国産物の安価買い上げと江戸への独占販売という施策を軸にした収入増加策である。鉄山の直営、牛馬役銭や諸運上金の税率引き上げ、山役銭などの新税の採用などが新たに盛られた。

ところが、寛政七（一七九五）年十二月、久慈で百姓騒動が起きた。(5) 大勢の百姓が久慈代官所へ押し寄せた。貸上金の廃止、大豆・干鰯などの買い上げや諸役の減免などを求め、これらの施策を真っ向から否定した。

要求のみ沈静化

この年は天候不順の上に、夏の洪水、秋の久慈・軽米における害虫の大発生で、穀物が実らなかった。にもかかわらず、財政窮迫の藩は、大豆の強制買い上げを実施。さらに年貢のほか、一石当たり三〇〇文の貸上金を来年の分まで上納せよと厳命した。驚いた百姓たちは、「一三〇年前に八戸藩が分地したころの税制に戻してほしい」と直接行動に出た。(6) 百姓が八戸城下まで押し寄せ、家老たちの家まで打ち壊すという噂が流れた。

八戸藩では、藩誕生以来、このような百姓騒動は初めてだった。藩上層部は一揆相談係として「願筋取扱方」の職を設置した。同時に軍師を立てて兵力による鎮圧を図るか、あるいは百姓に久慈長泉寺や長福寺の檀家が多いことに目を付け、同じ曹洞宗の新井田対泉院の和尚を派遣して百姓を説得するかの、硬軟両方の手立てを考えた。(7)

ただいずれも今回の騒動を「軽るからず」と見る認識は一致していた。現地へは目付七戸惣左衛門、吟味兼勘定頭河原木五郎兵衛を派遣。最終的には百姓の要求をのむことにより事態の沈静化を図った。

【一揆が久慈で多発】 久慈では百姓一揆や騒動が多い。寛政騒動の他、文政五（一八二二）年三月の百姓騒動、八戸まで押し寄せた天保の稗《ひえ》三合一揆などがある。一揆が多い理由は権力中枢の八戸城下から遠いことが挙げられる。しかし、それに増して大きいのは久慈地方の民衆の意識である。八戸藩が誕生する以前は、南部氏に抵抗した九戸党久慈氏の勢力が根強く残った地域である。言ってみれば伝統的土豪の系譜を持つ人々が、「後から入った八戸南部氏など何するものぞ」という意識が背景にあったのではないか。それは、寛政騒動の「八戸藩が分地したころの税制に戻せ」との自己主張に端的に表れている。

第４章　藩政改革

第1節　藩札の発行

大量に出回り物価高騰
通貨不安、生活苦招く

文政元（一八一八）年二月、吟味役の立花文助は財政窮乏に危機感を抱いて藩に上申書を出し、次のように口上した。(1)

「江戸では、文化八（一八一一）年上屋敷焼失、十一年下屋敷焼失、十二年奥様死去、十四年若殿様婚礼と物入りが続いた。一方、在所八戸では、文化十年から十二年まで三カ年凶作が打ち続いた。御用聞商人には文化七年から江戸表の借金のため四千両、十年に上屋敷普請に四千両、十二年に若殿婚礼支度に六千五百両と無理な献金を強いてきた。返済金は毎年かさみ、日々の経費に事欠くありさまである。

百姓や町人には年貢以外にも課税を強め、貸上金や手伝金を毎年のように命じて、これによってようやく藩財政をやり繰りしてきた。当年は参勤の年に当たるので、さらに経費がかかる。目付や勘定頭と三役評議をしたが、これ以上取る手段に尽きた」

購買力向上狙い

三日町から十三日町にかけた通りは藩政時代から八戸を代表する繁華街である。現在、三日町にある「はっち」付近には八戸三店の近江屋市太郎が店を構えた他、この通りには大店が軒を連ねていた＝八戸市三日町

江戸商人の伊勢屋喜左衛門は、藩に借金返済を要求しようと幕府に出訴するとともに、借用書を持って八戸へ下って来た。同じ江戸商人の栖原屋久治郎や会津屋茂兵衛は借金の年賦返済の約束が滞っているとして、やはり八戸に掛け合いに来た。既に藩財政は文化年間（一八〇四～一七年）から文政の初めごろまでに切羽詰まった状況に陥っていた。

文化年間に百姓や町人、藩士たちの生活を脅かした藩の施策に預かり切手（藩札）の発行があった。藩札の正確な発行年代は不明だが、文化元年ごろには発行されていた。物を買うにも貨幣が不足して買えなかったので、藩では御用商人十二人に命じて紙に銭何文、金何朱などと書いた札を発行し流通させた。これが藩札である。購買力を上げて経済活動を活発化させるのが狙いであった。

現在の十三日町の三春屋デパート向かいには、八戸藩の経済を意のままに動かしていた豪商・七崎屋半兵衛が店を張っていた＝八戸市十三日町

しかし、文化十（一八一三）年になると、信用のない藩札を正銭（金）に交換する者が続出した。翌年八月、正銭との引き換えの自粛を領民に命じたが、(2)効果はなかった。両替相場は、発行時には藩札一両が金一両（銭四貫文）だったはずなのが、文化十二年では九貫五〇〇文にはね上がった。文政元年には、正銭の流通が止まり、藩札ばかりで物を買うので、一両は十一貫文に上昇。さらに十三～十四貫文に急騰した。金相場から見れば藩札の価値は暴落したことになる。

貨幣価値が下落

三万六千～七千貫文もの藩札を発行していた商人に和泉屋喜兵衛がいた。和泉屋は正銭との交換に応じなかったため、怒った百姓町人が店に押し寄せる騒ぎとなった。藩では、文化十三年正月、和泉屋の切手通用を禁止し、財産を没収して交換に充てさせた。(3)大量に出回った藩札は通貨不安を招き、藩札を持っている人の貨幣価値は下落した。藩札があふれて物価は高騰。藩士を含めた領民の生活は苦しくなる一方だった。

百姓に比べて余裕があるはずの藩士も、生活の窮状は同じだった。特に現金給与だけで生活する下級藩士はインフレの影響をまともに受けた。総御給人は連名で、藩に対し「諸色《しょしき》（物価）が高騰している上、和泉屋通用切手はもちろん、正銭も両替相場は随分高騰している。しかし、私どもの俸禄は市中の平均相場でしか支給されないので、これでは生活が成り立たない。俸禄は相場違いにならないように支給してほしい(4)」と、給与の改善を訴えた。

豪商の勢い急伸

藩札を発行した御用商人は、江戸仕送りを負担するような、藩きっての豪商である。近江屋市太郎、大塚屋市兵衛、美濃屋三右衛門、村井孫兵衛、七崎屋半兵衛、河内屋八右衛門、大和屋茂兵衛、和泉屋喜兵衛、吉田屋惣八、加賀屋利助、淡路屋源之助、磯屋甚兵衛たちである。この中で文化年間に商勢が急速に伸びたのが七崎屋こと、松橋半兵衛である。

七崎屋は宝暦六（一七五六）年七崎村より八戸町へ引っ越して来て商売を始めた。天明の飢饉《ききん》を契機に藩に登用され、天明六（一七八六）年に藩の御用達商人、御目見得乙名《おめみえおとな》（藩主に謁見できる町役人）となった。国産物の販売に携わってたびたび藩へ献金するほどに成長した。寛政二（一七九〇）年、一千五〇〇両の献納により長男の宇助が一五〇石で藩士に召し出された。さらに文化三年には三千両を献納して甥の半十郎と甚太郎の二人も出仕(5)。

七崎屋は、文政初年には、藩の御繰合《くりあい》（財政補填《ほてん》）金の七割を負担するようになり、「七半の八戸か。八戸の七半か」と言われるほどの経済力を発揮した。

【名久井通の押願騒動】　藩札の大量発行で物価が一気に上がり、藩札がだぶつくと藩は引き揚げにかかった。文政五（一八二二）年三月、藩は回収を急ぐあまり、年貢などの諸税はすべて正銭（金）で納入せよとの厳しい達しを出した。驚いたのは百姓である。五月、苫米地から剣吉、名久井にかけての総百姓たちは、とても正銭の工面ができないと名主の所へ大勢で押し掛け押願（強い要求）に及んだ(6)。名主は代官へ取り次いだが、藩では徒党がましきことは許されないと強く拒絶した。首謀者の詮議が行われ、くじ引きで決めると言っても百姓は口を割らなかった。食うや食わずの生活をしている百姓たちに正銭が渡るはずもなかった。

第2節　藩政改革の開始

藩随一の豪商取り潰し

強硬課税、藩士も粛正

相次ぐ藩財政の破綻は、藩政立て直しへと突き進ませた。文政二（一八一九）年三月、八代藩主信真《のぶまさ》は、藩政の基本方針を変更する「国政御主法替《おしゅほうがえ》」を指示し[1]、これにより八戸藩の藩政改革が始まることになる。

御主法替御用掛（係）に野村武一（後に軍記と改名）が抜擢され、改革の役所として御調《おんととのえ》役所が設けられた。野村が御勝手御役人総座上、つまり改革主任となり、配下に吟味役長沢忠兵衛、立花文助、目付遠山庄右衛門、勘定頭正部家長太夫、島守万之丞が任じられた[2]。藩の勝手三役という重要ポストがそのまま御調役所に配置換えされた。家老を頂点とする藩政機構よりも、その外に置かれた御調役所が優先する仕組みがここで生まれた。

家老も排撃

野村が主導する藩政改革は、藩政と癒《ゆ》着した特権的商人の排除と利用、産物の生産・流通の掌握と収奪の強化、国産物の生産奨励、年貢諸役金の負担強化などの施策を実施し、藩財政の立て直しを図ることだった。

三八城公園と隣の三八城神社境内は八戸城本丸跡である。境内には政務を行う表御殿や藩主が生活する奥御殿があり、公園には藩政改革を担当する御調役所などの役所や花畑が広がっていた＝八戸市内丸

このうち最初に手を付けたのは特権的商人の排除であった。藩随一の豪商である七崎屋半兵衛が標的にされた。まず七崎屋と親密な関係を持つ家老などの藩政上層部は藩政刷新の名目で辞職させられた。家老中里清右衛門は辞任に追い込まれ、さらに家老中里弥祖右衛門は七崎屋から賄賂や接待を受けて七崎屋の専横を許したとして、野村から排撃された。次いで、大豆蔵の封印を破ったというささいなことを口実に七崎屋を戸〆《とじめ》（閉門しての監禁）処分にした。さらに一万両の御用金の即刻上納を命じた。結局、払えなかった七崎屋は全財産を差し押さえられ、親類も処分された(3)。身内の松橋宇助、半十郎、甚太郎の三人の藩士は改易《かいえき》（武士身分の剥奪）となり、身柄を親類に預けられた。八戸の七半と言われたほどの豪商は、これにより取り潰《つぶ》しとなった。

南郷・中野の天徳院には、八戸の俳諧などで著名な三峰館寛兆の墓がある。寛兆の奥方は八戸藩士津村家の出身なので、夫が改易になったため、津村の知行所がある中野に隠れ住んだ＝八戸市南郷区中野

国産物を専売

改革役所の御調役所は、別名「産物取扱調役所」と言われた。それは国産物を藩が独占的に買い調《ととの》え、それを江戸などの領外で売り払うことを業務としたからである。ここでの施策が国産物販売仕法と言われていた。その仕法は国産物を統制して専売制を行うことであった。

専売仕法に選ばれた国産物は、大豆、干鰯《ほしか》、〆粕《しめかす》、魚油であり、後に鉄も追加された。大豆は醤油の原料、干鰯・〆粕は田畑の肥料、魚油は灯油に使われ、鉄は製鉄資材として、それぞれ中央では需要が高いものだった。ほかに領内販売した塩や移入品の木綿も専売であった。国産物の販売に当たっては、領内からは公定価格で安く買い、江戸では相場を見て高く売るのが基本であった。しかも、購入時は紙切れの藩札を使い、売却時には正貨で受け取ったから、必然的に利益は増大することになる。

産物支配人には七崎屋に代わる商人として西町屋徳右衛門を登用した。西町屋には地元廻船を組織させて藩船を仕立て、国産物を安く輸送させた。同時に、江戸蔵元や銚子などの問屋と提携させ、輸送先や販売ルートを掌握した。高い利潤が見込める鉄は、西町屋を支配人に充て、藩直営で鉄山経営を行った。江戸深川富岡町には、文政三（一八二〇）年四月に藩の蔵屋敷を開設して産物払方役人を配置した。(4) 相場の値動きを見ながら、産物の販売を展開させた。このような仕組みを藩政改革時に築いたのである。

村々巡視し督促

百姓への負担強化では年貢、諸役金の増税や新税の課税である。山役銭、諸職人定役税、牛馬役税などを増税したほか、煙草《たばこ》役税などを新規に課税した。年貢の徴収に当たり、延納や滞納は認めず、村の連帯責任で才覚上納するよう厳命した。代官は村々を巡回して督促。年貢未納の名主は城中に集め、払うまで帰さない、年貢の立て替えをしない名主は財産を競りにかけるという強硬手段に出た。

藩士にも、綱紀粛正のために強権を発動した。年貢を百姓から収納できず勘定（決算）が終わらない名久井長苗代通代官小平甚右衛門は改易に、遅れた久慈通代官郡司稲男は外出禁止の閉門とした。(5) さらに舫《もやい》所から資金を借用して返済しない藩士十四人には、家禄と家屋敷没収の処分を命じた。(6) 野村の容赦のないやり方は藩士たちを震え上がらせると同時に、強い反感を抱かせることになった。

【八戸を描いた俳人】 八戸の俳諧で名高い三峰館寛兆《さんぽうかんかんちょう》は、れっきとした八戸藩士である。本名は松橋宇助といい、在職中から友人らと謡などを楽しむ文芸通であった。江戸勤番の際に江戸三大家の建部巣兆から俳諧を学び、その名声は俳人名鑑『万家人名録』に掲載されるほどとなった。ところが、文政五（一八二二）年、親である七崎屋半兵衛の取り潰しに連座して侍の身分を失った。それにもめげず俳諧に精進し、『俳諧多根惟智山』、『俳諧風雅帳』などの句集を数多く刊行。さらに八戸城下絵図や八戸領内絵図、八戸浦の図、道中双六などを色鮮やかに描き上げ、藩政期の八戸の姿を今に伝える。

第3節　水田開発と検地

五万石の野望、強引開墾

「非道の竿入れ」村々困惑

藩政改革は文政二（一八一九）年に始まり、文政六年で満五年の満期を迎えた。さらに効果を上げるため、改革事業は文政十一年まで延長された。この間、領民と藩士に犠牲を強いたが、藩財政は好転した。文政十三年には一万五千両の余剰金が藩庫に蓄えられた[1]。やがて十七年後の弘化四（一八四七）年には五万両が蓄積され、目に見える成果が上がった。

藩札発行で招いた通貨不安は、文政二年に西町屋へ新たな藩札を発行させて旧札を強引に回収することで収束した[2]。

場所選ばず推進

藩政改革期に、国産物販売の仕法とともに、財政再建の柱とされたのが新田開発だった。文政五年十二月、領民に藩内の山野や谷あいなどで開墾できそうな場所を見立てるよう指示が出され[3]、翌年二月、新田開発掛（係）が新設された[4]。

従来までの新田開発は、勘定頭―代官という流れで所轄されていたのが、御調役所の新田開発掛（係）による決裁で新田適地を開墾できる仕組みが出来上がった。藩政改革主任の野村軍記は、「三戸郡のみにて新田三万石」（柏崎記[5]）

長苗代の水田を潤した熊ノ沢堤。藩政改革期に一気に進められた開田により用水が必要になった。藩政期は姥水門からの水のほか、熊ノ沢などの山中の谷あいにため池を造って水田に供給していた＝八戸市尻内町

を得る心積もりで、しかも「新田開発により一万石も検地で打ち出して内高あわせて五万石高になれば、城主格となし得る」（野沢蛍[6]）という野望を持っていた。このため、場所を選ばず強引に開田が推進された。

この時期、開発が進められたのは馬淵川左岸に広がる長苗代地方である。長苗代は河床の低い馬淵川からは取水できず、浅水川を水源に開田をしていた。しかし、浅水川は小河川である上に、七崎から上流は盛岡藩領であったため、取水量には限りがあった。従って、開田できる場所は浅水川流域の張田、根岸付近にとどまっていた。

ところが、文政から天保年間（一八一八～四三）にかけて、一気に馬淵川中原《ちゅうげん》にも開田が進んだ。[7] それまで長苗代への灌漑《かんがい》は、浅水川にある姥《うば》水門と新水門の二つの水門から取水されていた。この両水門からの用水堰《ぜき》を拡幅しながら延長する方法で、中原への用水の供給量を増やした。天保三（一八三二）年秋には、正法寺姥水門より小田を経て八太郎辺までの新堰が掘り立てられたのである。

長苗代に広がる

ただ長苗代一帯の開田には、浅水川からだけの水では不足だった。そこで長苗代の北側にある山地の谷口に用水堤を新たに築造し、旧来の用水堤は堤防のかさ上げを行い貯水量の増強を図った。根岸村笹ノ沢や高館村館合、袖ノ沢などの新堤の築造や、熊ノ沢堤や追切沼、北沼などへの往《おう》名《な》（土手）築き上げがそれである。

浅水川の河川灌漑に谷口の溜池《ためいけ》灌漑をつなげて用水供給量を大きく増やし、用水量の不足を解消したのである。これによって長苗代地域は、河原木本村や石堂村近くまで開田が及び、さらには小田前、日計前辺りにも延びていった。

藩政期に浅水川から取水した古い水門が、正法寺洞にある姥水門である。川をせき止めて水門を造るのは難工事だったため、老婆が水の中に入って人柱となったと伝えられている＝八戸市尻内町

しかし、新田開発の成果は芳しくなかった。関係村落の尻内、長苗代、石堂、河原木の四カ村では、天保五（一八三四）年に水田九〇四石の増高だった。藩の総力を挙げ、一万石ないし三万石の増高を目標に打ち出した事業にしては、千石弱の開田は期待したほどではなかった。

折しも天保三年は凶作だった。低温が続いたことによる天候不良は、藩内二万石の一万一千余石に被害をもたらし、このうちの六六%に当たる水田が被害を受けた[8]。長苗代のような水田単作地帯では、開田で進められた稲作は寒さに弱い稲を凶作に導いた。

課税地を拡大

水田の新規開発が各地で行われるにつれ、文政十一年三月に総検地が実施された[9]。天明大飢饉《ききん》以来、放棄地となった田畑を正確に把握するためであった。八戸藩では、元禄、享保、寛保、明和と二〇年に一度実施されてきた定法であるとして[10]、久慈や軽米通から竿入れ（竿打ち＝検地）が開始された。しかし、この総検地も内情は藩主の城主格への格上げを狙うものであったから、石高増が見込めないにもかかわらず無理な竿打ちをして課税地を拡大し、村々を困惑に陥れた。

野村に対する批判書の『野沢蛍』によれば、「役人が足軽を引き連れて領内を回り、威光をもって百姓を恐怖せしめ、非道の竿打ちを行った。新田や畑返し水田など、水掛かりによっては免税にしなければならないのに、すべて課税の対象にしてしまい、村々の困窮は大方ではない。日夜二人寄り集まれば、無法の政法なりと恨みけり」と書かれてある。

【改革の実態暴露する『野沢蛍』】『野沢蛍』は藩政改革を主導した野村軍記を徹底的に批判した書である。内容は野村家由来、七崎屋科料、御調役所設立、鉄山塩御手山、魚油他領出し、領内一手売買、総検地、領内飢饉と穀改め、百姓騒動による諸役免許など、といった藩政改革の諸施策にわたる。しかも、全てにわたって「軍記を恨まぬ者はなかりけり」と一貫して恨みが込められている。内容はほぼ史実に近いと考えられるから、藩政に参画して施策に精通し、そのからくりを見抜ける人でなければ書き得ないものである。そうなれば、筆者は藩に取り潰《つぶ》された豪商七崎屋半兵衛の子で、野村によって士分を剥奪された松橋宇助だと推測される。

第4節　領内最大の一揆

百姓二万人　中居林に集結

裏に政治的な権力闘争

藩政改革で藩財政が好転すると、藩は神社仏閣の造営を推し進めていく。まず文政六（一八二三）年に内丸の豊山寺《ぶさんじ》を修築、同八年に法霊《ほうりょう》社、続けて新羅《しんら》神社を新築した。文政十年七月に完成した新羅神社の落成式はにぎやかに行われ、鮫湊の芸者踊りが披露された。[1]

翌年には本丸の御殿の造営に取り掛かった。藩誕生以来、増築を繰り返して使われた御殿を取り壊し、新御殿を建築するものだった。改革主任の野村武一は天保元（一八三〇）年、藩主から改革の功労を賞されて軍記の名前を授かり、[2] 翌年九月には中老（家老）に昇進していた。

一方、新田開発を奨励するとともに、幕府に対しては八戸藩主の城主格昇進の運動を行った。早くは文化六（一八〇九）年から老中宛てに内々に願う動きをしていたが、文政十三年から本格的に進め、天保三年、さらに天保七年と何度も内願を繰り返した。[3] 二万石から二万五千石に高直しをして、城主格に格上げしてもらいたいという内容だった。老中からは何度願っても無理だと言われる始末で、格式や権威を得たかった野村の思惑は、見事に外れた。

久慈市大川目から久慈川を挟んで三日町を望む。同市三日町は、八日町と並んで古くから発達した町場である。一揆は三日町とその対岸の大川目から天保５（1834）年に火の手が上がった＝久慈市大川目町

久慈から火の手

野村が独裁体制を敷いて進めた藩政改革は、領民には年貢諸役金の増税強化、また国産物の販売利益を御調役所で独占するという徹底したものだった。しかし、改革の方策はその苛烈さ故に百姓一揆となって爆発した。

きっかけは、天保四年の凶作にあった。藩は食糧を確保するために、家一軒ごとを回って百姓には一日稗《ひえ》三合を残すほかは、野菜の果てまで全部の食糧を強制的に没収した。これに百姓が怒り、「為政者は稗三合で生活してみろ。これで生活ができるわけはなかろう」との不満を噴出させた。特に、中世以来の在地勢力が根強く残る久慈地方の百姓が一揆の火の手を上げた。稗三合に反対したので、名付けて「稗三合一揆」と言われる。

天保五年一月、久慈大川目で一揆進軍の合図となるほら貝が吹かれた(4)。一揆勢の本隊は八戸城下を目指して大野、市野沢と向かい、島守を経由して是川に出て、八戸中居林に集結した。ここで三度の鯨波《とき》の声を上げて、いよいよ鍛冶町堤端に迫った(5)。出発した時は八〇〇人ほどであったのが、一万人にまで増えていた。

翌日には、東から浜通の百姓が押し寄せ、西からは名久井・長苗代、南からは新手の山形・葛巻方面の百姓が到着した。一揆勢は二万人に膨れ上がった。藩は、藩士を緊急招集し、五〇石以上は槍《やり》を持って登城せよとの指令を出し、鍛冶町には鉄砲隊も派遣した。

野村軍記が造営した長者山新羅神社の社殿。長者山は藩政時代から八戸町民の憩いの場所であった。文政10（1827）年に光り輝く荘厳な社殿が落成した＝八戸市長者

二一カ条を要求

一揆の要求は稗、大豆、〆粕《しめかす》の強制買い上げの免除、煙草《たばこ》税、移出入の肴《さかな》税の廃止、山役銭倍増の免除など二一カ条にわたるものであった(6)。

鍛冶町端で応対に当たった目付役は、要求は全て許可するから、一揆勢は城

下に入らず、このまま引き取るように説得した。しかし、百姓たちは目付ぐらいの許可では納得できない。殿様のお墨付きを頂戴したいと強硬であった。ここで押し問答が続いたが、結局、百姓たちが折れ、引き揚げることになった。藩始まって以来最大の一揆はこれにより沈静化した。

一方、藩政の最高責任者である野村は責任を取らされ、辞職に追い込まれた。後ろ盾となって野村の独断専行を認めた藩主もここで彼を見限り、身帯改易（武士身分の剥奪）、家屋敷を没収する処分を発した。[7] やがて野村は失意のうちに病没することになる。

約束を取り消す

ところで、一揆の行動には不自然なところが多い。一揆勢が城下に進入せずに撤退したこと、一揆に付きものの商家打ち壊しなどの暴力に走らず統制が取れていたこと、一揆の要求は藩政改革の施策を真っ向から否定する内容になっていることなどを見ると、百姓だけが一揆を起こしたとは考えにくい。十五年余りにわたる野村の強権的政治には、藩政内部で批判があった。野村を追い落とす策動もないわけではない。そう考えてみれば、政治責任も野村親子だけが改易処分されただけで、他には改易者はいない。このことは、一揆の目的が野村失脚のみを狙った、かなり政治的な権力闘争であったことを物語る。

野村が失脚すると、その後には反野村勢力の中里弥九郎が家老に取り立てられた。百姓に約束した要求の大半は、事実上取り消された。強圧的手法は薄められたが、藩財政再建のためには、御調役所はそのまま存置され、国産物販売仕法も継続して続けられた。

【一揆の御沙汰書】 洋野町にある種市歴史民俗資料館には、藩が浜通りの百姓へ宛てた天保五（一八三四）年の御沙汰書の原本が展示されている。百姓が要求した二一カ条につき、各箇条ごとにその諾否を記したものである。稗の買い上げ免除に始まり、大豆、塩の買い上げや煙草税、肴税などの免除を盛り込み、久慈検地の一部やり直しも認めている。しかし、〆粕、魚油の買い上げや酒、鉄の専売は再検討はするが従来通り行うなど、認めない箇条もあった。一揆の要求は国産物の強制的な買い上げは廃止せよ、専売的商業はやめて自由にせよ、重い税負担は撤廃せよというもの。文政改革以来の厳しい経済統制は転換をせざるを得なかった。

第5節　天保の七年飢饉

領民に五万両貸し出す

被害最小限に抑える

天保の飢饉《ききん》は天保四（一八三三）年に始まり、七年間も続いたので、「七年飢渇《けかじ》」とも言われる(1)。

この年は天候不良のため収納高が三分の二に減収、翌五年は作柄が優れず不作。さらに、天保六年は洪水に冷害が重なり大凶作となった。続いて天保七年も天候不順に加えて洪水が起きて大凶作。藩は緊急に米を一万石購入して領民に与え、お救い小屋を建設して窮民の収容に努めた。藩士や町民有志からも四千両を超える献金が寄せられ、餓死者は一人も出さずに乗り切った。

しかし、被害は天保八年から現れる。天候不良に悪疫《えき》が流行して死者が出て、八戸の町は食べ物を求める百姓であふれた。行き倒れになった餓死者を城下端の山寺に集め、ここに井戸のような大きな穴を掘って埋葬したと伝えられる（飢饉録(2)）。翌天保九年の凶作には新発田《しばた》などの越後米を緊急に買い入れて百姓に配分した。

長興寺境内にそびえるイチョウの大木。天保の飢饉では、長興寺村や伊保内村などの一帯は作付けする種も収穫できないほどに大きな被害を受けた＝九戸村長興寺

作付けの種なく

七年飢饉は冷害に洪水が重なったため、水田地帯の被害が顕著であった。特に河川近くまで開田が進んだ長苗代か

馬淵川沿いの石堂共同墓地には弘化2（1845）年建立の亥年餓死無縁供養塔がある。供養塔は風化が激しく、近年新しく再建された。亥年とは天保10（1839）年のことで、長苗代の水田単作地帯は天保飢饉の直撃を受け、渇命に及ぶ者が続出した。＝八戸市石堂

ら剣吉にかけてが打撃を受けた。八戸藩日記によると、天保八年の長苗代通の極窮の百姓は一四一軒、人数八一四人とあり、同十年にも飢えや渇きで渇命に及ぶ者多いと書かれている。(3) 長苗代に入作していた名主常太郎は、農民から年貢取り立てができずに逃亡を図った。

一方、畑作地帯でも稲作田の被害が大きい。天保九年の九戸郡の田畑の被害を見よう。藩士及川隼太は伊保内村と長興寺村に七一石余の知行地を所有していた。このうち稲田は四千六六〇刈（一〇〇刈＝一反歩）、稗《ひえ》田が五〇刈、苗代が二〇〇刈であり、畑方は二一六・五役（一役＝〇・三反歩）であった。この年の作柄は、稲田をはじめ全ての水田が皆無。畑作では稗、蕎麦《そば》、大豆、粟《あわ》、小豆を仕付けていたが、稗だけは二分通、あるいは三分通の実入りが若干あったものの、ほとんどは種なしという作柄だった。(4) 七年飢饉の末期には、作付けするための種子さえない状況に追い込まれていたことになる。

天明から前進

それでも藩内での天保飢饉は、天明大飢饉に比べてはるかに餓死者が少なかった。弘前藩が餓死者三万五千人を失ったのを見ると、取り組みが功を奏し被害を最小限に抑えることができたと言える。

八戸藩では、天保十年三月に「仁政」を施すとして五万両もの大金を領民に貸し出す飢饉対策を取った。(5) 貸し出しは、一石につき一両として、領内三万石高の見積もりで百姓へ金三万両、町人へ一万両、家中へ一万両を藩札で貸し出す。元金は永久貸付として月五分利息のみ徴収するという内容である。

原資は鉄や塩、漁獲物などの国産物販売で蓄えた余剰金であった。しかし、実際は藩札発行による両替相場の差額によって資金を捻出するという危ういものであった。計画は、五万両の藩札は四～五年後には下落するから回収には二万両を用意すればよく、三万両の差益が出ると算定した。同年六月から領内へ貸し出しが行われたが、藩札が想定していたよりも急落し過ぎたことから経済が大混乱。二年後の天保十二年には藩札通用の停止という事態に陥った。

資金の貸出政策は従来のように塩やみその支給しかなかった飢饉対策に比べて大きな前進ではあった。しかし、資金の元金を余剰金で賄わず、これらを藩の運営資金に回して藩札両替の差益で対策を立てたことに「仁政」の限界があった。

稗を窮民に放出

幕藩時代の飢饉の原因は天候だけが要因ではなかった。餓死者が出るのは、藩経費の確保のために米は中央市場に絶えず販売され、領内に一粒も残らないという構図にあった。米の取れない八戸藩でも、米に代わる大豆などの換金作物が江戸へ絶え間なく移出されている実情があった。

幕藩体制下の構造では避けることができない飢饉ではあったが、次第に改善策が取られるようになった。幕府は寛政改革の一環として村に郷蔵を建造して凶荒用の囲い米の貯蔵を命じた。八戸藩でも、村々の有力者に囲い稗を保管させ、困窮者にはこれを貸し付ける制度を始めた。

大野村では、天明八（一七八八）年から囲い稗の貯蔵を始めており、天保の飢饉には、名主晴山吉三郎らが稗を窮民へ放出して被害を食い止めた[6]。

三万両の貸し出しや他領米の購入とともに、これらの施策が天明の飢饉に比べて餓死者を減少させる要因となった。

【政治を罵倒する紙札】　天保の七年飢饉に対する藩の無策に憤り、八戸藩主を痛烈にののしる紙札（今で言うビラ）が天保四（一八三三）年ごろに領内に出回った[7]。八戸藩主について「清和滅じ（源氏）朝夕粥守《かゆのかみ》のち空腹斉《くうふくさい》と号す」、菩提寺は「騒動《そうどう》宗天命山飢饉《ききん》寺」などと記されている。一方、百姓一揆の落書にも、藩政改革主任の野村軍記を断罪して「無天保《むてっぽう》五年軍記院稗山山三合居士」（野沢蛍）[8]と皮肉っている。これらは風刺や落書きの形を取っているにしても、堂々と藩の治政を批判できる時代に八戸も入ってきたことを証明している。

第6節　学芸の興隆

俳諧、広く庶民に普及

藩学校を内丸に設立

「草の根を起こして見たし閑古鳥　　りよ」

りよとは鮫の佐川屋の遊女である。文化四（一八〇七）年に名古屋で急逝した旦那である商人金子乙因を慕ってかく詠んだものである。乙因が辞世に詠んだ「草の根にかくれて聞かん閑古鳥」を受けて、巧みにその思いを句に託した。八戸では、文化年間になると、俳諧が広く庶民に普及した。町人や豪農、果ては遊女たちも句を詠み合って感情を豊かに表現していた。

江戸藩邸で歌会

庶民に文化が浸透する以前は、学芸といえば藩主や藩士たちが自らの教養として行っていた。八戸藩の学芸の歴史をさかのぼると、二代藩主直政が挙げられる。

直政は文筆に優れ、遠陽刺史・松洞南浩然と号し、学問文化の振興に努めた。江戸藩邸に文林館と称する学問所を設け、「南部家伝旧話集」を編纂《さん》させたほか、元禄三（一六九〇）年には漢詩文集の「新編文林全集」を刊行した。漢詩文を縦横に作れる大名は数少なかったから、直政の学才は江戸でも光り輝くものであった。

本八戸駅に至る道路沿いに立つ「二の丸跡」の標柱付近には、文政12（1829）年に藩学校が建てられた。藩士の子弟しか入学できなかったが、軍学をはじめ儒学から算術、医学、躾《しつけ》方など総合的な科目が教授された＝八戸市内丸

直政は八戸藩の江戸上屋敷や菩提寺《ぼだいじ》の金地院などを会場にして詩歌会を何度か催した。(1) 側用人の人脈に連なる林信篤、金地院崇寛、足院隆光ら、学問を奨励した将軍綱吉の文化ブレーンを招いて歌を詠み合った。ほかにも盛岡藩主重信や子息の行信・通信（のちに八戸藩の養子となる）ら一族大名、清水宗川という江戸歌壇の指導的歌人たちも集まった。このような歌会の開催は、元禄期における江戸文壇の活動の高まりを示すものであり、八戸藩邸もその活動の一翼を担っていた。これらの活動が素地となり、宝暦年間（一七五一～六三）には、麻布桜田町の長幸寺住職の亨弁《こうべん》が指導する堂上《とうじょう》派（公家の伝統和歌の流派）の歌会活動が、八戸藩邸で行われるようになった。(2) これには四代藩主広信の側室の慈照院も加わっていた。

全国区の俳人も

寛政年間（一七八九～一八〇〇）に入ると、八戸では武士や町人の間に俳諧が広まった。

七代藩主信房は俳句を好み、天明三（一七八三）年に蕉風俳諧に入門し、互扇楼畔李《はんり》と号した。信房は後年五梅庵《ごばいあん》と称するが、俳諧を通じて江戸文人と交流を広め、榎本其角の流れをくむ平沙や湖十などの宗匠などと交際して八戸に俳諧を根付かせた。寛政八（一七九六）年に隠居した後も、江戸下屋敷に住みながら側室の花月堂李州とともに月並句会を催し、多くの俳諧摺物や歳旦集などを手掛けて俳諧を楽しんだ。このため江戸藩邸には、文化・文政期（一八〇四～一九）を通じて、俳書などとともに『南総里見八犬伝』などという読本《よみほん》などが多数収蔵されるようになった。(3)

久慈市長福寺の境内には文政 11（1828）年建立の中野綱庵（馬来と号す）の俳句碑がある。中野は久慈の町医者であったが、九戸地方一帯の俳諧の指導者として名前が知られ、五梅庵と号した八戸藩主信房とも交流した＝久慈市中町

八戸においても、この文化・文政期になると、金子乙因や三峰館《さんぽうかん》寛兆といった全国に通用する俳人も現れた。句会の興行、社寺への献額や句碑の建立が広く行われ、俳諧は藩主から藩士へ、藩士から商人や豪農へと広がりを見せた。久慈や大野などでは、久慈の医者中野馬来（綱庵）を中心に俳人を集めて句会が催されるほどに盛行した。やがて『俳諧風雅帳』や『俳諧多根惟知山』などの俳書が、寛兆や寿川常丸によって嘉永年間（一八四八～五三）に刊行された。

書物を共同購入

藩の学芸が興隆するにつれ、藩士の間で、書籍を購入する機運が高まっていった。八戸藩日記によれば、既に天明三年に藩士たちが共同で購入する「書物無尽仲間」が形成されていた。(4)これは遅くとも天保の初めごろには「大仲間」「小仲間」と称される書物仲間へと発展し、積立金によって和漢の書籍を購入し、仲間同士で閲覧し合う仕組みとなった。運営は藩士だけではなく、商人も関わった。その後、この大仲間のメンバーたちが明治七（一八七四）年に旧城内の物見櫓の払い下げを受けて八戸書籍縦覧所を開設し、八戸市立図書館の前身を形づくることになる。

文政十二（一八二九）年九月には、藩学校が初めて内丸に設立された。(5)校名は単に学校と称された。藩士の子弟の入門に限られたが、甲州流軍学や徒鞍《すぐら》流馬術のほかに、儒学、算術、医学などが学ばれた。天保年間以後は、兵学よりも儒学が教学の主体となった。

算術については、八戸では和算が盛んであった。宝暦年間に真法恵賢が始めた真法賢流が基になり、算術師範の神山由助は和算の教科書「楷梯点竄《てんさん》」（代数の計算法）を編纂した。神山は安藤昌益の高弟神山仙庵の孫であった。

【旺盛な読書活動】 本の購入は、勤番武士たちが江戸より船便を利用して八戸へ持ち込んだり、商人たちが取引のある江戸商人に購入を依頼したりして行われていた。また武士に限らず豪農の読書意欲も旺盛で、多数の書物を買い求めた。八戸町では、安政六（一八五九）年に商人の大岡長兵衛が江戸から本を買い入れて「嵩文堂」の看板で貸本屋を始めたところ、日増しに繁盛したという。(6)天保末年に江戸から八戸を訪れた落語家の船遊亭扇橋は、盛岡には無かったが、八戸には弟子の書いた都々逸の本があったと言っている。(7)軽米の豪農淵沢が弘化四（一八四七）年に農書『軽邑耕作鈔』を執筆したのは、このような読書環境があったからこそである。

第5章　維新の動乱と近代の予兆

第1節　9代藩主信順の時代

薩摩と縁組　城主格に
幕末の藩動向を決する

天明の大飢饉《ききん》が終わった後、寛政八（一七九六）年に藩主に就いたのは八代信真《のぶまさ》である。俳諧を広めた信房から跡を継いだ。以後、四七年間にわたり藩主として君臨することになる。信真は就任早々、武芸の奨励を全家臣に指示するなど、家臣任せではなく自らが直接指揮する親政型の藩主だった。野村軍記を起用し、藩政改革に当たらせたのはその典型である。

信真の治世の末期は天保の七年飢饉が続き、多難であった。天保十（一八三九）年、御調役所頭取《とうどり》の逸見兵庫は領民への五万両の救済貸し付けや藩財政改革を提案し、難局を乗り切る方策に取り組んだ(1)。

その後、逸見を退け(2)、御調役所を足場に藩政に指導力を発揮したのは目付木幡文内である。藩札回収に成功した後、弘化元（一八四四）年十二月に加判役中老（家老）を命じられた。藩政の総括者である勝手向総取締にも就き、産物仕法策を強力に展開しながら藩政を独断専行した。新規に松前などへ国産物の販路を拡大したのもこのころである。

馬淵川大橋沿いの見晴らしが良い場所にある八戸南部氏庭園は、安政４（1857）年に９代藩主信順が別荘として築造した御田屋跡である。馬淵川を借景にした水を使わない枯山水の回遊式庭園を楽しむことができる＝八戸市売市

相撲好きも縁に

天保九年、薩摩藩島津家から八戸藩に婿養子が入った。大藩七二万石から、たった二万石の八戸藩に迎えることになったのである。島津重豪《しげひで》の十男で、天保十三年に名前を信順《のぶゆき》と改名して九代藩主に就任した。

なぜ八戸藩に島津家から婿が来たかははっきりとは分かっていない。一説には、八戸藩が国産物の売り込みに藩の知名度を上げるため、大関などの相撲取りを抱えて宣伝しようと考えたからだとも言われる。これが縁で相撲好きの島津家と仲良くなり、養子縁組が決まったとされる。一方で、それ以前の文政年間（一八一八～二九）中ごろには屋敷を往来するつきあいがあったようで(3)、単に相撲好きが縁というだけではないようである。

大藩薩摩藩との縁組は八戸藩の家格を一挙に押し上げた。従来まで何度も築城願を提出しながら、家格昇進が果たせなかったが、この縁組によって城を築ける城主格に上がった。安政二（一八五五）年十二月、官位が従四位下《じゅしいのげ》の四品《しほん》に昇進。江戸城での控の間も、柳間詰めから、十万石以上の国持大名が同席する大広間詰めに入った。

八戸藩の歴代藩主の墓碑が並ぶ南部家墓所の中で、五輪塔ではない長方形の墓碑が最後の藩主信順の墓である。神葬祭に改めたことから戒名がなく、「従四位源朝臣南部信順之墓」とだけ刻まれている＝八戸市長者の南宗寺

破格の待遇得る

文久元（一八六一）年十二月には、今度は侍従《じじゅう》に昇進した。幕府より元御台所《みだいどころ》の「広大院様御近親」、前御台所の「天璋院様御由緒柄」により格別のおぼしめしによると沙汰された(4)。侍従とは、昇殿が許される天皇近侍の官職である。国持大名に相当した家格となったため、八戸藩にとっては破格の待遇を得たことになる。これはひとえに島津家の力によるものであった。

信順の実父は重豪である。娘を十一代将軍家斉《いえなり》の御台所に入れ、下馬《げば》将軍と言われるほどの権勢を誇った。重豪は婿入れ先を譜代藩で、十万石クラスと考えていた。八戸藩への縁組が決まったときには、既に重豪は死去していた。

しかし、御台所の広大院は弟の婿入れ先を外様二万石ながらも、父の望みが果たせるように手を尽くした。(5) 広大院亡き後は、将軍家定と結婚した天璋院《てんしょういん》（篤姫《あつひめ》）が後押しした。信順は天璋院の養父斉彬《なりあきら》の大叔父に当たっていた。広大院と天璋院の威光は、八戸藩主を十万石以上の侍従まで上り詰めさせたのである。

交渉事に巧み

薩摩藩との縁組は八戸藩を島津一門に加えさせた。これが幕末から明治維新にかけて藩の動向を決することになった。

信順の島津一門としての行動は、まず嘉永四（一八五一）年に薩摩藩の新藩主に斉彬を就任させたことである。英明の誉れ高い斉彬を藩主に擁立すべく、兄である福岡藩主黒田斉溥《なりひろ》らと協力して実現させた。斉彬が将軍から家督相続の命を受ける際、一門を代表する島津家名代に信順は選ばれた。(6) 次いで急死した斉彬の意向を受けて、薩摩藩は公武一和による幕政改革を目指した。幕府の筆頭老中久世《くぜ》大和守は、皇女和宮《かずのみや》を将軍に輿《こし》入れさせて公武合体を図ろうとしていた。信順は薩摩藩の交渉役を引き受け、文久元年から精力的に久世屋敷を訪問した。(7)

久世邸のほか、一門の福岡藩、中津藩（藩主が信順の兄）、桑名藩（藩主夫人が信順の姉）、大垣藩（藩主夫人が信順の妹）などの屋敷にも頻繁に出入りした。恐らく幕府・大名の動静や公武合体の方策などを話し合っていたのであろう。薩摩が直接動いては目立つので、信順が手足となって歩いていたに違いない。

信順は体つきは肥満だったと言われるが、交渉事に巧みであったことから、斉彬の信頼が厚かったという（柏崎記(8)）。

【参勤中の若殿の死】 天保八（一八三七）年十一月一日、八代藩主信真の嫡子である若殿信一が江戸参勤に出立した。藩主の名代として八戸に下っていたのである。春から体調が悪く出発を延期していたが、ようやく旅立った。ところが、途中の宇都宮で病に倒れた。病を押して江戸に到着したが、十二月七日に亡くなった。だが、死去の真相は違う。(9) 表向きは江戸で亡くなったとされたが、実際は宇都宮で十一月二十二日に死去していた。信真には世継ぎの男子がいなかったので、若殿の死は秘密にされた。世継ぎのめどがつくまで時間かせぎをし、幕閣に家督相続の手だてを働き掛けていた。島津家から婿養子を迎えることが決まり、初めて死去が公表されたのである。

第2節　海防強化

近海に異国船が往来

台場増築、軍事演習も

十八世紀末ごろからのロシアの南下と国後・メナシのアイヌ蜂起は、幕府に北方への警戒感を強めさせた。寛政四（一七九二）年、ロシア使節ラクスマンが、ロシアに漂流した商人大黒屋光太夫を伴って根室に来航し、通商を求めた。危機を感じた幕府は海防強化を全国諸藩に命じた。八戸藩では浦堅めの陣容を整え、鮫や麦生《むぎょう》（久慈市）などの要所へ海岸警備の人員を派遣した。沿岸各地には連絡用のかがり火やのろしを上げる施設を整備した。

鮫、久慈浦に大筒

文化四（一八〇七）年四月、ロシア軍艦が樺太、択捉島を襲うという事件が起きた。驚いた幕府は東北諸藩を動員して対抗する措置を取った。六月、八戸藩に対しては領内の浦堅めと箱館（函館市）出兵の準備を指示した。(1)

藩は、有家《うげ》（洋野町）や麦生、久慈などの浦場に大砲方を派遣した。このとき、鮫浦役所と久慈浦役所には、巨霊神と石火矢の大筒（大砲）が新たに一挺ずつ配備された。(2) 箱館出兵に当たり、軍勢を編成し、家老中里弥次右衛門（冬山）

有家の岬にある林の中には数個の土塁が築かれた台場跡が残っている。沿岸を航行する異国船に向けて大砲が設置され、海岸防備に当たっていた＝洋野町有家

を軍師に立て、一の手、二の手の侍大将に中里多膳と佐々木金右衛門を命じて、[3]一番手派遣人数を七〇〇人と決定した。

しかし、幸い出兵に及ばずとの沙汰を受けた。もし出兵となれば、藩財政の一層の窮乏は避けられなかった。それにもまして藩士たちの生活困難は目に見えていたのである。藩士たちは普段の生活がやっとであった上に、刀や槍《やり》、鎧兜《よろいかぶと》などの手入れ、その他の武具、衣類の準備までは手に負えなかった。長年平和な時代が続き、戦闘が無かったことから、武器の補修や更新を怠っていた。そのままでは戦闘に出ることはできなかったのである。

武器補修に拠出

享和三（一八〇三）年、藩は武器の補修に充てさせるために武器舫《もやい》を発足させた。やがて蝦夷地警備に備えて、文化四年十一月には二千五〇〇貫文を積み増しして武器舫の財源拡大を図った。[4]

藩政時代は白山平と呼ばれた現在の白山台。この丘陵地帯で藩は安政元（1854）年に大規模な西洋式軍事演習を行い、対外危機に備えた＝八戸市白山台

これは、藩士の積み金に藩が資金を拠出して藩士にくじを引かせ、当選者に武器の補修代を順番に給付する制度である。早速、軍師中里弥祖右衛門ほか七人が給付を受けて鎧兜を補修することができた。

北方の備えとともに、八戸藩の近海には異国船がたびたび往来した。幕府は文政八（一八二五）年に異国船の打ち払いを命じたが、無益な紛争を防ぐために天保十三（一八四二）年には異国船に薪水を与えて離岸を促す策に変更した。

そのような中、文政八年七月、有家沖に異国船が現れる。船から小舟二艘が出され、異国人が上陸した。堅め衆が大筒を向けると慌てて退散。やがて大筒を二発打ち放つと異国船は姿を消した。ところが、上陸したとき、異国人が有家の漁民たちに書付を渡していたことが分かった。この書付は後に幕府へ提出されて和解《わげ》（翻訳）された。[5]この時期、八戸藩も領民もいや応なしに欧米列強の動きに巻き込まれるようになっていた。

嘉永六（一八五三）年六月、最急行便の六日振飛脚が八戸に到着した。六日振飛脚は緊急時に出される飛脚である。この飛脚は開国を要求するペリー艦隊が浦賀に来航したことを告げた。藩士から商人まで瞬く間に「三百年来の大騒動」（多志南美草[6]）が知れ渡った。翌安政元（一八五四）年、再度来航したペリーは強引に日米和親条約を結ばせた。幕府は国防強化のために江戸湾に台場（砲台）を築造させるとともに、大砲の配置や洋式軍事訓練の実施などを各藩に命じた。

八戸藩は、安政元年四月に領内沿岸に台場を増築した[7]。八太郎、湊場尻、館鼻、塩越、鮫、小舟渡、有家、久慈の八カ所である。従来からあった台場についてはさらに防備を堅牢にした。陣屋には警備の軍勢を配備したが、普段の警備は侍ではなく、銃の扱いに慣れたマタギを常駐させた。有家の陣屋にはマタギが一日三人詰めていた[8]。

白山平で調練

大砲配備とともに、軍事演習が始められた。安政元年六月には、白山平において総勢一千三六〇人余の演習が実施された。藩兵力の総動員とも言うべきものであった。次いで、安政五年八月には歩兵・騎兵・砲兵四〇〇人による西洋流の軍事演習が白山平で行われた[9]。幕府と同じフランス式陸軍の調練であったと言われ、個々人が戦う方式から集団を動かす戦闘訓練へと大きく変化した。演習を見物した大岡長兵衛は、「上に立つ師が西洋流を採用しても、実戦部隊の弟子たちの動きはいまだ心許なかった」（多志南美草[10]）と評している。

【異国人からの書付】 有家の台場は太平洋に臨む断崖の突端にある。高台には土塁が残り、大砲が据え付けられていた。近くにはのろし穴がある。昼はのろしは異国船を発見したときに八戸の城中に知らせる方法である。昼はのろしを上げ、夜はかがり火をたいた。有家から順にのろしを上げ、海岸伝いに伝達していく仕組みだった。台場の後方には柵が巡らされ、中に陣屋と小屋が建てられていた。文政八（一八二五）年七月に有家の漁民が異国船から英文の書付をもらったことがあった[11]。幕府の通辞で翻訳されたが、それには異国船の乗組員が漁民から親切を受けたので感謝するとし、レナルド号のヨーセフなど四人の名前が記されていた。

第3節　維新の動乱

旗幟を鮮明にせず処世

したたかさ　小藩らしく

明治四（一八七一）年七月、廃藩置県の発令を受けて、八戸藩が廃されて八戸県となった。やがて黒石、七戸、斗南と北海道の館（旧松前藩）の四県とともに弘前県に合併。九月に県庁が弘前から青森に移転して青森県が誕生した。これにより二〇〇余年続いた八戸藩が消滅することになった。

明治元年から廃藩に至るまでの四年間は、八戸藩にとって激動の時代であった。慶応四（明治元）年正月、鳥羽伏見の戦いで幕府軍の敗走に端を発して、徳川慶喜追討から会津討伐へと、新政府軍の矛先は東北に向かった。

庄内攻めの命令

鳥羽伏見の戦いが終わると、八戸藩は新政府から江戸出兵を命じられた。しばらく様子見をしたが、三月に侍大将逸見屯に藩兵一六〇人余、大砲二門を率いさせて江戸へ上らせた。[1]このときは戦闘もなく八戸へ帰陣。次いで新政府の奥羽鎮撫総督から庄内攻めの応援に出兵せよと命令が下った。折しも東北諸藩は、五月に仙台藩領白石に会議を招集し、結束して会津藩の助命嘆願を求めた。これが新政府に抗

盛岡藩領の五戸代官所跡。五戸町図書館がある歴史みらいパークには、復元された五戸代官所と幕末建造の正門が立っている。五戸代官所には一時的だったが、明治３（1870）年４月に斗南藩庁が開設されていた＝五戸町

する奥羽越列藩同盟の結成となった。

八戸藩は家老吉岡左膳を派遣して同盟に署名。新政府の命令に従って、庄内攻めの軍勢を藩境近くの観音林まで出動させはしたが、同盟に配慮してここから動かさなかった。これ以降、八戸藩は旗幟《きし》を鮮明にせず、ある時には新政府に協力し、ある時には列藩同盟にくみした。小藩であるが故の現実的処世術であった。しかし、八戸藩主は新政府軍の主力である薩摩藩の出身であったため、おのずとその去就は決まっていた。

全くお咎め無し

明治元年九月に仙台、盛岡藩が降伏し、会津が落城した直後、野辺地戦争が勃発した。九月二十二日夜半、同盟を脱退した弘前藩が野辺地に攻め入ってきたのである。(2)

運が悪いことに、野辺地には盛岡藩のたっての依頼で、八戸藩の苫米地又兵衛隊長・根井沢定右衛門（後の大沢多門）副隊長の一小隊が駐屯していた。しかも、弘前藩が進軍する最前線に布陣していた。弘前藩兵一六〇人余が突如襲撃してきたため、八戸藩隊は戦わざるを得なかった。八戸藩隊は後退しながら、銃撃隊を側方に残し、一斉射撃。これにより弘前藩隊は総崩れとなり、戦闘が八戸藩の勝利で終了した。

八戸藩は不本意ながら戦争に巻き込まれ、勤皇の弘前藩を負かすという手柄を立てることになった。ここで藩は汚名を返上するために即座に手を打った。帰還した隊長苫米地を職務停止の処分にする一方、秋田にいる鎮撫総督には謝罪の使者を立てた。新政府をはばかって、表向きは謝罪に徹し、波風が立たないようにした。藩のバランス感覚が行き届いていたのである。

天保元（1830）年の八太郎浜での大砲演習中、暴発事故で死亡した８代藩主の七男造酒之助を慰霊する碑。ペリー来航から明治維新の動乱期にかけ、軍備増強が図られる中で起きた事故だった＝八戸市八太郎

同元年十二月、新政府は諸藩に対する処分を発表した。会津藩は領土没収、盛岡藩二〇万石は十三万石に減封して白石に転封。その他の藩も罪状に応じて減封という厳しい処分がなされた。ところが、八戸藩は全くお咎《とが》め無しであった。八戸藩は新政府軍の立場を最後には取ったとはいえ、列藩同盟に加盟し、勤皇の弘前藩を打ち破るという汚点を持っていた。しかし、東北諸藩の監察に当たった按察使《あぜち》は、「かくかくたる功績がなしといえども、一方に深く与《くみ》しなかった」[3]として、かえって八戸藩を褒めたたえたのである。

要職に若手登用

八戸藩が処分を受けなかった理由は、薩摩藩出身の藩主がいたからだけではない。藩主信順の下で藩論を分裂させず、ひたすら事態の推移を注意深く見守ったからである。信順は維新期の難局に対処するために家格にとらわれず人材を登用した。嘉永二（一八四九）年十月、五万両の余剰金が蓄えられたのを花道に、専断を振るった家老木幡文内を引退させた。これ以降、思い切って若手を抜てきした。

家老に吉岡左膳を登用し、中里行蔵に洋式軍隊を育成させ、岩泉大七（後の正意）に列藩同盟の交渉に当たらせ、太田喜満多（後の広城）には東京で外交折衝に臨ませた。他にも藩政改革を建議した船越寛、大学南校貢進生に進んだ渡辺知三郎などの人材も発掘した。

外交的には日和見主義的な態度を取ったと見られようが、小藩らしいしたたかな生き方を八戸藩は実践したといえる。そのため一人の英雄も美談の人も出さずに維新の夜明けを迎えることになった。

【会津藩士の八戸上陸】　会津藩は明治二（一八六九）年十一月、斗南藩として二戸以北の三戸、上北、下北郡に三万石で立藩することになった。翌三年春から秋にかけて藩士たちが続々と移住して来た。八戸にも四月に鮫に船で上陸し、一行は三戸へ向かった。八戸の商人・大岡長兵衛の家記である『多志南美草』は、当時の様子を「行列して八戸の町を通行することはせず、早朝より五人、十人とバラバラに通行した。下駄履きで歩き、老者も混じっていたが、妻子は見えなかった[4]」と記している。その後の生活は苦難に満ちたものであったが、会津の人々は地元の子弟を集めて塾を開き、多数の人材を育成するなど、地域の教育面に大きく貢献した。

水利開発　自前で進める

普通の商人に政治意識

幕末の八戸にも地域を見直す思想や、庶民の間に自己主張する意識が生まれてきた。地域の課題を克服して豊かに変革しようとの考え方であり、幕藩体制に対する批判の表れである。

蛇口伴蔵が願文

安政四（一八五七）年十一月、八戸藩士蛇口伴蔵は寺下観音堂に願文を奉納した[1]。

願文は「営田の第一とするは水なり。国広く土地肥たりとも、その水乏しくてはいかにせん」で始まっていた。八戸地域には広大な原野が広がっているが、用水が不足して開墾の手が及んでいない。そこで、水利事業を起こして水を引き、田畑を切り開いて地域の富を増やす「御国の助」にしたいと願ったのである。

実現のために開発資金も技術も藩に依存しなかった点が特筆される。あくまでも自前で用意する自立的な開発を目指した。それは三本木開拓を成し遂げた新渡戸傳の開発思想と相通ずるものである。

蛇口は領内数カ所に水利事業を計画した[2]。それは母袋子、相内、下洗、階上岳山麓、小

「蛇口山水発蒙の碑」。山水と号した蛇口伴蔵が、自分の水利事業の原点はここにあると宣言したものである。万延元（1860）年８月、上水によって引かれた水がこの山中の用水堰《せき》に流れた＝八戸市南郷区泥障作

軽米の五地区で上水し、それぞれ類家（八戸市）、剣吉（南部町）、糠塚（同市）、蒼前平（階上町）、小軽米（軽米町）を開発する計画だった。このうち、実際に工事が着手されたのは下洗と階上岳の上水事業である。

下洗の事業は頃巻沢川を水源として下洗（同市南郷区）から上水し、用水路や隧道《ずいどう》（トンネル）を掘り抜いて大杉平一帯の開墾を行う計画だった。一方、階上岳の事業は沢水を山麓に落とし、ここから用水路を開削して蒼前平一帯の原野を開発するものである。前者は安政六（一八五九）年秋から取り掛かり、万延元（一八六〇）年八月に用水路が完成。後者は文久元（一八六一）年五月に着手して元治元（一八六四）年に完工した。ところが、水路から水が漏れ出したり、大水で水路が埋没したりして、いずれの事業も失敗した。

しかし、新規に水利事業を起こすことによって地域の用水不足を克服するという伴蔵の試みは、近代地域開発に新しい方向性を与えるものであった。

情報を積極収集

地域開発に新しい手法が生まれる中、八戸町で新しい社会認識を形成した商人がいた。十三日町で木綿商いをしていた近江商人大岡長兵衛である。

家記である『多志南美草《たしなみぐさ》』の文久三年条に次のように記して政治を批判した[3]。

「井伊様登城にて首を失いたまいし事、東照権現様（家康）の鎖国の掟を破りし神罰にて自業自得とも言いつべきか。いよいよ人の人たる人なき時節か」、「松平の御家（徳川）も御武威衰微の時節到来か。徳川の天下も久しかるまじ」

菅原道真を祭る長根の天満宮には、商人大岡長兵衛が寄進した手水鉢がある。42冊に上る家記を書いた長兵衛は学問の神様を崇敬していたのであろう＝八戸市売市

大岡は背負い売りから始めた木綿商売が成功して天保

十四（一八四三）年に御目見得商人、万延元年に木綿仲間に加入して藩の御用商人となった。しかし、御用商人とは言うものの、豪商ではないごく普通の商人であった。

大岡は商い物の木綿を大阪、京都、江戸から仕入れていたので、産地の相場や市況の正確な経済情報を知る必要があった。これに伴って相場に影響を与える幕府の施策や政局の動向、異国船来航などの政治・社会情報も積極的に入手した。(4)情報収集の手段は、江戸、大阪、京都の取引商人や近江の大塚屋本店と盛岡などの支店から寄せられた手紙である。取引商人からの手紙は藩よりも早く情報を手に入れることができた。長州藩の禁門の変の知らせは藩情報よりも十四日も早かった。(5)また、藩庁に送られてきた御用状や江戸勤番藩士の私信も見せてもらっていた。手紙以外でも、八戸を訪れた江戸・上方の商人や入船した船頭からも、全国の様子を直に聞き出した。

幕政厳しく批判

八戸のみならず全国に張り巡らせた情報ネットワークによって、大岡は、井伊直弼大老の暗殺、江戸や京都での浪人の切り合い、幕府と長州藩の対立の激化などの情報に接することができた。これを基に「徳川の天下も久しかるまじ」と幕政の現状を痛烈に批判するまでに至った。ここに、自分で現実社会を厳しく分析するという自立的な政治意識が形成されたとみることができる。また八戸藩政に当たっては、『多志南美草』に「藩主が少将などに出世して分限不相応に御用金が課せられては迷惑である」(6)と書き記している。藩よりも自己の経営を守ろうとする商人のたくましい自我意識の表れであった。

このような率直な政治意思の表明は、国家の意思は民意たる世論が決するという「近代公儀世論」を地域に確実に根付かせていく。

【社会の裏面をのぞく『多志南美草』】 木綿商人の大岡長兵衛が執筆した全五〇巻四二冊の家記である。記載は文政二（一八一九）年ごろから始まり、廃藩置県直後の明治五（一八七二）年で終わっている。執筆の動機は、大岡家の本店たる八戸大塚屋の内紛で自己の立場を主張するためであった。内紛の様子を細かく記述するが、見どころは商人の日常生活や商売の状況、八戸町人や藩士の動静、藩政や社会の様子である。例えば吉田万右衛門は藩の木綿支配の御用達商人だったが、家老木幡文内のお気に入りであったので、吉田の言い分に背くときは藩から木綿の払い下げをストップさせるほどの権勢を誇ったことなど、特権商人の裏面を赤裸々に書き表す。

第６章　交通の発達

第１節　街道と伝馬継所

城下中心　放射状に

人馬提供　村の負担重く

八戸藩の主な街道は、江戸へ向かう「上り街道」をはじめ、「久慈街道」、「三戸街道」、「五戸街道」、「市川街道」、「湊・浜街道」、「新井田・種市街道」、葛巻へ向かう「九戸街道」があった。

市野沢に宿駅

いずれも八戸城下を中心に放射状に各地に延びていた。街道の出発点に当たる八戸駅場は、城下八日町の河内屋前に置かれていた。

これらの街道には、物資の輸送や人の移動など交通の便を図るために伝馬《てんま》継所が開設された。継所はいわゆる宿駅である。八戸藩では、宿駅といっても東海道のような大きなものではなく、領内の主要な街道の所々に継所を設け、ここに交代用の一定数の馬（伝馬）と人足を配置しただけであった。例えば、八戸駅場には寄人馬として一日に人足二人・馬二疋《ひき》（頭）、市野沢駅場は人足十二人・馬十二疋が用意されていた（八戸南部領分[1]）。継所が置かれた場所は周辺の中心集落で、大体八戸から半日行程の街道の分岐点や川辺に沿った交通の要所にあった。

軽米町観音林の御仮屋《おかりや》跡。軽米町観音林を過ぎて二戸市に至る道が旧上り街道だった。藩境近くに位置するこの地には伝馬継所とともに、八戸藩の御仮屋が置かれて藩主の参勤交代の休憩所となった＝軽米町晴山

八戸領内の街道のうち最も代表的なものは、上り街道と久慈街道である。

上り街道は八戸を起点に市野沢、観音林の継所を経て盛岡藩領堀野に出て奥州街道へつながった。これは江戸へ通ずる上りの道であり、藩主が参勤交代に利用するとともに、物や人や情報が八戸へ出入りする交流の道だった。いわば、政治、文化面で中央と結ばれるルートである。

これに対して久慈街道は八戸から田代、大野、夏井の継所を経由して久慈八日町駅へ至る領内限りの街道である。しかし、九戸郡の山中を貫通し、周辺一帯に豊富な森林や鉄資源を擁するとともに、海岸からは塩などの海産物を産出したので、藩の産業・経済ルートとしての性格を持っていた。

八戸廻に徴発

この両街道の駅場で特徴的なのは、伝馬高を持っていたことである。伝馬高とは伝馬の継ぎ立てを負担する村が、その代償として税金や年貢を免除される高のことを表した。市野沢（八戸市南郷区）は二五〇石、観音林（岩手県軽米町）は一三〇石で、田代（階上町）は一〇〇石、大野（洋野町）は七五石、夏井（久慈市）は五〇石であった。(2)

八戸から大野（洋野町）に向かう久慈街道沿いの金山沢（階上町）との分岐点には文化 13（1816）年建立の庚申塔が立っている。これには右久慈、左金山沢と彫られて旅人の道しるべとなっていた＝八戸市松館

駅場の中で最も伝馬高が高く、寄人馬の数が多かったのは市野沢である。同駅は参勤交代の人馬輸送を一手に引き受けたほか、軽米を経て葛巻（岩手県葛巻町）に至る九戸街道の輸送に大きな役割を果たしていた。しかし、江戸参勤に人馬が通行すると、これだけの伝馬高では足りなかった。

文化元（一八〇四）年九月には、本馬五七疋、足し馬一一四疋、継夫三五〇人という人馬が必要とされたので、助郷の市野沢・中野・泥障作・大森・泉清水村の加勢に加えて、名久井通や軽米通、長苗代通、八戸廻の村々にも徴発が課された(3)。駅場周辺の村は常に負担加重に苦しめられた。

久慈街道も大きな負担を強いられた。大野鉄山などからの鉄輸送の増大や幕末時の公儀役人の通行、一里便という公用飛脚便を継ぎ立てする一里御用状の継送りなどの繁多によって伝馬負担が重く村々にのしかかった。

「天保七年飢饉」が続く中、天保八（一八三七）年五月に大野や周辺の村々は大野村の伝馬高を二五石を増石して一〇〇石にしてほしいと願い出た(4)。増石するとその分村の負担が軽減された。村は増石を願う理由として、大野伝馬所は各地からの「往返の場所」であるため、周辺全部の村を挙げて伝馬御用と一里御用を勤めていると強調。ところが、近年凶作が打ち続き、痩《や》せ畑が多い大野では前年秋には大凶作となり、これではとても御用を勤めがたいので、伝馬高を増やして村々を助けてもらいたいと訴えた。

助成金願い出る

伝馬御用は、農閑期に限らず、どんな時でも物資の輸送や人の通行に人馬を提供しなければならない。一里状を運ぶ走り夫を番所に置き、八戸の城中と久慈代官所の書状を運んだ。従って、農作業を本務とする村にとっては、伝馬と一里御用に人と馬を出すこと自体が大きな苦痛であった。

天保十年二月、今度は、上り街道の観音林村から凶作続きなので五割増しの助成金を頂戴したいとの願書が出された(5)。上り街道は藩主の参勤交代に利用されるため、毎年負担が大きかった。

村人に一方的に負担を転嫁する幕藩体制の仕組みは次第に維持できなくなっていった。

【伝馬と駄賃】 荷物や人を乗せて継所の間をリレーのように運送する馬を伝馬と呼んだ。その継ぎ場所が駅場であった。駄賃は距離や峠など難所の有無によって異なっていた。八戸から市野沢までが三里十九丁で人足一人が六四文、本馬一疋が一三一文、軽尻《からじり》一疋が八五文。八戸から櫛引までが一里三三丁で人足三〇文、本馬五九文、軽尻三九文であった(6)。一里当たりでは、近距離ほど駄賃が高く設定されたためか櫛引までが高かった。本馬とは四〇貫目（一貫＝三・七キログラム）までの荷物を付ける馬のことであり、軽尻とは二〇貫目までの荷物を付けるか、荷物を付けないで人を乗せる馬のことを言った。

第2節　藩の飛脚制度

七泊八日で江戸へ疾駆

領内は「一里」が結ぶ

藩政期の八戸には、江戸からの情報は何によってもたらされたのだろう。最も確実で定期に運行されていたのは、藩の飛脚であった。八戸の城中と江戸藩邸とを結んだ飛脚であり、これが「江戸飛脚」である。

一日一一三キロ走行

八戸藩の飛脚は藩の成立とともに始まるが、通信制度として確立したのは宝暦の初め（一七五一～）ごろである。藩成立当初は、盛岡藩の飛脚である桜田便（江戸の桜田にある盛岡藩邸に由来）を利用して盛岡に書状を運び、ここから八戸へ届けたが、やがて八戸藩独自の飛脚が江戸と八戸を往復するようになった。

八戸藩の飛脚制度が確立しても、藩政時代後期までは、出立日を定めず必要に応じて飛脚を出発させる制度がとられていた。ところが、天保元（一八三〇）年からは出立日を定めて定期に運行する定便飛脚が発足した。(1)

八戸からの出立日は二十日、江戸出立日は五日と定められ、月一の往復が原則とされた。この定便化は産物を売買す

藩政時代の趣が今も残る田代番屋付近の旧久慈街道。八戸と大野との中継地にある田代は伝馬継ぎ所の他に「一里飛脚」中継所の番屋が置かれて交通の要衝となっていた。道路は現在も歩くことができる＝八戸市南郷区島守

る産物会所・御調役所の指示によるものだったことから、背景には領内外の産物の需給や相場の動向を定期に把握する必要があったのであろう。月一回の定期便が制度化されても、必要に応じて臨時便が出されたことは言うまでもない。

飛脚の種類は所要日数によって「六日振《ぶり》」、「七日振」「八日振」、「通例」などがあった。六日振が特急便、七日振が急行便で、普通の定便は八日振飛脚であった。通例は急がない場合に使われ、一般の旅行者とあまり変わらない日数の十二日振とされた。何日振とは所要日数のことをいい、八日振では七泊八日で江戸―八戸間を疾駆した。六日振は特別な場合しか使われず、藩政後期では、文化十一（一八一四）年の江戸下屋敷の類焼や嘉永六（一八五三）年のペリー浦賀来航など重大な事件などを知らせるのに使用された。

飛脚の一日あたりの疾走距離は、八戸―江戸間が一六九里（約六七六キロ）だったのを換算すると、五泊六日の六日振飛脚では、一日二八里（約一一三キロ）となった。急行便ほど一日の走行距離が長くなるので、ろうそくをともして夜通しでの走行もあったことになる。

江戸と八戸を結ぶ旧上り街道にある市野沢の一里塚。旅人の旅行の道しるべとして日本橋から１里ごとに一里塚が築造された。八戸藩の「江戸飛脚」の普通便はこの街道を７泊８日で疾駆した＝八戸市南郷区市野沢

遅れると処分も

飛脚を務めたのは藩の足軽である。二人組で走ったが、その走行速度は、整備不十分な奥州街道であっても、東海道の飛脚に比べて速かった。

飛脚が定刻に到着したり、早く着いたりすると賞与が出た。しかし、遅れると処分された。遅刻時間によって、慎（謹慎）、逼塞《ひっそく》（閉門しての謹慎）、戸〆《とじめ》（閉門しての監禁）となった。街道途中の川には橋がなく、雨で水増しすると渡れずに足止めを余儀なくされた。特に冬場は雪のため遅れがちとなった。

飛脚が運んだのは藩の公用状である。公用状以外でも、江戸勤番の家中の

個人的手紙や小荷物までも運んだ。天保九（一八三八）年に遠山屯が国元へ送った手紙の数は十九回に及ぶ（遠山家日記）(2)。そのうち、小荷物は男性外出着の十徳《じっとく》、茶、子どもに使わせる手習筆、高菜や夏大根、キュウリの種、きせる筒、越中鞆袋《ともふくろ》、縮緬《ちりめん》、お灸《きゅう》用の切りもぐさなどさまざまな荷物を頼んでいる。

あまり荷物が多いと飛脚の足が遅くなった。手紙は薄紙に細字で認めよとか、かさばる荷物は禁止するなどといった指示が出された。しかし、定期に国元を結ぶ飛脚は便利であったため一向に守られることはなかった。

百姓も駆り出す

江戸と八戸を結んだ江戸飛脚に対して、八戸城中から領内の各代官所とを結んだ飛脚便が「一里飛脚」である。

一里飛脚は単に「一里」と呼ばれ、その名称のように大体一里ごとに中継所を設け、ここで藩の御用状を宿継ぎして次に送った。中継所は一里番小屋、略して番屋といわれた。上り街道にある番屋や久慈街道の田代番屋の地名はこれに由来する。番屋には継ぎ立てする人足が詰めた。一里状が届くとこれを持って走った。

人足の雇銭は番屋周辺の村々に課されていたが、村が困窮して雇銭を負担できない時は、村から百姓が出人足として駆り出された。しかし、この一里継ぎ立ての負担は次第に街道沿いの村々を圧迫するようになった。

天保八年五月、大野伝馬所の水沢や帯島、阿子木の村々から、「藩の御用状が急増しているほかに、盛岡代官所からの手紙までも継ぎ立てしている。飢饉《ききん》の最中で食料がなく、とても走り夫を集めることさえできない(3)」とその窮状を藩へ訴えている。

【飛脚網の北方延伸】 八戸藩の飛脚は、江戸―八戸間一六九里を最急行便で六日で走った。東海道の飛脚と比べても速かった。東海道の飛脚は大阪―江戸間一三六里を「正六」の六日と定めていた。八戸藩では東海道よりも遠い距離を同じ日数で疾駆していたことがうかがえる。八戸に民間の飛脚網が発達してくるのは幕末。江戸の飛脚問屋島屋は、文久元（一八六一）年までに盛岡肴町の大巻屋を取次所とした(4)。函館開港により佐井や三厩を経由して函館に至る飛脚網を整備したので、この営業路線の一つとして八戸に手紙が運ばれた。それまでは、庶民は高い飛脚賃を払って特別仕立ての態《わざ》飛脚を使うか、旅に出掛ける誰かに託す幸便しかなかった。

第３節　藩主の参勤交代

二百人が行列　一日四十キロ

途中で路金不足も発生

寛永十二（一六三五）年、三代将軍徳川家光が発令した『武家諸法度』は「大名小名、在・江戸交替相定むるところなり。毎年四月中に参勤致すべし」と宣言して、参勤交代を制度的に確立した。

参勤とは大名が江戸に参府、交代とは本国に帰国することを言った。従って、それぞれ一年ごとの参府と帰国の強制は大名を制度的に統制することで、幕府が中央集権的な全国支配を貫徹させる体制の構築へとつながっていった。一方、全国の諸大名にとっては、毎年定期に国元と江戸を往復する参勤交代は、経済的に大きな負担となった。しかし、これによって全国的に人や物が移動し、交通制度が整備された意義も大きかった。

十六泊十七日の旅程

八戸藩の参勤交代は、寛文六（一六六六）年五月二十六日に初代藩主直房が初めて八戸へお国入りし、翌七年三月五日に江戸へ向けて出発したのが始まりである。普通、参府（江戸へ出府）の場合は三月に八戸をたち、四月に江戸着。

藩政時代、城下の表門である惣門が立っていた新荒町の交差点。参勤交代の行列なども必ずここから出入りした。かつては番所が置かれ、惣門も表門にふさわしい瓦ぶきの荘厳なものだった。現在も市中心街に入る西の玄関口である＝八戸市新荒町

御暇《おいとま》（帰国）は、四月に江戸をたち、五月に八戸着であった。

旅行日数は上り・下りとも十七日振《ぶり》（十六泊十七日）が普通であった。八戸城下より江戸日本橋までの総里程は一六九里で、この間、馬継所はおよそ九七継あったので、一日九・九里、約四〇キロも歩かなければならなかった。

江戸参府の出発は朝が早かった。「お江戸日本橋七つ立ち」と言われるように、八戸においても、七ツ（午前四時）すぎには一行が御殿に勢ぞろいした。出発に当たる発駕式が行われて六ツ半（午前七時）にはお城を出た。

出発前には、大手前にある藩創設以来の筆頭家老中里弥次右衛門宅に立ち寄るのが慣例であった。参勤は幕府に対する軍役勤仕の形態だったので、行列は行軍の形式がとられた。行列の供人数は幕府の制限令が出されていたが、八戸藩では通常二〇〇人ぐらいの規模だった。

市野沢の御仮屋跡周辺。市野沢には参勤交代で行列が江戸へ上り下りしていた「旧上り街道」が通っている。藩主が身支度を整える休憩所としての御仮屋があった＝八戸市南郷区市野沢

過ぎた二本道具

行列の人数は、安政元（一八五四）年七月に江戸参府した際には、総勢二一五人であった。(1) 侍は三七人、医師二人、茶道二人、掃除坊主一人、足軽二五人、陸尺《ろくしゃく》九人、小道具十五人、口付《くちつき》五人、小者四六人、又者三七人、雇三六人である。御先取次の目付が先頭に立ち、鉄砲・弓などの御道具類、鑓《やり》・挟箱《はさみばこ》が続き、行列の中央には供侍に囲まれて藩主が駕篭《かご》に乗り、その後には、御持鑓・御立傘が続き、後方には、医師、御用人の重臣が付き従った。

藩主が道中で使用する生活道具も運ばれ、夜具から食器、据え風呂までも持ち歩いた。宿泊場所は宿駅の本陣が利用された。食事は宿駅の本陣で調理され、昼食も藩の料理人が宿駅で弁当を作り持ち運んだ。

行列の持ち物には、大名家の格式に応じて幕府から許可を受けた。挟箱、鑓、立傘などがそれである。当時の全国の大名年鑑的な嘉永『武鑑』によれば、八戸藩は、「挟箱は青長革内金紋、鑓は一本で駕籠の後、鑓の覆《おお》い飾りは赤銅黒羅紗《らしゃ》・太刀打金剛砂《しゃ》、立傘あり」となっていた。

ところが、安政二（一八五五）年に九代藩主信順が従四位下、文久元（一八六一）年に侍従に昇進すると、格式を表す目安の道具数が、従来までは一本鑓、いわゆる一本道具であったのが、二本道具が許され、立傘は爪折《つまおり》となった。衣装を入れる挟箱は、二代藩主の倹約以来、跡挟箱が一つとされていたのが、駕籠前の先挟箱と同じく、二つ持つことが許されるようになった(2)。文久二年十月に八戸へ藩主がお国入りした時には、「それはそれは、二本道具の見事な行列で、八戸二万石には過ぎたるほどであった」と評判を取ったという（多志南美草(3)）。

藩財政に負担

参勤交代は藩財政に大きな負担を与えていた。二〇〇人を超える行列が約二週間にわたって二〇〇里近くの遠路を歩くから、途中で路金（旅費）不足が生じる場合もあった。

宝永五（一七〇八）年五月、二〇両の路金が不足して宿泊地の水沢（岩手県奥州市）へ持参させたことがあった。享保八（一七二三）年五月には、一行は三五〇両の路金を持って江戸を出立したにもかかわらず、次第に使い果たして沼宮内（岩手県岩手町）へ国元から一〇〇両を届けさせている。

国産物の全国販売による利潤蓄積がなく、財政が苦しかった藩政前期のころは、旅費に窮することが多かった。

【お供行列】　参勤交代のお供を従えた整然とした行列は、江戸までの全区間で行っていたわけではない。藩の威光を見せるため盛岡や一関、仙台などの城下町で行われただけにすぎず、その他は列をつくらず勝手に歩いていた。八戸でのお供行列の区間はお城から大峠までとされていたが、後には大杉平までとなった。家中の勤番登には「当春御供勤番登」と「当春御供立帰登」があった。前者は到着後そのまま江戸勤務、後者はすぐに帰国した。長い江戸勤務が終わり藩士が八戸に戻るとき、行列が領内に入ると家族は待ちきれず、観音林や市野沢に弁当を持参して出掛け、出迎え酒を飲ませた。行列が乱れて不作法も甚だしいと、飲酒禁止令が出るほどだった(4)。

第4節　八戸廻船の成立

自前の輸送体制築く

全国に特産物の販路拡大

文政二（一八一九）年の藩政改革以後、八戸藩は藩の特産である国産物の販売を強化するようになった。翌三年に江戸深川に蔵屋敷を開設し、販売拠点とするとともに、全国の問屋商人との提携を広げていった。

コストを圧縮

藩の代表的な国産物である大豆や干鰯《ほしか》、鉄などの大量輸送には、船舶が利用された。藩政改革前まで藩では、自前の大型廻船を所持していなかったので、国産物の移出には、領内の商人が荷主仲間をつくって産物を買い付け、沖口（移出税）を払って江戸から来る他国船籍の廻船に積み込んで運んでいた。

ところが、藩政改革以後は、御調役所が国産物を公定価格で強制買い上げをする専売仕法を採用した。輸送に当たり当初は、他国船籍の廻船を雇船としてチャーターして積み込む方式を取っていたが、藩は次第に地元廻船を建造、雇い入れなどの組織をつくり、自前による輸送体制を築くようになった。

長者山新羅神社の境内には、台座に海上安全と刻まれた狛犬が鎮座する。裏側には文政 11（1828）年に寄進した八戸の商人石橋徳右衛門と、江戸を代表する干鰯問屋湯浅屋与右衛門、栖原屋久次郎、木綿問屋田端屋治郎左衛門、江戸蔵元美濃屋宗三郎たちの名前が記されている。彼らを通して八戸の産物が東廻り航路で江戸と結ばれた＝八戸市長者

地元廻船の就航は、文政後半ごろに始まる。文政八年に「亀遊丸」（一千一〇〇石積）を新造し、さらに翌年「融勢丸」（八五〇石積）を購入。文政十一年には、千石積級二艘の建造を指示するなど、地元廻船の組織化をさらに進めた。(1) 天保五（一八三四）年ごろの藩有船である手船は、「鶴栄丸」（一千二〇〇石積）、「万寿丸」（一千二〇〇石積）、「勢至丸」（八〇〇石積）、「巡徳丸」（七五〇石積）、「松盛丸」（七〇〇石積）、「小宝丸」（四〇〇石積）、「亀甲丸」（三五〇石積）、「雛鶴丸」（二五〇石積）の八艘を数えるほどになった（御産物御用手控）。(2) 天保年間（一八三〇～四三）には、藩の産物輸送体制はそれまでの他国船籍への依存から脱却し、地元廻船による輸送へと大きく転換していくことになる。(3)

地元廻船への転換は輸送コストを圧縮し、収益率を上げるメリットを生み出すことになった。

利根川で江戸へ

久慈市湊町の高台・日和山にある金刀毘羅神社から旧久慈湊を望む。藩政時代の湊は現在の久慈港ではなく、北部にある旧湊村に位置していた。ここから九戸郡の山中で産出された鉄が江戸方面へ廻船によって輸送された＝久慈市湊町

八戸から江戸へ向かう航路は太平洋に面していたので、当時の東廻《ひがしまわ》り航路であった。天保以降、八戸から廻船が江戸に向かう際には、相馬（福島県）や平潟（茨城県北茨城市）では、主に農具の材料となる鉄を売却し、那珂湊（茨城県ひたちなか市）や銚子（千葉県）では、鉄のほか、大豆、干鰯・〆粕《しめかす》・魚油などを降ろした。

銚子に八戸の廻船が入津すると、穀物問屋である穀宿信太清左衛門が産物を受け取り、大豆などの一部を売却し、残りは高瀬舟に積み替えて利根川を江戸にさかのぼらせた。利根川の途中にある関宿（千葉県野田市）からは、江戸川を下って江戸深川へ入った。

関宿には〆粕問屋の喜多村藤蔵がおり、江戸との相場を見計らいながら〆粕類を関東北部に売却した。〆粕は田畑の肥料に使われ、一俵

が米一俵に相当すると言われるほど需要が高かったのである。

天保二（一八三一）年に銚子へ入港した「鶴栄丸」は大豆三八俵、細鉄二七一箇、魚油三七九挺（一挺＝一樽）、杉寸甫《すんぼ》（板）二〇挺、角叉《つのまた》一俵、碇《いかり》四頭を積んできた。[4] ここで信太は高瀬舟に積み替え、江戸の美濃屋惣三郎へ送っている。

大阪にも移出

銚子に寄る利根川経由コースは、藩政前期のころは多かったが、堅牢《けんろう》な船が就航する後期以後は、銚子沖の鹿島灘を走破して江戸湾へ直航した。直航すると浦賀（神奈川県）も取引先に加わった。江戸の取引問屋は、八戸藩の産物を一手に引き受ける蔵元の美濃屋惣三郎のほか、産物ごとの専業問屋がいた。大豆は丸屋重蔵、干鰯類は湯浅屋与右衛門と栖原《すはら》屋久次郎、秋田屋富之助、鉄・家釘は石橋嘉兵衛、材木は鹿島源蔵などであった。[5]

文政末期には、八戸藩は大阪へも移出攻勢をかけた。文政十一年、大阪荷受問屋柳屋又八と大豆・〆粕で一万石の移出の約定が取り決められた。[6] その後、藩の手船が大豆・〆粕を輸送し、万延元（一八六〇）年には、新たに大豆・〆粕など五千石の移出が決まった。[7] 従来までは、八戸藩の産物取引は木綿類の移入超過となっていたのが、これ以後、需要の高い〆粕をてこにして大阪への販路拡大が図られたのである。また外国に開港された箱館（函館市）との取引も、万延元年以降は〆粕や鋳銭の原料鉄の輸送で活発化した。[8]

八戸の交易は太平洋のみならず日本海方面にも展開した。鉄販売を軸として秋田、酒田（山形県）、新潟などでも取引が行われた。

輸送を担う藩の手船が大型化することによって、太平洋岸の江戸、大阪から日本海岸の新潟にかけて、八戸産物が全国に進出していったのである。

【前金船の運航】 八戸藩の東廻り海運を伸張させたのは、地元廻船の就航である。天保四（一八三三）年の『鮫御役所日記』によると、この年に八戸湊に入津した大型廻船は雇船十艘、前金船十九艘、通船十六艘、間掛船二一艘の計六六艘だった。[9] 通船と間掛船は一時的に八戸に入港した船だが、雇船と前金船は領内の荷物を運送した船である。雇船は他国船籍の船を藩で雇い入れたもので、前金船は藩の補助金によって藩有船として運航していた船である。雇船よりも前金船の運航が圧倒的に多いことは、藩政改革を経たこの時期に、藩の産物輸送が他国船籍の雇船ではなく、前金船と呼ばれる地元廻船によって担われていたことを物語る。

第５節　旅人の見た八戸

「大概なるよき町」と評価
文人、芸人の往来活発

街道が整備され交通事情が良くなった江戸時代中期ごろには、旅人も全国を行き交うようになった。当時の国学者で旅行家の菅江真澄のように東北地方に魅せられ、下北や津軽に長く滞在し、人情や風俗・習慣などをつぶさに旅日記に記録する人も出てきた。

はからい適切

天明八（一七八八）年九月、幕府巡見使に随行した古川古松軒が八戸城下の印象を自身の巡遊記『東遊雑記』に次のように書き留めている。（1）

「市川より二里二十八町、八の戸、南部内蔵頭侯の御在所にて、市中七千八百軒、大概なるよき町にて、二万石の御知行なれども数万石の領分という。御馳走役に出でし人びとも正しく、人馬の手配りにも制度ありと見えて混雑もせず、御本家の南部侯よりも、万事のはからい勝れしように思われしなり」

七〇〇軒余りの町にしては、八戸は「大概なるよき町」で、制度も整っていて接待役の役人の態度も良く、行列一

鮫生活館から蕪島を望む。蕪島の西側の海域は江戸時代に千石船が停泊する場所だった。鮫の港周辺は廻船の入津でにぎわい、船小宿が繁盛して遊興も盛んだった。現在の生活館の場所には藩政期、廻船業務を取り扱う浦奉行所があった＝八戸市鮫町

行や人馬の手配の仕方もしっかりし、万事はからいが適切であるとの評価を受けたのである。天明年間の末年ころは、奥州各地は天明大飢饉《ききん》の復興期に当たっており、古松軒によると、「街道筋の家々は賤しく哀れなる体なり」という状況であった。それが、八戸城下に入って格段に町並みもきれいであったので、「大概なるよき町」と評されたことになる。

「江戸に近く候」

それから六〇年たった天保十三（一八四二）年五月、八戸に江戸の芸人一座がやって来た。船遊亭扇橋という落語家である。『奥のしおり』という旅日記[2]を残している。

八戸の馬喰町（十六日町）や荒町に泊まりながら、西町屋などの商家に招かれたり、鬼柳家などの武家に呼ばれたりして座敷を持った。それから湊へ向かい、遊女屋の大谷屋に宿泊した。さらに鮫にも出向き、川口屋などの遊女屋で遊んでいる。遊女については、ここには芸者はおらず、遊女が三味線を弾き、「かまどがえし」という唄を歌う。遊女は後家がほとんどで、家中や商家の富家の世話になっていると記述している。

そして、旅日記の最後に次のように結んだ。

「八戸は東廻り船にて度々江戸へ参り申候あいだ、たばこ・茶など江戸より持ち参り、我らが弟子都々一坊扇歌が作りたるどどいつ『とっちりとん』などの本これあり。盛岡よりもかえって江戸近くござ候」

これによると、八戸は海運を通して江戸と直接交易をしており、東廻り船によって煙草《たばこ》、茶などの嗜好《しこう》品や都々逸の本などが取りそろえられていた。

八戸は盛岡よりも江戸からは遠いはずだが、海を渡るとかえって江

湊町本町（八戸酒造の酒蔵付近）界隈《かいわい》。江戸時代は湊の中心街で、多くの人が往来した。湊橋が架かる新井田川を挟んで西側が新丁であり、両町を合わせて旧湊村を構成していた。湊本町には漁業税の徴収など漁獲を取り扱う川口役所があり、新丁近くの場尻（現在の第２魚市場近く）には藩の産物倉庫が建っていた＝八戸市湊町

戸に近いと言い切っている。初めて来た旅人が海に面した八戸の特性を見事に言い当てているのには驚かされる。天保のこの時期、八戸は海運により豊かな消費生活が華開いていたことになる。天保十四年に藩の国産物販売の蓄え金が一万両に達しているのは、この海運の盛況によるものであった。

鮫、湊に船小宿

全国的な商品流通の地方への発達は、文人や芸人の往来を促した。八戸湊も廻船の入津により産物の移出入が活発になると、これに携わる商人が潤い、芸人を自宅に呼んで楽しむ余裕が生まれた。

これは商人だけではなかった。八戸藩士の『遠山家日記』(3)（一八一八〜二九）には、武家においても浄瑠璃《じょうるり》などの演芸を楽しむ文化が当たり前となっていた。八戸藩士の『遠山家日記(3)』によれば、各商家では、江戸や大阪などから下った浄瑠璃太夫などの寄席をしばしば開いているが、遠山家でも、年末の椀飯《おうばん》（百姓への慰労行事）には、越後から来たごぜを呼んで常磐津を唄わせていた。長女の嫁ぎ先の斎藤家では、度々奥ぶし（奥浄瑠璃）の振舞（宴会）を行って参会者を喜ばせていたのである。

ちなみに扇橋は、当時の遊興の盛んな様子を物語る、鮫や湊の遊女について触れている。この時期、廻船の入津により鮫や湊には飯盛り女を抱える船小宿が繁盛していた。

飯盛り女は、天保十三年には、鮫に三一人、湊に四二人がいたと記録されている（勘定所日記(4)）。飯盛り女とはいわゆる娼婦であるが、数から言って鮫よりも湊の方が遊び人でにぎわっていたことになる。

【「不思議の地」南部】　古川古松軒は、市川から八戸に向かっていた途中で、「くれぐれも不思議の地に来たりしことなり」と『東遊雑記』に記録している。その理由は、巡見使が何を聞いても地元の案内人が「さようなことは存じ申さず」と繰り返すのみであったからである。巡見使が馬を指してあれは何というかと尋ねたところ、やはり存じ申さずと答えた。思わず叱りつけると、案内人は恐れ入って懐中より書付を取り出した。それは藩から渡された想定問答集で、この中に馬の件は記されておらず、これにないものは尋ねられても存じ申さずと答えよと指示されていた。古松軒は、領主や役人の命令に疑うこともなく従順に従う南部人の純朴さに驚いた。

第7章　産業の振興

第1節　牛馬の産地

家計の不足補う収入源

鉄や塩の輸送には牛

南部地方は古くから馬産地と言われる。藩政期の八戸藩領内では一体、どれくらいの馬が飼育されていたのであろうか。数は時期によって変動はあるものの、平均すると一万八千疋《ひき》（頭）前後がいたもようだ。

八戸廻が最多

馬の所有者や数、等級などを調べた天保元（一八三〇）年七月の総馬改めを見ると、三戸郡が九千三四二疋、九戸郡が八千七三二疋となっており、三戸郡が六一一疋多かった[1]。

地域ごとの通別にみると、八戸廻が五千二二七疋で最も多く、次いで軽米通四千八一八疋、久慈通三千九一三疋、名久井通二千五三二疋、長苗代通一千七八三疋の順となる。八戸廻や軽米通、久慈通は畑作地帯で、長苗代通は水田地帯であったのを考えると、畑作地帯に馬が多く飼われていたことになる。その理由は畑作地帯は牧草に恵まれていることのほか、稗《ひえ》や大豆などの殻を飼料として利用できたからであろう。

階上町の蒼前神社。階上岳山麓には、八戸藩の牧場である妙野牧が広がっていた。妙野牧のほぼ中央に宝暦 11（1761）年に建立された同神社は馬護神で、藩政期は領民たちの信仰を集め、武家も含めた蒼前参りが行われていた。近くには野場、野馬小屋などの牧場に関係する地名も残る＝階上町角柄折

一方、水田地帯に少ない理由は、当時の水田は湿田が多く、どろどろの水田に馬を入れることができなかったからである。畜力の利用は、刈敷《かりしき》（草や木の葉を腐らせた肥料）の踏み込みや厩肥の生産、肥料・作物の運搬などに限られていたのであった。水田の起耕に馬を使うには、明治時代の乾田馬耕の普及まで待たなければならなかった。

妙野に藩営牧場

総馬改めは毎年七月中旬から下旬に実施された。領内に分散していた馬を集める馬寄場は天明二（一七八二）年に統合されたが[2]、城下の八日町のほか八戸廻、長苗代通、名久井通の大きな村が馬寄場に指定された。生まれたばかりの駄馬《だば》（当時の牝馬《めす》）と、競売にかける二歳駒《こま》（同牡馬《おす》）の把握が目的であった。馬改めと同時に牛改めも実施され、改め後は、牛馬役銭が課税された。

総馬改めの事例を見ると、安政元（一八五四）年の大野村では、総馬数は七一二疋、総馬役銭は五両一分余（一分＝四分の一両）、総牛数は一五七疋で、総牛役銭は三分余であった[3]。生育歴別の課税額では、馬は、当歳（一歳）が四九文、二歳以上が一〇一文、牛は当歳三二文、二歳以上六二文の課税となっていた。馬に比べて牛の課税は四割ほど低い査定であった。

陸中野田駅前の牛方像。海岸で製塩された塩は牛の背に載せられ、盛岡や秋田県鹿角などの内陸に運ばれた。「塩の道」沿いの久慈市山形町関には塩宿や塩倉があった＝岩手県野田村野田

駒は二歳になると、競りにかけられた。競り市は毎年八月に開催された。馬が売却されると、藩が取り分としての御益金を徴税した残りは、馬主に与えられた。慶応二（一八六六）年の久慈通では、一一二疋の競り駒代金が四九七両余、うち一九四両余が御益金で、残り三〇三両が馬主に渡された[4]。六割が馬主の取り分だったので、馬を飼育していた零細農家にとってはありがたい収入源となった。この久慈通の例では、農家の手取りは上駒で三両ほどになり、これは米に換算すると、三石から六石に相当したので家計の不足を

補ってくれた。馬は役畜として飼育するだけではなく、販売利益を手に入れることが大きな目的であったのである。

藩営の牧場は妙野（八戸市）と広野（久慈市）＝文化元（一八〇四）年廃止＝にあった。享保十九（一七三四）年の馬数は妙野四六疋、広野四七疋(5)で、盛岡藩の藩牧と比べると馬数は多くなかった。藩の馬政は用人の下に馬別当がいて牧野を管理し、牧野には有力農民から野守が配置されて経営に当たっていた。

鹿角、志和にも

馬数に比べて牛の飼育数はどうであったろうか。明和三（一七六六）年には、三戸郡が計四八六疋、九戸郡が計一千二八五疋となっていた(6)。藩全体では、九戸郡が三戸郡をはるかにしのいでいたことになる。製鉄産業の振興に伴い、鉄輸送に使役する牛の需要が多かったことによるものであろう。

志和（岩手県志波町）や鹿角《かづの》（秋田県）方面への塩の輸送も持久力のある牛が使われた。牛は一人の牛方が七～八疋をつないで荷物を運ぶことができたので、長距離輸送に適していた。また険しい山道も平気であった。

駄馬は子を産むことから他領払い（他藩に売ること）は厳しく禁止されていたが、牛は広域的に売却されるのが特徴であった。文化十二（一八一五）年の江刈、葛巻通の牛博労は「越前（福井県）へ牛を引いて販売に行きたい、売れなかった場合は水戸へ登りたい(7)」と願い出ている。行く時は牛の背に鉄を載せ、販売しながら最後には牛を売却した。

安政元年に箱館が開港すると、異人の食料に牛が買い集められて移出されるようになり、藩は食用にするのはもってのほかとして他領払いを禁止した。

【海内一の馬産地】 一戸から九戸までの地名は馬の牧場の配置に由来すると言われるほど南部地方は馬と縁があった。幕府巡見使に随行して全国を見聞した古川古松軒は、三戸に入って「南部の地は辺ぴながら馬のよきことには驚く。日々数百疋の馬を見るが、見苦しき馬はさらになし。海内《かいだい》第一と称せるはもっともなり」（東遊雑記）と述べている。南部馬の名声は古来から聞かれ、平安時代に平泉の藤原氏が京都の仏師に贈ったのが「糠部《ぬかのぶ》（中世の南部地方の呼び名）の駿馬」である。源平合戦では、宇治川の先陣を争った「磨《する》すみ」は三戸産、「生《いけ》づき」は七戸産の馬と言われる。江戸時代には、幕府の馬買い役人が毎年秋に盛岡藩に馬の購入に来るのが恒例だった。

第2節　江戸と八戸大豆

醤油普及　庶民グルメに

栽培強制し買い上げ

文化から文政期にかけた時代（一八〇四～二九）、江戸では、庶民たちが街角の屋台を囲んで江戸前料理を楽しんでいた。

生産量伸びる

江戸前料理とは、そば、天ぷら、ウナギの蒲焼《かば》き、江戸前にぎりずしである。中でもそばは、てんびん棒で担いだ屋台が江戸市中のあちこちに立ち並び、繁盛することこの上なかった。

幕府の開設以来、江戸では、京、大阪から運ばれる「下り物」が消費生活を成り立たせていた。しかし、十八世紀後半になると、江戸近辺の地廻《じまわ》り経済が発達し、江戸独自の生活文化が形成されるようになった。その表れの一つが江戸前料理である。

これらの料理は、関東で濃い口醤油《しょうゆ》が成立したのを受けて発達した。今でいう普通の醤油で、これが料理の味付けを決定するようになった。そばは醤油つゆ、天ぷらはつけ醤油、蒲焼きは醤油ダレが使われた。江戸前ずしは、江戸の前沖で捕れた魚をさばき、醤油をつけてすぐに食べられる新しいスタイルの料理だったことから、爆発的に普及。醤油は江戸っ

軽米町などの九戸郡は畑作が盛んである。山あいに続く丘陵地帯には藩政時代から、冷涼な気候に強い大豆、稗、蕎麦、粟などの雑穀がコメに代わる作物として植えられてきた＝軽米町山内

子にグルメ熱を巻き起こした。

江戸周辺の銚子や野田で醤油産業が盛んになり、生産量が伸びるのは文化年間の初頭である。醤油は大豆、小麦、こうじ、塩などを材料として造られるが、大きな割合を占めたのは大豆である。

飢饉でも強行

大豆は寒冷地でも栽培できたので、江戸商人たちは次第に東北地方からの買い付け量を増やしていった。

コメの生産が少ない八戸藩にとって、大豆は換金作物として重要視され、八戸の産物中「第一の品柄」[1]であると位置付けられていた。藩は、江戸での需要増加に対応して年々大豆の移出量を増大させた。正確な数値はないが、「勘定所日記」[2]によると、天保元（一八三〇）年の大豆買い上げ高は一万二千六二六石余となっており、少なくとも二万石の八戸藩では、一万石以上の大豆が積み出されていたと考えられる。

大豆の収穫風景。大豆は痩せ地でもよく育ち、寒さにも負けなかった。藩政時代からアラキオコシ（荒起）と言われる焼き畑に植えられることが多かった。八戸藩の財政を支える作物だったが、現在の自給率は６％まで激減している＝九戸村江刺家

移出増加に伴い、百姓からの買い上げを強化した。飢饉《ききん》のときでも無理な買い上げを強行したので、天保五年に起きた八戸藩最大の百姓一揆では、要求の第二番目に大豆買い上げの中止を掲げていた。

大豆買い上げ反対が一揆の要求の眼目になっていたのは、八戸藩だけではない。盛岡藩でも、特産地の三戸・五戸・七戸通から強制買い上げをしており、嘉永六（一八

五三）年に一斉に起きた五戸通、七戸通、三閉伊通などの一揆は全て大豆買い上げの撤回を求めている。一揆の具体的な要求は、定例買上を従来の買い上げ量に据え置き、別段買上は即時に中止するように迫るものだった。

大豆買い上げには高に応じて課せられる定例買上のほか、余石買上、つまり臨時の別段買上があった。百姓を苦しめたのは、その別段買上だった。天保十一年の八戸藩の大豆買上高は、定例買上が三千石であるのに対して、別段買上が五千五〇〇石となっており、別段買上が二倍近くに及んでいた（御調御用頭書[3]）。この年は飢饉の翌年だったが、それでも別段買上を強引に実施した。

軽米、久慈高く

八戸藩領で大豆買い上げが多い地域は、寛政元（一七八九）年の例では、九戸郡軽米と久慈通合わせて四〇％、三戸郡八戸廻と長苗代、名久井通合わせて二七％となっている[4]。畑作地帯の軽米と久慈通で買い上げの比率が高かった。

個々の農家の大豆の作付けを見よう。軽米通高家村、山内村における寛政三年の仕付高では、農民二八人の総石高五〇石余のうち、畑形は一七六・五役（一役＝〇・三反歩）であった。この中で大豆は五五・五役で三一％、稗《ひえ》は三八役で二二％、蕎麦《そば》は二九・五役で十七％、粟《あわ》は二六役で十五％となっている（波々伯部拝地小高帳[5]）。大豆の植え付けが群を抜いて高かったことになる。

このように大豆の作付けが多い九戸郡を中心にしながら、藩は定例買上や別段買上を毎年のように増大させ、さらにその上に藩馬の飼料用大豆までも賦課したのである。飢饉でも買い上げ量は減らされることはなかったから、農民は大豆の強制栽培に泣かされることになった。

【産物第一の品柄】　八戸の特産物は、畑作物では大豆、漁獲物では干鰯《ほしか》、〆粕《しめかす》、それに鉄があった。この中でも、大豆は八戸藩成立以来、特産物のトップの座を占めてきた。嘉永六（一八五三）年の廻船荷物記録である「船手御用留[6]」によれば、「当年は別して不漁であり、産物登り品の見当がつかず、このままでは参勤にも差し支える。しかし、大豆だけは例年『八戸産物第一の品柄』であるから、不作の趣があるにしても村々にて隠密の物がなきよう買い上げをせよ」と厳命している。不漁で干鰯類の売り上げが期待できず、参勤交代の費用は「八戸産物第一の品柄」である大豆でしか賄えないというのである。大豆は藩財政を強力に支えていた。

第3節　鉄産業の振興

藩の〝ドル箱〟に成長

大消費地に販路拡大

大野から久慈にかけての北上山系の山地には、砂鉄の層が大量に入り込んでいる。八戸藩は豊富な鉄資源を利用しようと、この地域に鉄山を開いた。

大野六山が中心

鉄山の経営に当たり、藩は当初、資力のある者を鉄問屋または鉄支配人に就任させ、藩へ礼金を上納させることによって鉄山経営を請け負わせていた。

早い時期では、元禄六（一六九三）年に大野村の豪農である大野村又左衛門、宝暦六（一七五六）年に晴山文四郎が鉄問屋となった。その後、享和二（一八〇二）年からは、飛騨国（岐阜県）出身で、藩で鉄山師としての手腕を発揮していた浜谷茂八郎に鉄山の経営を請け負わせた。[1]

初期のころは、いわゆる「野たたら」と言われるような小規模な製鉄作業所で生産していた。ところが、浜谷が経営を始めるころには製鉄炉が建設され、吹子《ふいご》によって砂鉄の溶解温度を高める「出雲流」が導入された。これによっ

軽米町から旧大野村に向かう道路沿いの赤石峠近くには玉川鉄山跡がある。当時の製鉄作業で出たカナクソ（鉄滓）が今も残っている。八戸藩時代の大野６鉄山の一つに数えられる鉄山で、昭和60（1985）年から発掘調査が行われ、精錬炉跡などの遺構が検出された＝軽米町小軽米

て生産規模が拡大し、鉄の領外への移出も進むことになった。

文政二（一八一九）年に藩政改革が始まると、鉄の販売は高利潤を生むことから、鉄山経営は藩の直営事業に転換された。文政六年、藩は浜谷に代えて西町屋石橋徳右衛門を鉄山支配人に命じて操業を始めた。実際の経営は大野村の晴山吉三郎が当たったが、この時、鉄山を管理する現地事務所として日払所《ひばらいところ》が大野村（洋野町）に開設された(2)。

天保五（一八三四）年に藩政改革に反対して百姓一揆が起きると、支配人には軽米の淵沢円右衛門（元屋五郎助）が命じられ、天保九年からは江戸の美濃屋惣三郎（武士名は金子丈右衛門）がこれを引き継いだ(3)。

淵沢が就任した時の大野鉄山は、現在の軽米町にある玉川山と葛柄山、洋野町にある水沢山と大谷山、久慈市にある金取山と滝山の六山であった(4)。その後、金間部山・青笹山（洋野町）、川井山・平庭山・繋山（久慈市）が開かれた。

旧大野村の中心街には蔵を持つ豪農の晴山家や鉄山の管理事務所である日払所があった。日払所には鉄山支配人が置かれ、鉄の生産から輸送、労働者の雇用と配置、食糧の確保と配給などを担当した＝洋野町大野西大野

鉄山の生産はその後の経営努力によって向上した。天保十二年の年間生産額は、今の銑鉄に当たる鉏鉄《あらてつ》が十八万二千貫目（六八二トン）、今の鋼鉄である延鉄《のべてつ》が三万三千貫目（一二四トン）に拡大した（御調御用頭書）(5)。

出雲産と質双璧

大野鉄山が産出した鉄は、八戸湊や産地に近い久慈湊から移出された。文政八年ごろから鉄の領外移出が軌道に乗るようになり、文政十二年以降は、収益上から見ても国産物をけん引するほどに成長。天保十二年の利益金は一千九六〇両に達し、藩の〝ドル箱産業〟となった（同書）。八戸藩の製鉄が成長産業に飛躍した背景には、天保八年十二月に仙台藩と年間十五万貫目を向こう七カ年にわたり移出するという契約を結んだことにあった(6)。仙台藩では石巻鋳銭座（宮城県石巻市）で鉄銭を鋳造しており、この原料を供給したのである。

天保末年（一八四三）のころは、八戸藩の鉄の商圏は、日本海側では新潟、太平洋側では江戸を南限として浦賀（神奈川県）から東北南部まで広がっていた（御産物方雑用手控）(7)。鎌、鋤《すき》、鍬《くわ》などの農鍛冶の原料となる鉏鉄・延鉄などという鋼材は銚子（千葉県）、那珂湊（茨城県）、相馬（福島県）などに移出された。一方、浦賀、江戸の大消費地には、家釘、釘、巻頭延釘といった加工品が移出された。

八戸鉄は、江戸では、盛岡藩と同様、「南部鉄」と呼ばれていたが、出雲産の鉄とともに江戸時代後期には、二大双壁といわれる名声を得たという(8)。ブランド品である出雲産に比べて品質面での評価は一段低くかったものの、産地が遠い出雲鉄に対して、近距離輸送による低運賃と低価格という利点を生かし、急速に江戸へ販路を拡大していった。

炭焼き業も隆盛

製鉄産業が振興し、鉄の産出が大規模化すると、副次的な産業が九戸地方に生まれた。鍋釜や鋤、鍬などの鋳物加工業が、大野はもちろん、近くの軽米村上館地域に発達した。この鋳物業は銅屋《どうや》と呼ばれた。上館で加工業が発達した理由は、玉川鉄山に近かったことや雪谷川の河原から鋳型材料の川砂と粘土が採取されたことが挙げられる(9)。

さらに製品を輸送する運送業も活発化し、牛方などの専門の駄賃稼ぎ業が生まれた。また鉄山の燃焼に使用する木炭を生産する炭焼き業も隆盛を見た。その後、この木炭製造は大正時代末期には全国一の出荷高となり、日本の木炭の価格形成に大きな影響を与えるほどに発達した（奥南新報）。

【偽金の鐚銭の流通】 鉄の加工技術が向上するにつれ、鉄の密造銭が造られ始めた。密造銭は鐚銭《びたせん》と言われ、全国では禁止されていたが、八戸藩領内では貨幣として流通していた。文化十二（一八一五）年、江戸でこれを使用した八戸の船頭が町奉行から取り調べを受けた(10)。傘やちょうちんを買った際、新吹きの鐚銭を交ぜて支払ったのだった。取り調べでは八戸から入手した銭であると答えた。幕府は八戸藩に対して「私鋳銭の吹き立ては禁止しているはずだ」と厳しくとがめた。藩はたびたび偽金造りを取り締まっていたが、山中で鋳造されるため摘発は難しかった。再度取り締まりを強化し、密造者の家屋敷の取り上げ、他領への追放という厳しい処罰を行った。

第4節　鰯漁と製塩

魚粕移出が経済支える

中部や関西にも販売

三方を海に囲まれているのが青森県の特性である。その中でも八戸は太平洋に直接面しているので、漁業資源に恵まれていた。しかし、冷凍技術がない江戸時代は、漁業資源のうち商品化して販売に利用できたのは、元禄期（一六八八～一七〇三）までの鮭と鮑《あわび》、それ以降は鰯《いわし》という限られたものであった。(1)

地引き網で大漁

鮭は塩引き、鮑は祭事用の熨斗《のし》鮑などに加工されるにすぎなかったが、鰯は干鰯《ほしか》、〆粕《しめかす》という魚粕と魚油に加工され、需要の高い江戸市場に販売された。干鰯は生鰯を生干しした魚粕で、製法により土干鰯、簀《す》干鰯に分けられた。〆粕は鰯を釜ゆでにして圧搾した魚粕、魚油はその搾り油である。干鰯と〆粕は田畑にすき込む肥料に使われ、魚油は灯し油となったし、水田に散布して害虫退治にも利用された。

鰯は地引き網によって漁獲した。船で乗り出して小手繰網で行う漁法もあったが、主に前浜と呼ばれた八戸湊の前面の海岸、すなわち白銀や湊、八太郎地域で地引き網漁によって捕られた。

館鼻の高台から見た新井田川河口付近。河口には藩政時代から多くの小舟が輻輳《ふくそう》していた。漁に出る漁船や沖合の千石船に荷物を運ぶ艀《はしけ》船が係留されて活気にあふれていた＝八戸市湊町から小中野８丁目あたり

鰯の漁獲量は時代で大きく変動した。鰯漁の最盛期は元禄から享保年間（一七一六〜三五年）と文化から文政年間（一八〇四〜一九）であった。(2) 大漁でにぎわった文化六（一八〇九）年の漁獲量は、湊村八千一三貫文余、白銀村二千六一三貫文余などを合わせて一万一千二四八貫文余（一両＝四貫文とすると二千八一二両）に達している。(3)

利潤高い産物

魚粕の移出が大幅に増えるのは、文政二（一八一九）年の藩政改革以後である。木綿などの商品作物の栽培が大坂（大阪）や江戸周辺で盛んになると、魚肥の需要が一気に高まった。需要の増大に伴って、魚肥の生産地が鰯漁の盛んな房総九十九里浜から三陸沿岸に北上し、さらに八戸方面へ延びてきたのである。

金浜の塩釜神社。八戸市の金浜から南側の海岸線では、藩政時代には塩の生産が行われ、今も塩釜神社が祭られている。塩づくりには海水を煮詰める燃料用に大量のまきが必要とされたので、まきが手に入る場所に塩釜が造られた＝八戸市金浜

八戸藩の産物会所である御調役所は、大豆とともに、干鰯・〆粕類を独占して買い上げ、江戸市場へ大量に移出し始めた。江戸に運ばれた干鰯類は深川にある銚子場や江川場、元場という干鰯場の競り市場で競りにかけられた。

買い手は江戸で名の知られた干鰯問屋の湯浅屋与右衛門や秋田富之助、栖原屋久次郎などであった。値段が低いときは、関宿（千葉県野田市）の喜多村藤蔵へ売却され、ここから北関東に広く販売された。

江戸での販売価格は、八戸での買い上げ値段に比べて、〆粕は三倍、魚油は五倍近くも高く販売されたので、両方とも利潤の高い産物であった。(4) 特に〆粕は施肥効果が高かったので、幕末には、江戸のみならず中部から関西方面にも広く流通した。大坂へは、安政二（一八五五）

年十一月に藩船「亀甲丸」が〆粕のほか、大豆、蕎麦《そば》、昆布などを運んだ。(5)

また、知多半島（愛知県）の地域廻船である尾州廻船は内海船《うつみぶね》と呼ばれたが、この廻船は、江戸後期には全国各地の売れ筋の産物を活発に買い付けていた。文久元（一八六一）年ごろ、八戸産の〆粕を江戸の栖原屋や浦賀の宮原屋から買い入れ、伊勢津（三重県津市）の問屋に売り払っている。(6) 名古屋の肥物問屋である師崎屋は、八戸大豆とともに、八戸〆粕を取り扱っていた。(7) 八戸から遠い伊勢湾沿岸にも八戸〆粕が運ばれ、商圏が広がっていたことが知られる。

海岸地帯に塩釜

〆粕の生産地は、藩政後期の嘉永年間（一八四八～五三）ごろになると、前浜から市川方面の北浜にも拡大していった。(8) 市川は盛岡藩領であったが、八戸商人が市川以北の一川目（おいらせ町）などの北浜の海岸部に進出し、藩から生産資金の供与を得て〆粕の生産と買い付けを行うようになった。前浜で漁獲量が頭打ちとなったので、未開拓の北浜へ転進したものであろう。

海に面していたことは塩の生産を促した。塩の生産は、前浜を除いた海岸、すなわち八戸市金浜から洋野町種市を経て久慈市の南端に至る、岩礁の多い海岸地帯で行われた。海岸に、海水を入れて煮詰める鉄鍋の塩釜を造り、近くの塩木山から材木を運んで燃やし製塩した。

塩は藩の専売であったので、生産した塩は藩により一手に買い上げられた。ほとんどは領内消費に回されたが、一部は領外の盛岡藩鹿角（秋田県）地方に運ばれた。(9)

【八戸藩の塩の道】　塩の道としては、現在の野田村にある盛岡藩領野田のものがよく知られているが、八戸藩領にも存在した。洋野町中野から久慈市侍浜や久慈にかけた海岸線で生産された塩は、大野を経て内陸の伊保内（九戸村）や葛巻に運ばれ、さらには鹿角地方（秋田県）まで運送されていった。これが八戸藩の塩の道である。中継地の大野の明戸には、文久から慶応年間（一八六一～六七年）に豪農堀米重三郎が塩支配人を務めており、塩倉と塩番所を設けて塩の保管と販売の統制に当たっていた。(10) 塩の輸送には耐久力のある牛が使われた。大野周辺の大豆は牛に載せられて久慈湊の廻船に運ばれたが、その帰り牛には海岸で産出された塩を積んで大野へ戻ってきた。

第8章　城下と商業の発展

第1節　城下の拡大と町名

人口増と防災で都市改造

縁起良い「九」を意図？

文久時代に作製された城下地図の『文久改正八戸御城下略図』によると、八戸城下は城の南に形成され、市街は南西から北東に細長く延びている。城下の中央に町人町があり、城の南縁と町人町の南縁に武家町が置かれて、北西と南東から町人町を挟む格好となっていた。

一般に町名は、武家町は丁《ちょう》と呼ばれ、町人町は町《まち》と呼ばれた。

藩士の分家進む

城下は年代とともに街地が東や西、南に拡張されていった。その要因として、藩士の人数が増えたことや城下の防衛強化の必要、職人町の新設や配置替えなどがあった。特に大きかったことに町人人口の大幅な増加に伴う都市化が挙げられる。

東方では、宝永元（一七〇四）年に塩丁が足軽屋敷となった[1]。その後、宝暦元（一七五一）年に塩丁は足軽町から武家町となり[2]、さらにその東に足軽町が下組丁として新設された。文化二（一八〇五）年、廿八日町の裏町である廿一日町（下大工町のこと）が城下に編入された[3]。文化四（一八〇七）年には、町家の増加で廿八日町から塩丁・下組

八戸市六日町の街並み。六日町は別名肴町《さかなまち》と言われる。藩政時代にはこの町だけが魚を販売できる独占権を持っていたからであった。魚が欲しい客はここにやって来て買い求めた。現在、町名の「6」にちなんだ市の日が開かれて買い物客でにぎわっている＝八戸市六日町

丁の西側三分の二が町人町となった。翌文化五年、塩丁の裏側に武家町の柏崎新丁が新設された[4]。

この文化年間の一連の町域の変更は、防災を目的とした都市改造として注目される。

文化四年の『八戸藩日記』には、「近年、別して札の辻より上町通は裏屋住居の者が多い。町屋は格別建て込んでおり、いったん火事が起きると大火になる恐れがある」[5]と記されている。前年の十一月には、廿六日町が火元となった六日町周辺の裏町通一七〇軒が焼け出される大火が起きていた[6]。そこで、裏屋住居の者を廿八日町から下組丁に強制的に移転させ、ここに住んでいた藩士を新たに設けた柏崎新丁に移住させた。都市化で町域が東に拡大したことになる。

西方では、年代不明だが、藩政前期には藩士の増加により徒士丁と稲荷丁、上徒士丁が新設された。天明二（一七八二）年、足軽町だった惣門《そうもん》丁（新荒町の別称）から足軽が南に移されて上組丁が新設され、惣門丁は町人町となった[7]。

天聖寺裏の寺横町から鳥屋部町に抜ける街路の途中には、桝形《ますがた》跡が残る。桝形は敵の直進を防ぐために設けられた四角い空き地で、今も当時の形をとどめている。文久年間（1861～63）には、武家の増加を受けて鳥屋部丁の中から新鳥屋部丁が割り出されて武家町が誕生した＝八戸市鳥屋部町

文久三（一八六三）年には、沿岸警備用に足軽を増員したことで、新荒町の西に新組丁が新たに割り出された[8]。さらに、安政の初年（一八五四）ごろには武家の次男、三男の分家化が進んだのに加え、江戸詰めだった藩士の八戸移住で藩士の数が急増。武家屋敷が不足したため、家老の中里松之助の下屋敷を町域に編入して新稲荷丁（現在の稲荷丁）を造成した[9]。鳥屋部丁の中に新鳥屋部丁を造ったのもこのころである。

南方では、寺横丁の南に接続して元禄二（一六八九）年に大工町と鍛冶丁が町割りされた[10]。鍛冶職人が住む鍛冶丁は火を使うことから、火災を防ぐために城下の南端に移されたのであろう。元の居住地は元鍛冶丁となり武家町となった。

全国最多の町名

八戸の町割りで特徴的なのは、表町には廿三日町・十三日町・三日町・八日町・十八日町・廿八日町が、裏町には廿六日町・十六日町・六日町・朔日町・十一日町・廿一日町（現下大工町）が整然と配置されていることである。日付にちなむ町名の数では、一城下町としては全国的にみても最多だ。

町割りで興味深いことは、表町と裏町の町名を合算すると、下一桁が「九」の数となることである。廿三日町と廿六日町で四九、十三日町と十六日町で二九、三日町と六日町で九。さらに八日町と朔日町で九、十八日町と十一日町で二九、廿八日町と廿一日町で四九となっている。両町合わせた数字が左右均衡にきれいに並列する。下一桁を「九」とした理由は何であろうか。陰陽道では奇数は縁起の良い数とされ、この中でも「九」は奇数の極大数である。そうであれば、縁起物にあやかって末広がりに町が繁栄することを願い、「九」を意図的に設定したのではなかろうか。ともあれ町名の日付や組み合わせに規則性があることは、八戸の町が計画的な都市設計によって造られたことを示している。

市立の期待込め

町名の由来は、一般には市日の開設によると言われている。しかし実は、八戸町が町割りされた寛永年間（一六二四～四三）ごろは、まだ商品経済が十分発達しておらず、盛岡藩では銭おろし（振銭）＝領民に銭を貸し与えて市日で使わせる商業振興策[11]＝によって辛うじて銭を流通させていたから、町名ごとに月に十二回もの市を開くことは難しかった。

おそらく当時の為政者は、八戸の町内が市立《いちだて》（市が立つこと）のようなにぎわいを見せ、商業が活発に発展するようにとの期待を込め、市日にちなむ町名を付けたのだろう。

【武家町と町人町】 八戸城下の武家町で代表的な町名は、上・中・下がある番丁である。番丁とは、番編成された軍事組織の番士格の武士が居住する町である。番士格とは馬に乗れる騎士相当の身分に当たる。これに対して徒士丁、本徒士丁、上徒士丁は、馬に乗らない徒格《かち》の町となる。一方、町人町の表町の町名には「三」と「八」の数字が付けられている。その命名の理由はよく分からない。町の起源を伝える『附録伝』[12]には、三日町と八日町の庄屋の提灯の紋は、「奥州三戸郡八戸」に由来するという。三日町の提灯は三戸郡の三、八日町は八戸の八を取ったとする。これから類推すると、「三」と「八」が選ばれたのは、三戸郡と八戸にちなむものではないか。

第2節　商業活動の確立

近江商人移住で活発化

造酒業で財なし交易も

八戸町では、元禄期以前の貞享年間（一六八四～八七）ごろまでは、まだ町中には木綿や古着を売る木綿古手の店が二～三軒しかなく、盛岡藩の旧城下三戸町まで買い物に出掛けなければならなかった（八戸南部史稿[1]）。生活必需品を取りそろえた常設店舗が町に構えられるという、本格的な商業は十分に発達していなかった。

三店が豪商に

八戸城下で本格的な商業活動が始まったのはいつごろからであろうか。藩主にお目通りできる身分にある商人について記した『御目見得町人由緒調』（『概説八戸の歴史[2]』）によると、元禄年間（一六八八～一七〇三）までに他地域から八戸に来住した商人は御目見得町人の七割以上に達し、享保年間（一七一六～三五）になるとその全部が移り住んでいる。

後に八戸三店《さんたな》と言われ、八戸屈指の豪商となった「大塚屋」、「近江屋」、「美濃屋」の八戸移住も元禄末年から享保にかけてであった。

近江国大溝（滋賀県高島市）出の「大塚屋」は元禄十一（一六九八）年に八戸に入り、「美濃屋」は享保四（一七一九）

旧河内屋橋本合名会社社屋跡。大正 13（1924）年に建造された。河内屋は江戸時代から続く造り酒屋で、河内国から六ケ所村平沼に来住した後、八戸に進出したと言われ、八戸藩を代表する豪商の一人となった。左奥にある現在の安藤昌益資料館は酒造用の米蔵だった＝八戸市八日町

年に盛岡から八戸に来住。同じく「近江屋」は享保五年に盛岡から八戸に出店を開いた。「大塚屋」と「近江屋」はいずれも大溝出身の近江商人である。

近江商人は奥州に下る際、まず盛岡に出店し、ここを足場に商機をうかがって八戸に進出した。彼らの商法は「ノコギリ商い」と呼ばれた。地方で需要の高い木綿や古手を江戸と上方から仕入れて販売し、地方からは特産物を中央に運んだ。まるでノコギリの歯のように中央と地方を行ったり来たりして「産物廻《まわ》し」を行い、利益を蓄えたからである。

廻船で産物輸送

近江商人が、元禄年間に八戸町に定着するにつれて八戸商業が活発化した。商人が資本を蓄積すると、消費需要が高く、利益が大きい酒の醸造を始めた。醸造によってさらに資本を積み重ね、経営規模を拡大した。

霾《おがみ》神社は藩政時代には法霊《ほうりょう》と呼ばれ、八戸藩領を鎮護する社であった。境内入り口には、近江商人の大塚屋市兵衛が文政９（1826）年に寄進した古い手水《ちょうず》鉢が残っている＝八戸市内丸

享保末年ごろ、造酒業で財をなした商人には上酒屋では大塚屋伊兵衛、美濃屋三右衛門、河内屋八右衛門、近江屋市太郎、中酒屋では西町屋徳右衛門、下酒屋では大坂屋吉右衛門、廿六日町安太郎がいた（永歳目安録[3]）。

彼らは資本を形成すると次は対外交易に向かった。大豆や〆粕《しめかす》を中央市場に移出して莫大な利潤を生み出したので、廻船を動かして産物輸送を始めた。宝暦四（一七五四）年になると八戸湊には大豆や〆粕を求めて年間五一艘の廻船が出入りするようになるが[4]、それはこうした商業活動の展開に相応するものである。

こうして八戸の商業活動は元禄期を契機に享保年間以後に確立。宝暦年間になって対外交易が盛んになると一段と伸張することになった。

別家、分家出す

商家の経営規模が大きくなるにつれて、別家や分家を出して商売を活発にした。丁稚《でっち》からのたたき上げで別家した商人に大岡長兵衛がいる。寛延三（一七五〇）年、十一歳の時に近江高島から出て来て大塚屋盛岡店に入り、十六年間勤めた後、明和三（一七六六）年に大塚屋八戸店に移った。その後、十二年勤めて安永七（一七七八）年に支配人となり、やがて天明二（一七八二）年に四三歳にして暖簾《のれん》分けを得て、別家独立したのである。開業資金は暖簾・元手金五〇両、家構え金十両、大溝本店主人からの功労金三〇両、合わせて九〇両で、これを基に十三日町角に木綿屋を開業した。(5)

一方、親元から分家する例はどうだったのだろう。西町屋甚助が兄西町屋徳右衛門から分家したのは宝暦十一（一七六一）年だった。分家に際して、財産は当座の五十貫文を含めた正銭一四〇貫文、表口六間の居宅、田五〇〇刈・畑十五役が与えられた。(6) 一両が四貫文とすると、一四〇貫文は三五両に相当した。ほかに所帯道具や衣類も譲られた。道具類は、仏壇の神仏具類をはじめ、ソロバンや京升、店棚などの商売道具、さらにたんすや戸棚などの家財道具、まな板や包丁、茶わん、鍋などの調理器具、白米、精稗《せいひえ》、みそなどの食料などもあった。当分生活に事欠くことがないように用意してもらって商売を始めたことになる。大岡のように丁稚から苦労して別家を興すよりも、親元からの分家ははるかに恵まれていた。

分家による商家の増加はさらに商業規模の拡大を促すという相乗効果を生み、八戸の商業全体のスケールを大きくしていった。

【天秤棒担ぎ乗り込む】　八戸に来住した近江商人の故郷は、滋賀県の旧高島町大溝などである。琵琶湖の西に位置する高島の出身者は湖西商人と呼ばれた。苗字では村井、小野、駒井を名乗る人が圧倒的である。盛岡や八戸に来た商人のほとんどは湖西商人だが、江戸などには近江八幡や日野などの湖東商人が進出した。盛岡への近江商人の先駆けは大溝出身の村井新七である。ここが終着地の「わらじ脱ぎ場」となり、次々と高島から天秤棒《てんびん》を担いだ商人が入り込み、やがて八戸に乗り込んだ。「大塚屋」は本店を大溝に置き、支店を八戸や京都、盛岡、福岡、金田一、七戸などに開設していた。この支店網によりいち早く収益性の高い商品を全国展開して富を築いた。

第3節　商家経営と家訓

藩動かす政商「西町屋」

堅実と質素　モットーに

藩政期の八戸における地元商人の分限者として真っ先に挙げられる人物に西町屋石橋徳右衛門がいる。寛永七（一六三〇）年、まだ盛岡藩だったころの八戸の町づくりに当たり、新井田西町より廿八日町に移住して商売を始めたとされる。

家業に日夜励む

「西町屋」の商売が軌道に乗り始めたのは、享保末年（一七三五）から延享・宝暦年間（一七四四～六三）にかけてである。「西町屋」の資産総額に当たる有物改〆高《ありものあらためしめだか》は、享保十二（一七二七）年の二千四貫文から、同二十年に四千四四八貫文、延享二（一七四五）年には一万四七八貫文と、十八年間で五倍以上に伸びている。[1]

文政二（一八一九）年の藩政改革以降は、産物会所の支配人に登用され、船手支配人や鉄山支配人を務めながら藩札発行も手掛け、藩財政を動かすほどの政商にのし上がった。

八戸第一の分限者である「西町屋」はどのような信条をもって商売をしていたのであろうか。その商売心得は分家を出す際に渡した譲状からうかがうことができる。宝暦十一（一七六一）年の譲状には、「行く末は本人の行作しだい、

八戸市の十八日町から廿八日町の通り。藩政時代、八日町から東側には下町と言われる町並みが続いていた。廿八日町には「西町屋」が店を構え、商勢の強かった三日町と十三日町などに対抗して大々的な市日である大日市《おおひいち》を開催して張り合った＝八戸市十八日町から柏崎１丁目

家業に日夜励むべし」と強調し、まず家業の心構えを諭す。商売に当たっては「小貸はせず、商売物の店借りは期日に遅れず勘定し、手近な物は利潤が薄くとも売り払え」などとその方法を説く。暮らしぶりについては「諸事つつましやかにせよ」と述べ、「譲り渡した世帯道具や衣類のほかには、決して新しく買い求めてはいけない」と強く戒めている[2]。同じく豪商の「大塚屋」や「三春屋」の家の掟たる家法も、堅実と質素・節約を旨としていたので、堅実と質素が八戸商人のモットーであったと言える。

男子が圧倒的

奉公人を含めた「西町屋」の家族数は、宝暦二年には四二人、うち男二六人、女十六人であった（永歳覚日記[3]）。内訳は、徳右衛門夫婦に、母と子三人、弟夫婦と子・従兄弟・叔母を含めて身内が二一人。これに手代が三人、下人十三人、下女五人を加えた大所帯である。手代や下人は男子であり、奉公人としては男子の方が女子より多かった。江戸では男子の奉公人が圧倒的に高かったから八戸の町人社会でもこの傾向は同じであった。

下女も含めて「西町屋」の奉公人はどこから来ていたのであろうか。宝暦十三年から寛政五（一七九三）年までの「西町屋」の奉公人書留[4]によると、城下や近在の村からの出身が多かったが、近郷の軽米、大野、久慈などの領内各地にも広がっていた。さらに遠くでは五戸、三戸、田子、福岡から野辺地、出戸（六ケ所村）などからも奉公に来ていた。西町屋の商取引と重なる地域から奉公人を雇っていたのであろう。

広範囲な地域からの人の流入は、都市としての八戸城下の商業活動の大きさを表す。

人出でにぎわう十三日町界隈《かいわい》。現在、三春屋デパートなどの大型店が並ぶ三日町や十三日町などの上町は藩政時代から城下の中心繁華街である。「三春屋」は磐城国三春（福島県）から八戸に来住して商売を始めた外来商人の一人であった＝八戸市十三日町

広域から奉公人

八戸城下の家数や人数を具体的に見てみよう。明治二（一八六九）年の帳簿・諸用日記留によると、城下の中心街である十三日町には、家数が三三軒、人数が三七五人であった。[5]内訳を見ると、町人が男一三一人、女一一八人で、これに年季奉公人一二六人が加わった。居住者の三四％は奉公人が占めていたことになる。

一方、城下端の廿八日町は家数六二軒、人数三八一人。[6]このうち年季奉公人は十三人で、中心街に比べるとかなり少なかった。家数と人数のバランスを見れば、十三日町は人数が多い割には家数が少なく、廿八日町は家数も人数も多かった。中心街はゆったりとした敷地の中で商売に励んでいたが、城下端では、人口密度が高く、ひしめき合って生業を立てていたことになる。

両町の職業構成はどうだったか。城下一の目抜き通りであった十三日町には、江戸や大阪からの下り物である木綿や古手、太物《ふともの》（綿・麻の織物）などの衣料関係の店が多く、ほかに穀物屋、酒屋、小間物・荒物屋（日用雑貨品）などがあった。[5]一方、廿八日町は、穀物屋、小間物・荒物屋、菓子屋、煎餅屋《せんべいや》、飴屋《あめや》、髪結い、細工師、提灯張《ちょうちんは》り、桶屋、大工など、[6]多種多様な職種で構成されていた。このほかにも農業に従事する者、農業をしながら鍛冶屋や駄賃付けを兼業する者もいた。零細商人や職人と農民が混住するのが場末の町の特色だったことになる。

ところで、城下端の廿八日町にも年季奉公人が存在していたことは、城下全域に他地域からの雇い人が広がっていることを示している。八戸城下は、広域から労働力を受け入れる都市機能を有するほどに成長を遂げていたことになる。

【豪農にも同じ精神】 城下の目抜き通りに店舗を構えた「三春屋」の家訓は「バカになれ、ケチになれ、満月を望むな」であった。この精神は「三春屋」だけではなく、「大塚屋」など八戸に新天地を求めて来住した商人たちに共通したものであった。村にいて百姓たちと関わった豪農にもこれは当てはまった。大野村で代々名主を務めた豪農晴山吉三郎家は、「第一朝起きの事、私事に人手をかけない心懸けの事、召使いなどとの打ち和みの事、魚包丁の錆第一の事」などの家訓を書き残している。[7]細かな日常の暮らしの中に指針にすべき心構えを説いていた。さらに「先祖が書き置いた用留は常に読み直し、大事なるものは代々記録として書き残すように」と申し渡している。

第４節　城下の祭礼と飢饉

天候回復祈願が始まり

にぎわい、経済効果生む

藩政時代に行われていた八戸城下の祭礼は、八戸城二の丸にある法霊《ほうりょう》社（現龗《おがみ》神社）の祭礼であった。法霊社は八戸藩ができる以前は本丸にあったと伝えられ、藩の鎮守として藩主や領民の信仰のよりどころとなっていた。

法霊社から巡行

法霊の祭礼行列が始まったのは、享保六（一七二一）年七月十九日のことである。[1] きっかけは打ち続く天候不順だった。前年に町人たちが天候の回復を祈り、法霊社祭礼に御輿《みこし》巡行を願い出て祭礼行列が始まった。

享保六年の行列では、人形を載せた「出し（山車）」はまだ運行しておらず、御輿を中心としたものだった。行列は初日が「お通り」、三日目が「お還り」。その道筋は法霊社から三日町などを経て旅所の長者山に向かい、そこから八日町などを経由して帰社した。巡行経路は祭礼を願った町人の町を一巡することに特徴があった。

その後、延享年間（一七四四～四七）には藩士も行列に参加し、三十余りの出しが御輿行列に付き従う「付祭り」と

江戸時代の祭礼行列の伝統を伝えるのが龗神社の御輿行列である。神が鎮座する御輿が中心となって厳かな神事行列が城下を練り歩いた。御輿は享保５（1720）年に藩士や領民の寄進によって造られて翌年から巡行した。これが現在の三社大祭の起源となる＝八戸市中心街

して登場した。[2]この時の出しは、手持ち万灯のような小型の物で、頭部に人形を付けた棒を人が持ち歩いていたのではなかろうか。しかし、享保のころと比べると趣向を凝らした出しが加わり、〝見られる祭り〟が強く意識された行列となった。

行列は文政年間（一八一八～二九）に入ると、多くの屋台出しが登場し一層華やかさを増した。神馬《しんめ》が先頭に立ち、御輿の周りには、五色の吹き流しや、赤や花色の大小の幡《はた》がはためき、御輿の後に続く付祭りの出しは数が増え、踊子も練り歩いた。出しは人形を載せた大型の屋台出しとなり、人足により担がれて運行した。

文政三（一八二〇）年には、鮫の虎舞や湊の鹿島踊り、剣吉の太神楽《だいかぐら》が参加。翌文政四年には、殿様が奉納した鑓《やり》三本が初めて登場した。町衆の六日町からは金時の出し、朔日町からは青龍刀、廿八日町からは舟の出しが繰り出した。さらに文政十年からは、打毬《だきゅう》や流鏑馬《やぶさめ》の騎馬武者も行列に加わった。[3]行列人数は二〇〇〇人を数え、法霊の祭りは城下町の枠を越え、八戸藩領全域の最大のイベントとなった。

長者山の馬場では三社大祭の中日に騎馬打毬が催される。騎馬打毬は文政10（1827）年の新羅神社新築落成を祝って始まった。これ以後、祭礼行事に加わり、現在まで伝えられている。全国的には3カ所にしか残っていない貴重なものだ＝八戸市長者

諸人気補い指示

祭礼行列にとって見逃せないのはその経済的効果であった。祭りが華やかであればあるほど、近郷近在から人出が城下に繰り出し、それが商品の購買力となって城下商業を潤した。このように、人を集めてお金を落とさせる藩の経済振興策が端的に表れたのは飢饉《ききん》の時である。

天明三（一七八三）年に大飢饉が起きると、祭礼どころではなかった。それでも御輿行列は実施された。経費の掛かる人形屋台は出さず、踊りや神楽、虎舞などの練物を減らして質素に行われた。翌天明四年も、出し屋台は商店の前に飾られて行列には参加しなかった。[4]

ところが、飢饉が落ち着いた天明五年には、藩から景気を付ける「諸人気補いのため」に人形屋台や踊子を出すよう指示が出された（永歳日安録）[5]。出しや踊子が練り歩かないと、祭礼が寂しいというのである。記録には運行により「御祭礼ひとしお賑わしく」なったと書かれてある。

天保の飢饉でもにぎわいが演出された。天保九（一八三八）年に屋台は店の前に飾り置くように指示されたが、翌十年は、「世の中相直り候に付き」として出し屋台の引き回しが命じられた[6]。出しが出ないと祭礼が盛り上がらなかったのである。

糧得る日雇いも

天保年間（一八三〇～四三）に入ると、飢饉でも祭礼行列を続けなければならない事情ができた。行列の規模が大きくなるにつれ、幡や出しの持ち人、練子などが増えた。それに伴い行列の出人足で生活の糧を得る日雇い層が生まれてきたからだ。

天保九年の飢饉の最中に、庄屋は酒屋仲間に対して祭礼を実施してよいかを諮った。祭礼を取り仕切る酒屋仲間は、行列が中止になれば、小間居《こまい》（日雇いの下層民）たちが人足として出ることができず、生活が立ち行き難くなると答えた[7]。前年の天保八年の行列では祭礼二日間で五一八人の人足を動員していたので[8]、飢饉の最中であっても、行列はおいそれと中止できなかった。

この時期に至ると、八戸の祭礼は従来の家持ち層だけではなく、日雇い層も含めた都市の全構成員が参加する祭礼へと大きく変化していたのである。

【山車の登場と酒屋仲間】　現在の八戸三社大祭のような人形が載る豪華な山車が登場するのは天明年間（一七八一～八八）になってからである。その後、天保四（一八三三）年の祭礼では、朔日町が制作した青龍刀や河内屋の武田信玄、太郎兵衛屋の式三番双などという人形山車九台が登場した[9]。これに笹の葉踊、鮫村の虎舞や鮫・湊の風流踊子、打毬騎士が加わった。山車を主役にした現在の行列の基本型がこの時出来上がった。行列経費を負担したのは造酒する酒屋の組合「酒屋仲間」[10]である。「近江屋」「大塚屋」「河内屋」などがいた。なぜ経費負担をしたかは、祭礼時に飲酒量が増加することのほか、都市で酒屋が高利益を確保していることに関係があろう。

修験を組織化し支配
寺院、弱者の避難場にも

神社寺院は江戸時代、無病息災の現世利益を願い、死後の菩提《ぼだい》を弔う行事を執り行いながら武士や民衆の精神生活と深く関わっていた。そのため幕府と藩は、各宗派の本社・本山と配下の末社・末寺を掌握し、統制を図るために藩の支配機構に組み入れた。

曹洞宗の寺多く

八戸藩領内には曹洞宗の寺院が多く、浄土宗がそれに次いだ。藩主の菩提所は南宗寺《なんしゅうじ》で、臨済宗であった。寺格の高い寺は「領内十カ寺」と称され、藩から所領や扶持《ふち》を与えられ、例年正月には家老ならびに寺社奉行から年頭の書が渡された。

十カ寺とは南宗寺、豊山寺、禅源寺、本寿寺、対泉院、大慈寺、来迎寺、永久寺、法光寺、常泉院である。このうち南宗寺と豊山寺、法光寺、禅源寺、本寿寺は「内五カ寺」と称された。ほかに「近廻五カ寺」と称する広沢寺、長流寺、天聖寺、願栄寺、本覚寺があった。

「領内十カ寺」で石高が高いのは、南宗寺と対泉院の一〇〇石で、次いで法光寺の七〇石、豊山寺、禅源寺、大慈寺

上市川池の堂の北西の谷間には、水田農業に欠かせない水神を祀《まつ》る水分神社がある。ほとりにある沼は大泉坊沼とも言われる。藩政時代、日照りが続くと八戸藩の修験大泉院が藩命によって八戸から盛岡藩領内にあるこの沼に出掛けて雨乞い祈祷を行い、託宣を告げられた＝五戸町上市川

五〇石など。修験（山伏）の常泉院は六〇石を領していた。

常泉院が支配頭

十カ寺の一員である常泉院《じょうせんいん》は長者山と号した修験の惣禄《そうろく》（支配頭）であった。修験の組織化は八戸藩成立とともに始まった。初代藩主直房が盛岡から常泉院を招き、寛文七（一六六七）年に京都聖護院配下の惣禄職に任命した。(1) 聖護院は天台宗系の本山派の本寺で、八戸藩を含めた南部領はこの本山派の勢力がすこぶる強かった。

八戸藩の修験組織は、常泉院を総録とし、その下に年行事という役職を置き、年行事の配下には里修験を配置した。年行事は売市村（八戸市）の大泉院、久慈村（久慈市）の南学院と南光院、軽米村（軽米町）の松本院、名久井村（南部町）の来光院がいた。この五人の年行事を通して領内の村々にいる里修験が掌握され、霞《かすみ》と呼ばれる布教地域を治めさせた。

八戸藩領内における修験者は人数が多かった。寛延二（一七四九）年領内人数調べでは、出家（僧侶）一五八人、社人（神官）とその家族四九人に対して、修験とその家族は一千一二〇人を数えている（八戸藩日記）(2)。修験の人数が多いのはそれだけ村の中に入り込み、村人と密接な関係を持っていたことになる。

各村にいた里修験はそれぞれの地域の堂社の祭祀《さいし》を執行するとともに、家々を回って厄除けの牛玉《ごおう》宝印などのお札を配布したり、諸願成就の加持祈祷《きとう》を行い、病気の者には薬を施してお布施を受け取った。

法光寺境内の三重塔。名久井岳の麓にある法光寺は、藩政時代には八戸藩領内の曹洞宗25カ寺を統轄する惣禄寺院であった。鎌倉幕府の執権北条時頼が訪れたという伝説が伝えられるほどの来歴の古さを語る＝南部町法光寺

日照りや長雨などの天候不順の時は、藩は五穀豊穣《ほうじょう》を願って十カ寺や法霊社や神明宮などの社寺、修験に日和《ひより》乞いや雨乞いを行わせた。村々の修験も百姓からの願いを受けて祈晴や祈雨のお祈りを行った。

修験大泉院は雨乞いが願い出されると市川池の堂（五戸町上市川）で祈祷を行った。『八戸藩日記』によると、宝永六（一七〇九）年六月、大泉院が藩命により雨乞いをしたところ、雨が降ってきた。(3) 安永元（一七七二）年七月には、長苗代百姓からは雨が続いて冷気が強いとして法霊社へ日和乞いの祈祷が願い出されている。(4)

所払い解かれる

寺院は修験ほど統制は強くはなかったが、寺院数の多い曹洞宗は法光寺《ほうこうじ》が惣禄となって組織化に力を入れた。

寺院の役割は、統治の一端を担っていたものの、死者を弔い、現世の人々の迷いを救うという役割が大きかったのは言うまでもない。藩主をはじめ、武家や民衆は法事などの節目節目の年忌には必ず参詣をして先祖の霊をあつく敬った。

寺院の役割で見逃せないのは、社会的弱者を庇護《ひご》したことである。行き場のない弱者が逃げ込む避難場所となり、あるいは一定の期間を過ごした犯罪人の処罰軽減やその免除を願い出た。寛保元（一七四一）年、八日町の町人から、藩主の法要に際して、旦那寺の来迎寺へ願書が出された。喧嘩《けんか》口論のかどで所払い（領内追放）となった親がおり、既に十八年も経過して六〇歳を超えているので、追放を免除してほしいというものだった。(5) 願書は藩主の菩提寺である南宗寺から藩へ上申されて処分が解かれた。

元治元（一八六四）年には八戸城下を焼き尽くす大火災が起きた。この火元となった町人の清次郎は大慈寺に駆け込み、落髪して和尚の弟子になることにより罪を許された。(6)

【お盛り場所の長者山】 社寺は精神世界の役割を果たすと同時に、広い境内を利用してにぎわい場としての俗空間をつくり出した。村々の産土神《うぶすな》の境内では祭礼時には相撲などの娯楽が催されたが、八戸城下で最大の俗空間は長者山の境内だった。盆中や法霊祭礼、新羅祭礼には相撲から芝居や踊り、見世物など数多くの興行が打たれ、人出であふれた。この人出を目当てに屋台が軒を連ねた。文政年間（一八一八〜二九）を過ぎると江戸から見世物が下ってきた。文政五(7)（一八二二）年にびいどろ（ガラス）(8)細工の三間（五・四メートル）もある唐船、慶応二（一八六六）年には虎が登場し、八戸中をびっくりさせた。本物の虎を誰も見たことがなかったのである。

第６節　安政大地震と大火

海笑押し寄せ家流失

西風強く城下丸焼け

天変地異という自然が人間に及ぼす災害には、風水害や豪雪、地震や噴火などがある。地震は津波も伴い、その日暮らしの下層民の増大で住宅が密集した都市では大火災も引き起こした。

櫛引村まで逆流

安政三（一八五六）年七月二十三日昼九ツ半（午後一時）ごろ、大地震が突如八戸地方を襲った。[1] 震源は八戸沖北東一〇〇キロ、地震の規模はマグニチュード七・五と推定されるものであった。

八戸城内では御殿通所が大きく破損し、土蔵は残らず壊れ、大手脇の土塀が倒壊したほか学校脇や下馬御門脇、御物見後などの土塀がことごとく倒壊した。

町中では、武家、町家の家屋敷が損傷するとともに土蔵はすべて損壊した。下大工町の大工頭《だいくがしら》青木源之助の持ち長屋にいたってはすべて倒れ落ちた。幸いだったのは、地震発生が日中だったため死者が出ず、けが人もそれほど多くはなかったことだ。

ところが、一時《いっとき》（二時間）ほどたった八ツ半（午後三時）時、海岸に海笑《かいしょう》が押し寄せた。海笑とは津波のことである。

階上町小舟渡の海岸には明治 29（1896）年の津波被害を記す「海嘯《かいしょう》死亡者之碑」が立つ。多くの人命が失われた沿岸一帯は藩政時代から地震による津波の被害を受けた＝階上町道仏

「海嘯《かいしょう》」の宛字らしいが、海がどよめき、笑うごとくに押し寄せるという意味からくるのだろう。

この海笑により鮫、白金、湊の三カ村で四〇軒余が流失。浜方の者は城下へ逃げ延び、石堂、河原木の海岸近くの諸村では、家をぎりぎりまで見守る亭主を置いたまま、女、童子、老人たちは高台の小田平へ逃げ登った。

湊新丁は全部浸水、湊橋は大船が乗り上げて橋中央が陥没。河口の漁船は左比代まで押し上げられ、「天正丸」は岩淵村（現在の新井田の一部）の後の畑へ、「舟木丸」は沼館村下の畑へ、「小宝丸」は左比代の後へ打ち上げられ、そのほか地引舟はほとんど流されてしまった。潮水は馬淵川では櫛引村前まで逆流し、新井田川では岩淵下まで上がった（年稀集など）[2]。木綿商人大岡長兵衛の家記『多志南美草』に、「網納屋を流され、居宅の家財を流される。中でも湊権七の居宅はそのままにて流されけるは、目も当てられぬ次第なり。見る人・聞く人哀れをもよおさぬ者はなかりけり」と惨状を記している。

八戸市廿六日町の消防屯所のある風景。八戸町は西風が強いので、西で火事が起きると藩政時代から市街地は大火となる危険が高かった。西端にある廿六日町の消防屯所は町全体の火事を防ぐ要の場所であった＝八戸市廿六日町

余震続き風説

七月二十八日、強い余震が来た。二十三日よりも短かったが、城下の家屋敷には破損が生じた。武家の遠山家では居宅に住めずに庭に小屋がけをして家族が移り住んだ[3]。町家の大岡家は店の二階の桟や壁が壊れたが、大きな被害はなかった。しかし、家が倒れると危ないので、表通りの空き地に小屋を造って住むことにした。売り物の木綿はいざという時に備えて梱包《こんぽう》して地下の穴蔵に入れ、二階の品物を階下へ降ろした。

町の住民は余震を恐れて家屋から逃げ出し町内の小路に集まったり、神社寺院の境内に避難したりした。避難場所に板を敷き、その周りを覆いで囲って仮設住宅として住み始める者も出た。

余震が続いたため町には風説が流れた。八月初めまでに地震で家がすべて崩壊し、海笑が再び押し寄せておびただしい死人が生じるというのである。町中が火事が起きたように騒然となり、たんすや長持ちなどを持ち出して寺院などに運ぶ騒ぎとなった[4]。

藩は、食糧がない者を救うために大商人に炊き出しを命じた。徒目付《かちめつけ》を海岸近くの被災地に派遣して流失家財の回収と所有者の確認を行わせた。併せて盗難の監視にも当たった[5]。市中には米が出回らなくなったので、穀物業者の緊急の立ち入り検査をした。しかし、地震と津波対策には格別打つ手がないのが実情であった。

十時間たち鎮火

地震と津波で被災した八年後、城下では未曽有の大火災が起きた。

元治元（一八六四）年十二月二十八日のことである。夜五ツ（午後八時）すぎに廿三日町から燃え上がった火の手は、猛烈な西風にあおられて武家や町家を次々に焼き尽くした[6]。鳥屋部丁、鷹匠小路、長横丁などの武家町を含めた城下中心街の荒町、廿三日町、廿六日町、十三日町、十六日町、三日町、六日町を経て、朔日町、十一日町に至るまで延焼した。ようやく十時間たった二十九日の明け六ツ（午前六時）に鎮火した。焼失家屋は町家三一七軒、武家四九軒、土蔵四棟、井楼《せいろう》（穀物小屋）、馬屋などの小屋四三棟、寺院は天聖寺、願栄寺、本覚寺の三カ寺が炎上。

この大火は火元となった町人清次郎にちなみ清次郎焼けと呼ばれた。住宅が立て込んでいる町人地だけではなく、屋敷の広い武家地も焼失させ、文字通り全城下を丸焼けにするような大火災と言えるものであった。

【火事と住民の連帯意識】　八戸は火事が多く、藩政時代の『八戸藩日記』にもたびたび記述されている。冬場はフェーン現象で西風が強く、さらに町域が西から東に続いていることから火の手は一気に町中を駆け抜けた。火事はすべての財産を奪い取ったので、城下で火事が起きると、住民が協力して消火に当たるのが慣例だった。当時の消火は風下の家を破壊して延焼を防ぐやり方だったため、人手がものを言ったのである。しかし、文化三（一八〇六）年十一月の八戸町の大火では、町衆は消火に誰一人出ず、各自の家財を勝手に運び出した。消火を手伝わない事態に町奉行の遠山庄右衛門は「不思議の次第到来[7]」と嘆いた。この大火で二六三世帯、九八二人が焼け出された。

第9章　町や村の生活

第1節　武家の結婚・離婚

当主の再婚　日取り早く

一年間で四割別れる

八戸藩の武士の生活実態を知ることができる史料に、上級藩士の遠山家が書いた『遠山家日記』がある。約一三〇年間にわたって歴代の当主が書き継いだものである。これを手掛かりに八戸藩の武士の結婚と離婚を見てみよう。

家存続の役割

享和二（一八〇二）年の遠山家の当主は平馬であった。この年の六月十六日に、妻が四男吉蔵を出産した直後に亡くなった。[1]ところが、一カ月もたたずに平馬の再婚話が進められた。七月十日に田名部儀兵衛の娘が相応だということで、人を介して申し入れたところ、すぐに承諾のあいさつがあった。十八日に結納の固め酒を先方に届け、翌月の八月二十五日には嫁取りを行って嫁を迎えた。

妻の死後、すぐに再婚が行われたのは遠山家だけではなかった。どの家でも再婚の日取りが早かった。

平馬の実兄に当たる中里多膳も、この年の七月十九日に妻が病死した。しかし、八月五日には船越三喜弥の妹と再

三日町と八日町の交差点から八戸市役所のある番町方面を望む。バスが並んでいる右側の付近には藩政時代、『遠山家日記』を残した八戸藩士遠山家の屋敷が所在していた＝八戸市番町

縁が決まった。特に武家は家を存続させていくため、結婚は跡継ぎをつくる役割を果たしていた。家族の世話や一家を切り盛りする家事労働が今以上に求められた時代だったので、妻という内助の功がとりわけ必要であった。これが再縁を急がせた理由だったのだろう。

生活長く続かず

享和二年一年間の八戸藩士の結婚・離婚状況は、藩への縁組願提出が十一件、離縁願が八件、再縁願が十件あった（八戸藩日記[2]）。縁組願は初婚の願い出であり、再縁願は再婚の願いである。再縁を願い出る者には、妻が病死した者と、一度以上離婚した者とがいた。この年、再縁も含めた結婚は二一件、離婚は八件であるから、離婚率は二一分の八で三八％。再婚率が二一分の十で、四八％。そうすると、八戸藩の武家社会では当時、一年間でおよそ三割から四割が別れていたことになる。この離婚者の多くは早いと一カ月、遅くても六カ月たつと再婚を決めていた。

武家屋敷が並んでいた当時の面影が残る常海町の町並み。藩政時代は八戸城東門に接した武家町で、犯罪人などの裁きを行う町奉行所である会所が置かれていた＝八戸市常海町、内丸

八戸藩の武家社会では離婚や再婚は多かったし、当たり前であったことになる。江戸時代の女子の教養書である『女大学』[3]は、「一度嫁入りしてはその家を出ざることを女の道とするべし」と説いていた。しかし、これとは裏腹に現実は大きく異なっていたことになる。

当時の離婚率の研究がある宇和島藩（現在の愛媛県）の例では、結婚履歴を書き上げた三二人の藩士のうち、全体の四割に当たる十三人が離婚経験者であり、そのうち五人は二度も離婚を経験していた[4]。この離婚割合の四割は八戸藩とほぼ同じである。

そう考えると、どの藩でも武士の結婚生活はそれほど長いものではなく、離婚と再婚が頻繁に行われていたのである。離婚は武家社会では特別珍しいものではなかった。

性格合わずに

遠山家の家族はどうであったろうか。平馬は二度結婚しているので子だくさんであった。文政八（一八二五）年には、男七人、女四人の子どもに加え、長男の嫁と孫娘がいたので、十三人の大所帯であった。ところが、このうち男一人、女三人が離婚している。

遠山家で離婚した息子に六男直理がいた。直理は天保十（一八三九）年に満十九歳で幸崎杜男の娘と結婚した。(5)しかし、理由は不明だが、妻を家に置いたままたびたび外泊し始めた。どうも妻とは性格が合わなかったようである。気弱だったため言い出せず外泊を続けたらしい。仲人が説得しても無理だったので、翌天保十一年に離縁をすることにした。その後、山内与九郎の娘と再婚して仲むつまじく暮らした。

孫娘のお政の離婚はかわいそうであった。天保元（一八三〇）年に満十五歳で栃内岩尾と婚約した。(6)ところが、夫の父である家老金右衛門が藩主の息子を大砲演習中に爆死させる事件が起きた。これにより父は家老を免職となった。ようやく三年たって結婚にこぎ着けた。(7)しかし、石高を削られた栃内家は生活が困窮した。お政は食べ物に事欠き体調を崩し、やがて実家に身を寄せた。

遠山家では離縁を申し入れたが、栃内家は「できた嫁だ」と言って放したがらず、承諾しなかった。離縁には夫側の同意が必要なので、どうにもならなかった。それから三年後の天保六年、やっと離縁が成立した。翌年、お政は縁あって白井類の後妻に入ることになり、幸せをつかむことになった。

【女の結婚年齢と名前】 武家の女の結婚は、江戸時代初期は十三歳以上であれば許されるといわれた。戦死する前に子を産んで跡を継がせるという戦国時代の風潮があり、結婚は早めであった。その後、泰平の世が続くようになると次第に遅くなった。八戸藩士遠山家の女家族の結婚年齢を見ると、長女が十四歳、次女が十三歳、三女が十五歳、四女が十六歳で、孫娘は十七歳だったから江戸初期の基準に合っている。娘時代には誰もが名前で呼ばれていた。ところが結婚の時は、対外的には「〜の娘」であり、結婚後は「〜の内方《うちかた》」「〜の妻」「〜の嫁」と呼ばれた。子を産むと「〜のお袋」「〜の母上」であり、老いると「ばば殿」となって名前が消えた。

第2節　武家の生活

夫婦で行楽に出掛ける

乳幼児の死亡率四割

武家の女は、嫁に行くときは、親をはじめ周囲から「生きて帰るな。夫の家を死に場所とせよ」といい聞かせられたという。従って、盆暮れの実家へのあいさつや親戚の慶弔以外はめったに外出することはなかったと思われている。

妻一人で外出も

江戸時代の女性の教養書である『女大学』は、「朝は早く起き、夜は遅く寝、昼は居眠りせずして家の内の事に心を用うべし」と説いていた。女性が親戚や知人宅を訪問したり、夫婦連れだって行楽に行ったりなどというのはとうてい考えられないことになる。

ところが、八戸藩士が書いた『遠山家日記』を読むと、出産見舞いや葬式などといった儀礼的なことのほかに、親戚宅に妻が一人で外出したり、子どもたちと軽業《かるわざ》見物に行ったり、夫婦ともども海遊び、山遊びに出掛けたりしていた。言ってみれば、現代の夫婦とあまり変わりがない生活を送っていたのである。

七五三の親子連れでにぎわう櫛引八幡宮。江戸時代は乳幼児の死亡率が高く、子どもが一人前に成長するのが難しかった。そのため成長を願う七五三参りなどの通過儀礼は現代以上に大きな喜びだった＝八戸市八幡

享和三（一八〇三）年三月、遠山平馬は隣家の岡田より誘われて、妻とともに鮫浦へ海遊びに出掛けた。帰りがけに船

問屋の三四郎家に寄ってご馳走《ちそう》になり、夜中に帰宅した。(1)数日後、今度は逸見家の手廻《てまわ》り（家族）を誘って、夫婦で是川に遊びに行き、山野で酒を飲み新井田川でウグイを釣って帰った。今でいう家族ぐるみでのアウトドアのようなものである。

女だけで夜更けまで出歩くこともあった。三月の雛《ひな》祭りには雛見と称して、夕方から妻や娘たちが連れだって内丸に住む親戚の中里宅へ遊びに行った。帰宅したのは夜四ツ（午後十時）を過ぎていた。

当主も看護休暇

文化九（一八一二）年七月、八戸で風邪が流行した。九月に入ると、庄右衛門（平馬の改名）の妻が風邪にかかった。(2)薬を飲みながら床に伏せっていたが、しだいに大熱を発するようになった。懇意の医師から診てもらっても思わしくなく、豊山寺に祈祷《きとう》をお願いした。さらに神主にも頼み、お祓《はら》いをした。希少性が高い鶴の腹にある石を煎じて飲ませると内熱に効くというので、家老家に石を無心して飲ませた。最も高価な人参を四度飲ませ、生広東人参も煎じた。

庄右衛門は妻の看病のために看病暇《いとま》を藩へ提出した。(3)藩士には家族の介護をする看護休暇が認められていた。さらに参勤御用掛も辞退する届けを出した。藩の職務まで辞めるほど重病だったのである。庄右衛門は男でも病人の世話はさして面倒もないと思っていたが、一睡もしない看病が続いたので人手を頼むことにした。武家社会では、病人の介護は必ずしも女の仕事ではなく、一家の当主であっても、世話をすることが当たり前であった。

二〇日以上たってようやく妻が回復した。ところが、今度は子どもたちが次々と風邪にかかった。さらに看病を手伝ってくれた下女や小者も発病した。

梨子ノ木平に寛政２（1790）年に建立された十一面観音堂。十一面観音は疱瘡《ほうそう》の守護神だったので、病気の治療技術が十分でなかった江戸時代には、八戸藩の武家も庶民もここに参詣して疱瘡からの治癒を祈った＝八戸市石手洗

疫熱風邪が流行

寒熱を発するこの病は、風邪とはいうものの、伝染力の強い、今でいうインフルエンザ、ないしは急性の伝染病であったに違いない。江戸では、数年前から疫《えき》熱を伴う風邪が流行し人々を苦しめていた。江戸での流行は、人や物の移動を通じて全国にあっという間に広まった。遠山家では、妻や娘の瘧《おこり》（悪寒や震えを発する病気）に悩んでおり、文化七年には屋敷内に稲荷様を勧請した。医術も薬効もあまり期待できない江戸時代では、神仏へ一心に祈ることこそ、病気に勝つ最善の道と信じられていたといえる。

病気は身体の弱い女性や乳幼児を襲った。特に乳幼児に死者が多かった。遠山家では、男子二人が二歳と五歳の乳幼児期に亡くなっていた。

八戸藩では、乳幼児の死亡はどれくらいあったのだろうか。藩では、七歳未満を基準にして死穢《しえ》（忌服）の休暇数を決めており、当日穢として親、兄弟、祖父に一日の休暇を与えていた。幕府や他藩の中には休暇がないところもあり、八戸藩は良かったといえる。文政十（一八二七）年の『八戸藩日記』[4]から七歳未満の乳幼児死亡者を拾ってみると、年間死亡者数は六七人で、このうち七歳未満は二五人であった。死亡率は三七％の高率となっていた。八戸藩においては、藩政後半期には、四割近くの乳幼児が亡くなっていたことになる。

つまり、藩政後期には子どものうち約四割が成人できずに死亡するということであった。百姓などに比べて成育環境に恵まれた武家でさえ、子どもは必ずしも順調に成長できるわけではなかった。

【麻疹と疱瘡】　江戸時代には「疱瘡《ほうそう》は器量を定め、麻疹《ましん》（はしか）は命を定める」と言われた。疱瘡は治ってもあばたが残るので人の一生の顔つきを決め、麻疹は生きるか死ぬかの生命に関わる病であったことを表す。文政六（一八二三）年、八戸藩士遠山家の三歳の男子が疱瘡にかかった[5]。疱瘡の特効薬である犀角《さいかく》を飲ませ、親類からは見舞いに人形をもらった。人形は病を移す「人がた」である。居間には棚をつるして疱瘡神が嫌う赤色のご飯と酒を供え、入り口にはしめ縄を張って治癒を祈った。一方、麻疹は全国的に流行を繰り返した。一度かかると生涯免疫がつくが、免疫のない子どもが成長するにつれて再び爆発的に流行した。

第3節　知行藩士の農業経営

百姓に小作地貸し出す

浜名谷地に新田開発

八戸藩士の遠山家は、一二五石余を知行していた上級武士である。知行地は久慈市の門前村と小久慈村、長内村、大川目村、および軽米町の上館村にあった。知行地とは藩から与えられた領地のことで、遠山家の場合、生活を支える経済基盤であり、ここから年貢を収納することによって生活が成り立っていた。

持地を買い入れ

遠山家は知行地のほかに、私有地である田畑を所持していた。この田畑は「持地《もちち》」と呼ばれた。

幕府は年貢を上納する本百姓の経営を維持するために、田畑永代売買禁止令を出し、百姓が田畑を売却することを禁止していた。しかし、現実に生活が苦しくなると、百姓は田畑を借金の「書入」（抵当）に入れ、やがてそれを手放さざるを得なくなった。こうして田畑が商人などの別の人手に渡ることになった。

遠山家が所持していた持地はこのようにして手に入れたもの

馬淵川の旧河道である第１工業港上から望む石油基地と八戸火力発電所。火力発電所のある一帯は文政７（1824）年に八戸藩士遠山家が開田した場所であり、今も遠山新田という字名が残されている＝八戸市河原木

である。持地の所有高は合計三四石余あった[1]。内訳は長苗代村の悪虫制札前に七石八斗余、谷地に二石九斗余、内舟渡後に二石五斗余などを持っていたほか、八太郎村の浜名谷地に十六石四斗余、および城下の滝河原道に三石五斗余があった。持地のほとんどは長苗代に所在しており、新田開発によって開墾した八太郎村浜名谷地を除くと持地はすべて買い入れたものだった。長苗代地方は八戸町に近いために、藩政時代後期になると、遠山家だけではなく他の武士や町人の持地が虫食い状態に広がっていた。

分作田と金目田

持地はどのように経営されていたのであろうか。遠山家は持地のうち一定の手作《てづくり》地を確保しながら、残りの土地は百姓に小作地として貸し出していた。

長苗代付近の水田に見られる稲わらの島立て風景。長苗代地方は城下に近かったため遠山家のような藩士や商人たちの私有地が広がり、小作人による稲作経営が行われていた＝八戸市長苗代

小作には分作《わけさく》、あるいは金目《かなめ》（金銭）によるものがあった。遠山家は悪虫制札前と内舟渡後などには手作田と分作田があり、他は分作田か、金目田であった。例えば、悪虫制札前の持地は、天保十一（一八四〇）年に九〇〇刈（一〇〇刈＝一反歩）の水田があったが、三五〇刈は手作田で、残りが分作田である[2]。また浜名谷地はすべて金目による小作田であり、小作料の金目は一〇〇刈につき二貫五六〇文の納入であった。

手作地である手作田は地主の直営地である。しかし、遠山家が直接家内労働をしていたのではなく、賃銭で百姓を雇って耕作させていた。田植は一人一日で七〇〇文、稲刈は五〇〇文の手間賃であった。

一方、小作のうち、金銭によって小作料を払うのが金目田であるが、分作田は現物納である。分作田は、水田を貸し与えられた小作人が、秋の収穫時に収穫量に応じて作物を地主と分け合うものである。配分比率は収穫して束状に「島立て」した稲や稗《ひえ》を地主が立ち会って確認しながら決めた。この地主の立ち会いを「奉行《ぶぎょう》」と呼んだ。天保八年の遠山家の場合は、稗は五分五分となっていた(3)ので、稲もこの位の配分であったであろう。

このような分作契約は小作人にとって有利な方式だった(4)。この方式が生まれた背景は、八戸地域がやませなどの冷害に見舞われやすい気候によって常に土地の生産力が不安定になるため、寒冷地対応の農業として生まれたものであった。

三年間は無税に

文政六（一八二三）年冬、遠山庄右衛門は八太郎村浜名谷地の新田開発を藩へ願い出た(5)。この年は藩政改革の一環として新田開発掛（係）が藩に設置されて開発が奨励されていたので、これに沿った計画であった。

翌年三月に開発許可を得て、八太郎村から三三人の耕作人を募集して開田を始めた(6)。鍬下年季《くわしたねんき》三年間の無税期間を終えた文政十年三月、藩による検地の竿入れが行われた(7)。検地高は十四石七斗余であった(8)。田畑の比率は水田が七二％、畑は二八％で、水田比率が高かった。海岸の砂丘地帯に隣接し土壌や水利条件にも恵まれない場所だったが、上出来の収穫高である。

遠山家が新田開発に取り組んだ理由は、知行地だけで生計を維持することが難しかったからである。日常の生活費は知行地経営で賄うにしても、日々の食糧は持地の収入から得たいと考えていた。そのために新田開発をして米だけは確保しようとした。開発の成功により遠山家は、凶作が続いても比較的余裕がある暮らしを送ることができた。

【遠山新田の事業】　文政七年に遠山家が行った新田開発地のことを遠山新田と言う。現在の八戸市河原木の浜名谷地にあり、東北電力八戸火力発電所の敷地周辺に当たる。新田開発は手間のかかる事業だった。従来から作付けしてきた「本田」農民は、水利不足が生じるので開田に反対した。特に八太郎は長苗代の用水堰《ぜき》の一番端だったため、事情は良くなかった。新田には蓮沼から引水することにしたが、百姓たちに本田を仕付けた後に水をもらうと約束してこれを解決した。また沼館村からは馬草を運ぶ作場道がなくなるとの訴えが出され、道を造成した。困難を抱えても遠山家には鍬下年季（開墾地の無税期間）三年の無税という特典があり、開田の大きな原動力となった。

第4節　百姓との交流

年貢確保へ連帯保つ

椀飯行事で上納を慰労

領地の経営において藩の代官や所領を持つ知行取藩士らがまず第一に心掛けたのは、いかにして年貢を安定的に確保するかであった。それは経済の基盤が百姓の耕す土地の生産力にあったからである。

八戸藩の文化十（一八一三）年の『御代官定目帳』の第一番に、「百姓の御物成《おものなり》（年貢）金は三月、六月、九月、霜月の四度に急度上納させるべし。何によらず御物成金・役金上納申さずうちは、脇方への貸し借りは一切認めない」(1)と宣言していた。

年貢を収納させることは、百姓を支配するに当たって他に優先して行う最も大事な業務であった。しかし、厳しい取り立てをするだけでは年貢の確保は難しかった。普段からの百姓との精神的なつながりや交流があってこそ、安定して得られた。

分限に応じ礼銭

百姓と交流を図る当時の催し物として、『遠野古事記』（宝暦十一年稿成立）には、椀飯《おうばん》行事が記されている。この『遠野古事記』は、根城南部氏が遠野へ移住する前の八戸在住時代の聞き書きを記したものである。

雪谷川のほとりにある軽米町駒木の風景。藩政時代の駒木村には遠山家の知行地があり、当時の駒木村絵図には山際に百姓の家、川沿いに田畑、さらに川には魚を捕獲する留めや水車が描かれている＝軽米町上館

これには、次のように記されている。(2)

「南部直栄様が八戸におられた時分、知行取武士の屋敷に百姓が、毎年、年始と端午（五月五日）に招待され、振舞が行われた。これを椀飯と呼んだ。

その様子は、百姓は分限に応じて礼銭を持参し、節句のお祝を申し上げた。座敷に一同そろうと、膳が出された。飯を食べ終えると、その飯椀で酒を飲み合った。酒宴の最中には、ざっくら節・田植え歌などの歌や舞いが出た。宴が盛り上がったころ、地頭が乾杯をして、『ありがたし、ありがたし』と千秋楽を歌ってお開きとなった。

この振舞の根元は、春より冬まで一日も手足を休む間もなく、辛労して田地の年貢諸役を毎年上納する百姓たちに、恩を報ずる謝礼の古風なり」

記述によると、知行取の武士が百姓たちと毎年椀飯と呼ばれる振る舞いを行って、年貢を上納する百姓に謝礼の恩を報じていたというのである。遠野移住後も椀飯行事が行われていたが、しだいに催す家はなくなったと伝えている。

幕末まで続く

椀飯とは「大盤《おおばん》振る舞い」の語源になった言葉で、『遠野古事記』が述べるように、百姓に対する慰労の催しものであった。それは一年の収穫を祝う庭仕舞とは性格が異なっていた。

遠野では、この椀飯行事がしだいに廃れたが、八戸藩では、開催日が異なるものの、知行取の藩士の各家では、幕末まで椀飯の振る舞いが行われていた。開催日は大体十二月初旬が多く、この時に百

八戸えんぶりで摺《す》りを披露する「八太郎えんぶり組」。藩政時代の正月15日の小正月には、城下にある遠山家宅に毎年、八太郎の「えぶりすり」（現在のえんぶり）がやって来るのが習わしだった。遠山家の土地を耕す八太郎百姓の豊作祈願の訪問だった＝八戸市中心街

姓の代表として名主が屋敷に招かれ、振る舞いの供応が行われた。

遠山家では、毎年十二月九日に椀飯行事を催していた。文政十二（一八二九）年十二月九日、知行地のある久慈名主と上館名主が八戸の遠山家の屋敷へお祝いにやってきた(3)。土産に酒や蕎麦《そば》粉などを持参し、祝儀銭として、久慈から名主が銭二〇〇文、百姓が一貫文、上館から名主一〇〇文、百姓二〇〇文が差し出された。招かれた客は、名主のほかに、遠山家の親類などの武士や河内屋のような遠山家の出入商人たちである。夕膳には、坪や平に料理が盛られ、夜に入ると、吸物と肴七種がさらに出されて祝宴が盛り上がった。

飢饉でも宴開く

椀飯行事の目的については、『遠山家日記』に興味深い記述がある。天保四（一八三三）年の椀飯の時である。天保飢饉《ききん》で家計は苦しくなっていたが、遠山家は「他家の侍客は招かずともよい。しかし、名主どもには酒を飲ませないわけにはいかない」として、久慈と上館名主ばかりを呼んで内輪だけの椀飯を開いた(4)。飢饉でも、知行地の百姓だけは呼んで宴を催していることは、この椀飯行事の目的が百姓に対する謝恩のもてなしであったことを伝えている。

椀飯が終了した翌日、遠山家では名主に年貢を納入したことを証明する「年貢皆済目録」を手渡して知行地へ持たせた。年貢収納という点からみると、椀飯は年貢皆済の祝いの行事であり、酒肴を供して酒宴を催すことによって百姓たちが活力を得て、新しい年への励みにしてもらうものであった。百姓と精神的な連帯を保つことは、農民の生産意欲の向上を促し、年貢不納を防ぐ上で大いに役立つことになった。


【『遠野古事記』に見る武士の農作業】 江戸時代の藩の成立とともに、武士は在郷から城下に集められ、農業は一切禁止された。それは兵農分離による身分制維持のためだった。八戸藩でも、元禄三（一六九〇）年に在郷にて「作をしていては「侍之風俗」を取り失うとして、手づくりを禁止した(5)。ところが、根城の武士たちは寛永四（一六二七）年に遠野へ移る前には日常的に農作業をしていた。『遠野古事記』に「八戸では、大身小身の侍にかかわらず住居の近辺に手作地があった。非番の日には田畑へ出かけて自ら鋤鍬を取り、下僕とともに農業に従事した。農事に励むは武士の所作であった」(6)とある。幕藩体制が確立する以前は、「中世の遺風」が八戸でも残っていた。

第5節　農民の暮らし

名子を抱えた大家族制

知行主が結婚・離婚に介入

江戸時代の農民の家族数は宗門改帳、ないしは宗門人別帳によって知ることができる。宗門改帳は、当初はキリスト教禁圧を目的に農民がどこの寺の檀家《だんか》になっているかを調べるものだったが、次第に農民の戸籍調査の性格を有するようになった。

二世代が基本に

藩政中期のものである元文四（一七三九）年の知行主奈須川五右衛門の宗門改帳によれば、知行地の種市村では、百姓数は一三五人、家数は本百姓二六軒、名子《なご》七軒で、合計三三軒あった。[1] 一軒当たりの家族数は、最大が十人、最少は二人。名子も含めた平均の人員は四・一人だった。藩政末期における弘化四（一八四七）年の太田蔵の種市村における宗門改帳でも、ほぼ同じ傾向が読み取れる。[2] そうすれば、一軒当たりの家族数は四人から五人程度が藩政中期以降の標準的な家族数だったことになる。

さらに一世帯内に同居していた夫婦数を見ると、元文四年では、一世帯一夫婦の比率が二三軒で七〇％を占めてお

大野権谷に残るかやぶき屋根の居宅。藩政時代の農民の居宅はかやぶきだった。家の造りは、南部地方は曲屋《まがりや》が多いとの印象が持たれているが、八戸藩領では曲屋が少なく写真のような直屋《すごや》が一般的だった。一つ屋根に農民の家族のほか牛、馬も同居する形で飼われていた＝洋野町大野

り、二夫婦が八軒で二四％、三夫婦以上が二軒で六％となっていた。それが、弘化四年になると、一夫婦のみの比率が四七％と下がるが、二夫婦を含めた合計では八〇％を数える。一世帯においては、一夫婦と二夫婦の家族比率が圧倒的に高かった。

従って、藩政中期の家族構成は親と子の直系二世代世帯を基本にしながら、これに戸主の兄弟などの傍系家族も同居する形となっていた。ほぼ現代の家族形態に近いものがこのころに出来上がっていたことを示す。

南部地方に特有

宗門改帳には名子の書き上げが見られる。名子とは主家に仕える隷属的な農民のことである。結婚はできたが家屋敷を持たず、「下人《げにん》」として家事などを行ったほか、主家の土地を借りて耕作し、暮らしを立てていた。広い耕作地を所有する豪農たちは、大豆などの焼き畑農業や山林原野の伐採業務などには多くの労力を必要としたため、土地を手放した生活困窮者を名子として抱えた。名子は「雇《やとい》」と称されて労役に従事した。名子を抱えた家族制は、南部地方特有の大家族制として後年、研究対象となる。

文政十二（一八二九）年の大野村晴山吉三郎家では六四軒の名子がいた[3]。それが三〇年たった文久二（一八六二）年には、農民層の窮乏により九一軒に激増することになった[4]。村の家数に名子の家数を加えると、村々にはかなりの名子家族が住んでいたことになる。

名子は「下人」、「召使」、「家来」などとも言われたが、「かまど」として分家することがあった。分家の際には、主家から財産分与を受けた。

「山形バッタリー村」にある水力脱穀装置のバッタリー。農民は村内を流れる水流を利用してバッタリーや水車を動かし、小屋の中で臼をついて精米や製粉作業に汗をかいた＝久慈市山形町荷軽部

文久二年に軽米村淵沢家から別家となった「家来」に辰がいる。辰は「数年勤功により」独立することになった（万《よろず》日記）[5]。別家に当たり家屋敷、畑地のほか、馬一頭と農具や食糧、生活用品が分け与えられた。農具は鋤《すき》や鍬《くわ》、鐇《ちょうな》、山刀など。食糧は稗《ひえ》や玄米、蕎麦《そば》、味噌、塩など。生活用品は鍋や茶釜、飯櫃《ひつ》、膳椀などから包丁、すり鉢、菜板、柄杓《ひしゃく》の果てまでこまごまと数が多かった。食器には久慈で焼かれた久慈焼の膾《なます》皿や片口、丼などがあったほか、来客用の膳椀十人分もあった。

最低限一人でも生活でき得る所帯道具は与えられたが、農具の数は鋤、鍬だけでは耕作するのに心もとなかった。

「別の婿貰え」

百姓の結婚について知行地では、結婚の自由は知行主から強い規制を受けた。知行主は、結婚により本百姓が他所へ出て行くのは年貢納入者がいなくなることであるから、労働力流出になるとこれを極力嫌った。従って、結婚に当たり許可、不許可の権限を持っていた。

遠山家の例では、寛政九（一七九七）年、上館村の右衛門次郎家の娘婿である作兵衛が、妻と一緒に他所にいる親元へ戻りたいとして、遠山家へ除籍を願い出た。作兵衛は右衛門次郎家の一人娘のところに婿養子に入っていたのである。遠山は、「一人娘の婿養子と次女などの養子とはわけが違う。夫婦とも除籍はできない。戸主の右衛門次郎は作兵衛を離縁して別の婿養子を貰え」[6]と命じている。知行主は労働力維持のためには、百姓の結婚・離婚といった家族関係にまで直接介入していたのである。

【宗門改帳による年齢構成】 八戸藩の村における年齢構成の特徴を知る手掛かりとして、宗門改帳がある。宗門改帳は名主が毎年夏、管轄する百姓の名前や年齢、男女数を書き上げて藩に提出した。藩政中期の元文四（一七三九）年の奈須川家の知行地があった種市村の例を見よう[7]。百姓数は一三五人。農業に従事する年齢層を十五歳から六四歳までとすると、男子は五九人、女子は五三人。合計で百姓数全体の八三％に当たる。六五歳以上の老齢者は、男子が三人、女子が八人で、同様に八％となる。十四歳以下の年少者は、男子は八人、女子は四人（同九％）。男女とも村の生産年齢層が厚く、農業労働がしっかりしている半面、年少者が少なく、女子の老齢者の多さが目立つ。

第10章　村人と婦女子

第1節　読書をする村人

「本を売る男」の得意先
軽米の豪農、蔵書多数

文久三（一八六三）年十二月十一日、軽米上館郷（軽米町）の街道で見知らぬ男が死んでいた。(1) 早速、久慈代官新渡戸平馬が徒目付を検使に派遣した。

『孟子』や『庭訓』

男が倒れていた場所は上館郷梨子渡である。男は年齢二〇歳ぐらいの無宿者で、外傷がなかったので、旅の途中で不慮の死を遂げたものだとみられる。

着衣は、鼠《ねずみ》じまの浴衣に格子じまの袷《あわせ》を着ており、上に茶じまのはんてんを羽織っていた。さらに紺の腹引を巻き、黒の小倉の細物帯を締めていた。しま模様の派手さから都会風のいでたちであった。所持品は半纏襦袢《はんてんじゅばん》、茶じま半纏、紺じま袷、紺色足袋、煙草《たばこ》入れ、紺色前掛け、しま中風呂敷であった。

ところが、驚くことに、この男は衣料品のほかに書物を数多く携えていたのである。書名は『孟子』、『節用』、『大雑書』、

大野へ向かう久慈街道沿いの軽米町大道口は、昔から軽米と分岐する交通の要地だった。旧藩時代の幕末、この辺りでたくさんの書物を携えていた旅人が行き倒れになった。軽米や大野の豪農たちに本を売るために街道を歩いてきた行商人であった＝軽米町上館

『算書』、『庭訓』、『妙薬術書』、『手本』、『早字引』、『柳多留』で、各一冊ずつ九冊あった。

これらの書物は、種類や冊数から見て商売物の書籍だったに違いない。販売する目的で村々を回って歩いていた途中、冬の寒空に行き倒れになったのであろう。

名主も文書書く

題目から見る本の内容は、『孟子』が中国儒学の古典書、『節用』は節用集のことで百科事典的な国語辞書、『大雑書』は吉凶などの運勢書、『算書』は算術書、『庭訓』は庭訓往来のことで社会常識や実用知識を編んだ実学書、『妙薬術書』は医術医薬書。さらに習字や手紙などの文例書である『手本』、漢字辞書の『早字引』、『誹風柳多留《やなぎたる》』の略称である川柳集『柳多留』があった。これをジャンル分けすると、孟子などの教養学術書、節用・早字引などの字書類、算書・手本・庭訓・雑書などの読み書き実用書、妙薬術書などの医薬書、柳多留などの趣味書になる。教養学術書に始まり、読み書き・そろばん書、趣味実益の実用実学書までの広い範囲にわたっていた。

商売用の書籍だったとすれば、これらの本は一体誰が買ったのであろうか。

横死場所である上館郷梨子渡は、大野（洋野町）や軽米などに至る道筋だったため、購入していたのは大野や軽米の人々だったことになる。大野には晴山文四郎家や吉三郎家などの豪農がおり、大野村明戸には堀米重三郎家、軽米には元屋淵沢五郎助家といった名の知れた豪農たちがいた。彼らは多くの書物を有する「蔵書の家」であった。

大野明戸の大日孁《おおひるめ》神社。社殿には文政８（1825）年などに豪農堀米重三郎が奉納した句額が掲げられている。俳諧をたしなむ文化がこの地域でも生まれていた。堀米は小川が流れる自宅の庭園で句会も開いていた＝洋野町大野

淵沢家で言えば、『論語』、『孟子』などの漢籍をはじめ、『南総里見八犬伝』、『芭蕉翁文集』などの文学書、『農業全書』などの農書、『萬病回春』などの医書などの書籍を多数所蔵していた。豪農に限らず、名主や乙名《おとな》と言われる村の重立ちたちも文字を読み、文書を書いたから、彼らもこの本を売り歩く男のお得意さまであった。

自宅で句会催す

当時は既に製板（製版）印刷が確立し、出版文化が江戸から地方に波及したのに伴い、八戸にも本が普及してきた。八戸は城下町であり、侍たちが参勤交代で江戸を往復していたり、湊を通して交易が行われたりしていたから、比較的本は流入しやすかった。江戸時代末期の文久年間（一八六一～六三）になると、八戸城下の木綿商人大岡長兵衛は、京都、大阪、江戸などの取引商人と手紙をやりとりして全国の情報を集める一方、「嵩文堂」の看板を掲げて貸本屋を開業するようになっていた(2)。

特に豪農に好まれた俳諧は、大野村を例にすると、文化年間（一八〇四～一七）には確実に村に入ってきていた。文化九年の久慈市諏訪神社の献納句額に大野村の四人の俳人が見られる(3)。この時期には、大野村に限らず、村々にはひとかどの俳人が生まれていたと考えられる。

その後、明戸の堀米重三郎は、自分の邸宅に江戸や房州（安房国＝現千葉県）、花巻、宮古、五戸などから俳人を招いて句会を催したといわれる。文政八（一八二五）年と翌年には、大野村の俳人たちが大日霎《おおひるめ》神社に句額を献納するほどになった(4)。俳諧をたしなむ文化的な土壌が地方の村々に広く形成されていたことがうかがえる。

【農書『軽邑耕作鈔』】「蔵書の家」と言われた豪農の一人である軽米町の淵沢円右衛門は、農書『軽邑耕作鈔』を弘化四（一八四七）年に執筆した(5)。水稲経営中心の『農業全書』に対して、八戸藩領、特に九戸郡地域の畑作経営はいかにあるべきかを柱に書いている。「農業の意得」から始まり、麻、粟《あわ》、稗《ひえ》、大豆などの作物五五種類についてその栽培法を丹念に紹介。中でも繰り返される飢饉《ききん》に対応し、主食の稗と救荒作物として大根栽培に力を置いた。序文には「耕して食うべし、衣《き》べし、凌《しの》ぐべし御政事外に願うことなし」と記し、政治の最大の目的は農民の衣食住の安定であると断言している。盛岡、八戸両藩を通じた唯一の農書である。

第2節　藩主夫人とその子

五代信興に十人の側室

跡継ぎの多くが早世

八戸藩の歴代藩主は九人を数える。正室も九人いたことになるが、藩主の正室は大名家からもらうのが普通であった。八戸藩では、藩創立前に結婚していた初代藩主と婿養子に入った九代藩主を除くと、正室は全て大名家、またはその親族から迎えていた。

家臣ら武家の娘

藩主は家を守り、つつがなく後世に家を存続させるために跡継ぎが必要だった。ただし、正室が子に恵まれるとは限らないので、側室を持つのが習わしだった。

歴代藩主の中で側室が最も多かったのは五代信興で、十人を抱えていた。名前は高崎、幾田、歌野、きし、るん、類、田山、銀、みち、つやである。[1] 正室は大和芝村（奈良県桜井市）一万石の織田肥前守輔世の娘で、延享二（一七四五）年に十八歳で輿《こし》入れした。二人の男子を産んだが、寛延二（一七四九）年に二二歳の若さで亡くなった。翌年、盛岡南部家の連枝《れんし》（親族）、七戸外記の娘である勢那を後室に迎えた。勢那は女子を一人産んだ。

一方、十人の側室は二五人の子をもうけた。正室が二人に、後室が一人産んだので、合わせると二八人の子宝に恵

南宗寺の南部家墓地近くにある藩主の家族墓。初代藩主の母仙寿院を囲むように歴代の側室、その子どもたちの墓碑が立ち並ぶ。８代藩主の側室琴の産んだ婓らの童女もここに眠る＝八戸市長者

まれた。歴代藩主の中では断然一位である。側室の中で最もたくさん子を産んだのは、高崎で七人。次いで幾田が五人、歌野が四人、きし、るんは二人、他は一人であった。

側室の出自を見ると、江戸の商家の娘もいたが、家臣の娘や他大名の武家の娘が多かった。藩主の寵愛を一身に受けた高崎は、医者の一戸道達の娘であった。側室になるために、母の実家である藩士玉井七兵衛家へいったん養女に入り、それから側室に上がった。他の側室では、幾田は藩士伴久兵衛の娘、歌野は同じく加藤武兵衛の娘、類は盛岡家中の野田金太夫の娘であった。

縁づけに苦労も

正室や側室が多くの子を産んでも、子が成人になるまで育つのは難しかった。出産しても死産であったり、病気で幼いうちに亡くなったりすることがかなり多かった。信興の子で言えば、二八人のうち、半数に近い十二人が早世していた。

成人した信興の子では、長男亀次郎は家督を相続して六代藩主信依《のぶより》となった。亀次郎は正室が産んだ子である。本腹の子が藩主になったのは、信依当人と二代藩主直政の二人しかいなかった。

光龍寺墓地にある姫塚。９代藩主信順夫人の鶴姫はここで荼毘《だび》（火葬）に付された。婿を取った鶴姫は八戸藩主の血筋を受け継ぐ者であったので、藩主と同様の葬礼が執り行われ、墓碑も藩主と同じ五輪塔が建てられた＝八戸市長者

長男以外の男子では、四子与五郎は家臣山崎勘太夫の嫡子に入れて山崎家を相続させた。五子武吉と六子秀之助は、それぞれ逸見《へんみ》家と新宮家を新たに興して家臣に取り立てた。女子の場合は、大名や幕臣の夫人として輿入れさせたいと考えていたが、できなければ、家臣に強引にめあわせた。七女お幸は家老の中里弥次右衛門の妻とし、八女お重も家老中里清右衛門の妻に下した。子が多いと、藩主といえども縁づけるのに苦労することになるのがよく表れている。

「お部屋様」暮らし

五代信興に次いで子どもの数が多かったのは八代信真である。信真の正室は小田原藩十一万石大久保安芸守の妹で、享和二（一八〇二）年に輿入れした。正室には子がなかったが、側室四人が二〇人の子をもうけた。側室の琴は九人、作が七人、百合と菊が二人ずつ産んだ。[2] 一人で九人の子を産んだ琴は、歴代側室の中では筆頭の産み数である。作の七人を合わせると、二人で藩主の子どもの八割を産んだ。

正室は江戸に住むのが幕府の定めであった。しかし、側室は江戸にもいたし、八戸にもいた。側室の百合と菊は江戸住まいであったが、子をたくさんもうけた琴は「お部屋様」として八戸に暮らしていた。琴は藩主が在国するたびに子をもうける幸せ者であった。作は八戸で二人産み、江戸へ登ってさらに五人もうけた。

信真はせっかく跡継ぎを得たものの、不幸にして男子は全て亡くなってしまった。琴が産んだ長男信経は三六歳で死去し、次男から嫡子となった百合の子・信一も三九歳で没した。琴が産んだ七子造酒之助は、二〇歳で大砲暴発により命を落とした。

頼みの綱は菊が産んだ末女の鶴姫である。鶴姫が三歳の時に、大藩七二万石の鹿児島藩の島津家から婿養子をもらうことになった。それが後に九代藩主を継いだ信順である。信順は婿入り時には、鶴姫とは一三歳も年齢差があり、既に側室を持ち、娘をもうけていた。鶴姫は残念ながら夫信順との間には子ができず、元治元（一八六四）年十二月に二九歳の若さで世を去った。[3] 後に信順の跡を継ぐのは江戸商家の娘である側室ふきが産んだ璟之丞（後の栄信）である。

【藩主の子への乳持御用】 八代藩主信真の側室琴は、九人の子どもを次々と産んだ。側室の役割は子を産むことにあり、育てることではなかったから、母乳の出の良しあしにかかわらず乳が確保された。琴は享和二（一八〇二）年三月に長女お斐を産んだ。藩は乳不足を心配して翌三年閏一月に「乳持御用」として城下に一斉に、授乳できる女房の名前を書き上げよとの命を出した（御触帳）[4]。廿八日町では十七人を届け出た。しかし、このうち六人は既に前年以来、乳持御用に殿中に登っていた。町内から交代で授乳に登るのは、乳飲み子を抱える女房にとってはつらいことであった。事情を知る廿八日町の町役人は名前を書かず、戸〆《とじめ》（閉門）処分を受けた。

第3節　武家へ駆け込む女

夫から逃れ救済求める

遠山家が避難所の役割

江戸時代に武家や庶民の女性に読まれた本に『女大学』[1]がある。これは家庭における女の心得を教え諭したものである。

「婦人は主君なし。夫を主人と思い、敬い慎みてつかえるべし。一度嫁入りしては、その家を出でざるを女の道とするべし」

このように『女大学』は、男に仕える、つつましやかな封建社会の理想的な女性像を説いていた。

生活力がない

ところが当時の八戸城下には、この女性像にはほど遠い、たくましい女性たちがいた。嫌いな夫、生活力のない夫を捨て、家を飛び出す女房が藩政時代後期には出てきた。

町奉行を歴任した上級武士、遠山庄右衛門宅には、「わけあり女」の駆け込みが多かった。自宅が町人町に接する番丁入り口にあったからであろうか。あるいは町奉行を経験して町人たちと顔なじみであったからか、それともまじめに話を聞いてくれる誠実な人柄が見込まれたからだったのか。いずれにしても離婚したい町人の女房が助けを求めて遠山宅に駆け込んで来た。

小中野の大通り筋に建つ旧旭商会界隈《かいわい》。この辺りは旧藩時代は湊新丁と呼ばれ、新井田川を走る荷役船の発着場所としてにぎわい、飯盛女のいる女郎屋町も近くに開かれていた＝八戸市小中野８丁目

封建時代の女たちは立場が弱く、夫の同意が得られなければ自分の意思だけで離婚はできなかった。そこで、夫の手が及ばない武家に駆け込んで私的救済を求めたのである。

「売女にされる」

文政九（一八二六）年八月、十八日町市十郎の弟嫁が遠山家に駆け込んできた。[2]「嫁いだ先の夫に生活力がなく、暮らしを立てていけない」と訴えた。身元を尋ねると庄屋忠兵衛の娘であった。そこで、親の忠兵衛を呼んで訳を話したところ、忠兵衛は娘をもらい受けたいというので引き渡した。

翌文政十年七月、遠山家にはまた駆け込みがあった。馬喰町（十六日町の別名）の新八の嫁が助けてほしいと言う[3]のである。寺横町の髪結い久之助の娘であるが、新八と所帯を三年ほど持っていた。しかし、「夫は職人なのに一向に稼がない。その上、あれこれに嫉妬深い。もうこれ以上我慢ができない。何回も暇をくれと言っても承知しないので、思いあまって家を飛び出してきた」と話した。親の久之助から事情を聞いたところ、何とか離縁させてほしいと願ったので、庄屋に離縁できるように取り計らった。

文政六年の年末、女房ではなかったが、遠山家に一人の娘が駆け込んできた。[4]湊新丁に住むそよと名乗った。理由を尋ねると、「親元の打擲《ちょうちゃく》（暴力）に耐えかねて、家を飛び出した。このまま家にいれば売女にされる。ぜひ、ぜひ助けてほしい」と訴えた。

もとは廿八日町喜太郎の娘だが、九歳の時、親が欠落《かけおち》（逃亡）したため湊へもらわれたという。

八戸市中心街の夜の歓楽街・鷹匠小路。旧藩時代には武家が住む町だった。町人たちが住む六日町と接しているため、町人の女房たちが助けを求めて駆け込むことがあった。別名ロー丁と言われるのは、藩政当初に牢屋《ろうや》があったからだという＝八戸市鷹匠小路

湊新丁で「売女」といえば、飯盛女といわれる売春婦である。遠山は売女にされるという娘の言い分から、もう家には戻せない、親類を呼び寄せて、そよをもらい受けてはどうかと相談した。幸い親類の一人が引き取ってもよいことになった。

たくましく処世

武家へ女の駆け込みが目立ってくるのは、藩政時代中期の延享年間（一七四四～四七）ごろからである。藩は、寛政三（一七九一）年には、「家中や在町への駆け込みが目立って増えている。離別はかまわないが、まず庄屋・名主と相談して解決せよ。もし駆け込み女が出てきたら庄屋・名主へ引渡しせよ」と命じている（丁内御触帳）(5)。しかしながら、駆け込みは一向に減らなかった。家を単位とした封建的社会秩序、つまり家長たる夫が許可しないと離婚できないという法制がある限り、女たちは救済を外の権威に求めざるを得なかった。

文化から文政年間（一八〇四～二九）ごろになると藩は、一転して駆け込みを認めるようになった。救済に当たらなかった武士には、場合によっては処罰に及んだ。武家は緊急避難的な場所であるアジール（避難所）としての役割が期待されたのである(6)。

しかし、このような役割は本来は藩の仕事だったはずである。これが機能しなかったことに幕藩体制下の藩機構の限界があった。だが、女房たちは社会の不公正にめげなかった。夫への忍従をはねのけ、嫌になった家を飛び出して武家に駆け込み、離婚を求めた。封建社会をしたたかに生きようとする、たくましい女性の処世術でもあった。

【三くだり半の離縁状】　江戸時代の庶民の妻に対する離縁状を「三くだり半」という。これは三行半に夫が一方的に離縁する旨を書き連ね、妻は泣く泣く実家に戻るという、女性の地位の低さを物語るものである。だが、理由は書いていなかったので再婚には支障がない利点もあった。八戸の三くだり半はどうだったか。離縁状の多くは見つかっていないが、必ずしも三行半ではなかった。もちろん離婚理由の記載がないのは同じである。宝暦元（一七五一）年、城下の町人与五兵衛が妻のおりんに渡した離縁状には「この度夫婦の中を離別いたす。私には何の出入り（争い事）もないので、返したからにはどこに縁づいても一切構うことはない」と書いてあった（永歳覚日記）(7)。

第4節　藩領を旅する人

天明飢饉の惨状を見聞

久慈琥珀に魅せられる

八戸藩領を歩いた旅人は、藩領の様子をどのように書き留めているのだろうか。ここでは旅人の旅行記の中から、当時の町や村の様子、人々の暮らしぶりなどを見てみよう。

夜具もない窮乏

藩領を南北に縦断した人に高山彦九郎がいる。現在の群馬県太田市出身の思想家で旅行家でもあり、書き残した旅日記を『北行日1』という。高山は寛政二（一七九〇）年六月に江戸を出発して以来、奥州を回って青森から野辺地を経て南部地方に入った。当時は天明三（一七八三）年の大飢饉《ききん》からわずか七年しかたっておらず、日記には飢饉の惨状が生々しく記述されている。

九月十三日、五戸をたち八戸に向かう。七崎坂を経て大橋を渡り、八戸に到着した。八戸町の様子を次のように記してある。(2)

「町屋千軒、今は七百軒ばかり。この所南部内蔵頭殿二万石の城下なり。城は町の北にあり、平城なり。城下を南へ出でて長者山、松茂る。上古長者が住みし所と伝う」

八戸市の長苗代から望む大橋は、北から八戸の町へ入る玄関口である。旧藩時代、馬淵川を渡る唯一の橋だった大橋の架橋は江戸時代初頭にさかのぼる。万治３（1660）年の渡部益庵の『八戸紀行』に「西の方に虹の一筋見えけるは大橋の長橋なり」と優美な情景が書き記されている＝八戸市長苗代

長者山を通って久慈を目指しながら新井田村に出た。宿を得ようとしたが断られ、さらに十日市村でも拒まれた。久慈街道を歩きながら牛追いたちと語りつつ田代村に着き、ここでようやく庄屋宅に泊まることができた。どうも怪しまれて宿泊できなかったらしい。田代村では飢饉の惨状を見聞した。

「田代村は元は家が百二十軒あったが、今は三十二軒に減った。飢年には、餓死者が道路にあふれ、八戸への馬の往来が止まった。八戸藩では六万人が餓死し、のたれ死にした者の骨が今も道ばたにあると言う」と記す。宿には夜具がなく、「畳を着て寝る」とある。畳と言っても薄縁のようなゴザを掛けて寝たと言うことであろうか。五戸や久慈でも畳を着て寝ているので、夜具さえも旅人に用意できないほど、飢饉後の村々は窮乏していたようだ。

翌十四日、大野村を経て二ツ屋村に宿泊。ここで宿の主人から「親は子が死せば食わんことを思い、子も親の肉を食わんとす」などという人肉を食したとの語りを聞かされる。十五日、朝げに「蕎麦《そば》を広麺のように切った小豆《あずき》ばっとう」を食する。久慈に向かい、久慈八日町の目明かし宅に泊まる。神明宮の宵宮に参詣して庭火を焚く。

野田の景色堪能

この日から十九日まで久慈に滞在し、久慈周辺を見物する。滞在中、風光明媚《めいび》で平安時代の能因法師に詠まれた野田の玉川を見物し、十府ケ浦から西行屋敷に登って景色を堪能。野田の海岸では海人が潜って採った鮑《あわび》を焼いて食べた。

小久慈日吉町にある高山彦九郎の記念碑。江戸時代に八戸藩領の久慈を訪れた高山彦九郎は、琥珀《こはく》の輝きに魅了されて「山深く分け入りてこそ光ある…」と採掘の様子を歌に詠んだ＝久慈市小久慈町

久慈では琥珀《こはく》に大変な関心を示し、これが長逗留《とうりゅう》するきっかけとなった。「小久慈と言える山あり。これより琥珀出る。金を掘るが如く山を横に掘り入る。金づるの如く琥珀のつるありて伝え掘ると言う」と記し、琥珀掘り

の見学で山に登るほど魅せられた。久慈には五日間滞在したので土地の人と親しく交流した。宿の主人や同宿者と酒を酌み交わし、主人からは「すい」の魚をごちそうになった。琥珀山見物には新酒と鮭を持参して採掘仲間と酒を飲み合った。南部言葉に興味を持ち、「おれと言うことを『わあ』と言い、『おでやれ』『おいきやれ』など言えるなり」と記す。

その後、高山は久慈から大野村に戻り、長興寺村に出て、ここから山越えして八戸藩領を去っていった。

南部の食味わう

この『北行日記』を読むと、天明飢饉後の八戸藩領はまだ疲弊から十分には立ち直っていなかった。夜寝るに布団とてなく「畳」や「草を編みたる物」を着て寝た。さらに「人家は至って卑し。上がり口に便所あり。炉に寄るにわらじのままを常とする」とある。村人の住まいは便所が入り口近くにあり、土間が広がっていた。

人家はみすぼらしくても、久慈の町では魚売りも来て海の幸を味わうことができた。村では稗飯《ひえめし》を食うのが当たり前であるが、「小豆ばっとう」や「しとぎ」、そばのような「麦麺」など南部の食のもてなしも受けた。町では神社の祭礼が開かれており、自ら参詣に出掛けた。高山も率先して土地の人と酒を酌み交わして交流を楽しんだ。別れにあたっては地元民から琥珀を餞別《せんべつ》にもらうほどに友情も深めていた。

これを読むと、八戸藩領の町や村は決して閉鎖的な社会ではなく、よそ者も快く受け入れる人情豊かな土地柄だったことになる。新しい開かれた時代の到来が旅日記から読み取ることができる。八戸藩領は二万石で北辺の地だが、旅行者から見ても領域は広く、人々、食、産物も味わいがあったのである。

【司馬遼太郎の『街道をゆく』】 八戸から久慈街道を歩いた現代作家に司馬遼太郎がいる。司馬は久慈街道を通して江戸時代の八戸藩領や国のかたちを洞察する。「久慈街道という、沿道に飢餓の口碑が無数にある古街道をゆくにあたって、コメに執着し、稲作を中心に文化意識をつくりあげた、日本人のこの不思議をついおもわざるをえなかった」[3]と述べる。北に位置する八戸藩は稲作よりも畑作農業が適していたが、米中心の幕藩経済の中では稲作を進めざるを得ず、それが冷害の頻発で北奥の人々を飢餓に苦しめた。司馬は、八戸藩が水田よりも牧畜や畑作を盛んにする政治決断をしていたら、日本全体の文化意識を大きく変革させせただろうと、多様な国の在り方を提言する。

南部の歴史

東京散歩

名所・旧跡「いま」を見る

第1節　六本木①・八戸藩上屋敷跡

往時の区画そのままに
跡地埋め尽くす複合施設

地下鉄日比谷線の神谷町駅で下車して、西へ行くと、ラフォーレミュージアム六本木（港区六本木一の九）がある。ここが八戸《はちのへ》藩上屋敷跡である。

このビルは六本木ファーストビル・六本木ビュータワー・ファーストプラザ・アークフォレストテラスなどといったオフィスとマンションとの複合施設であり、これらが屋敷跡いっぱいにでんと建つ。江戸時代の町名は麻布《あざぶ》市兵衛《いちべえ》町《ちょう》といった。

江戸における本拠地

八戸藩上屋敷がここに建てられたのは、元禄二（一六八九）年のことである。二代藩主南部直政《なおまさ》が将軍綱吉の側用《そばよう》人《にん》を辞任して江戸城西の丸下から移ってきた。以来、約一八〇年間、明治維新を迎えるまで江戸における八戸藩の本拠地となった。

上屋敷とは藩主や奥方が暮らす本邸であり、ここには江戸の政務を執り仕切る諸役人たちが暮らしていた。上屋敷の規模は、天保十二（一八四一）年には、坪数四千五〇八坪であった。八戸市桜木町グラウンドが約三千坪であるから、これよりもひと一回り広かった。東京大学本郷キャンパスがある加賀藩八万余坪の屋敷地とは比べようもないが、

八戸藩上屋敷跡に建つ現代のビル群＝港区六本木

二万石の八戸藩ではまずまずの敷地であったろう。

和宮が明治維新後居住

跡地に立ってみると、八戸藩ゆかりのものは何も残っていない。しかし、ビル敷地の南側の我善坊《がぜんぼう》坂を歩くと、八戸藩邸の区割りが昔のまま残っていることに気がつく。明治維新後、藩邸は廃止されるが、そのまま宮内庁が買い取り、明治七（一八七四）年には皇女和宮が住む静寛院宮邸になった。その後、林野庁の所有に移されて同庁の職員宿舎となり、昭和六十一（一九八六）年に至って民間に売却された。

従って、藩邸敷地が他に分割されることもなく、往時の区画がそのまま残って現代に引き継がれた。跡地の地形は、旧市兵衛町に面した場所は平坦《たん》であるが、敷地中央からは徐々に傾斜して低くなり、やがて我善坊と呼ばれる崖谷に臨む。平坦地には藩主の御殿などの建物や庭園があり、低地には藩士の長屋や馬小屋などがあった。

藩邸の発掘調査は昭和六十三年秋から行われた。発掘現場からは、建物の柱跡、礎石、屋根瓦、茶碗《わん》や皿・瓶などの生活用品、魚骨・貝殻などの食物遺物などが出土した。

蒔絵《まきえ》の椀や漆塗りの下駄などの贅沢品や藩の家紋である向鶴や割菱がついた鬼板・軒丸瓦も見つかっている。面白いものでは、穴蔵と呼ばれた地下室が十数カ所発見された。穴蔵は、火事が多い江戸では、火災が起きた際の緊急の保管庫として利用されものである。

八戸藩上屋敷跡から出土した向鶴紋の屋根瓦＝港区六本木

界隈に大使館や美術館

上屋敷跡界隈《かいわい》にはスペイン大使館やスウェーデン大使館があり、私立美術館の泉屋博古館《せんおくはくこかん》分館（六本木一丁目）や大倉集古館（虎ノ門二丁目）も所在する。

前者は住友グループ所蔵の近代絵画などを展示し、後者は明治大正期の政商大倉喜八郎が始めた日本最初の私立美術館で、国宝「古今和歌集序」などを収蔵。近くにはホテルオークラがあり、アメリカ大使館がその先にある。

【八戸藩邸表門】 明治維新後、八戸藩の上屋敷の建物は、表役所や大奥の諸室、長局、離れ座敷などが取り壊されたが、中奥や客殿などの諸室や正門表長屋は旧のままに残されていた。邸内には能舞台もあったが、不用となり売却された。一時、三条実美も居住したが、明治七（一八七四）年宮内庁が全屋敷を買い入れた。明治四十二年掲載の「柏崎記」（奥南新報連載）は、旧藩邸の正門表長屋や中奥は御用邸として使われている、と記している。

第2節　六本木②・八戸藩中屋敷跡

隠居した藩主らが居住

上屋敷と一体的に使用

八戸藩中屋敷跡は前回紹介した上屋敷跡の向かいにある。地下鉄南北線六本木一丁目駅からは南西の方向にあり、駅からすぐである。近年新設された、サウジアラビア大使館隣のアーク八木ヒルズ（港区六本木一の八）が八戸藩中屋敷跡である。ちょうど上屋敷跡にあるラフォーレミュージアム六本木の筋向かいにあたる。

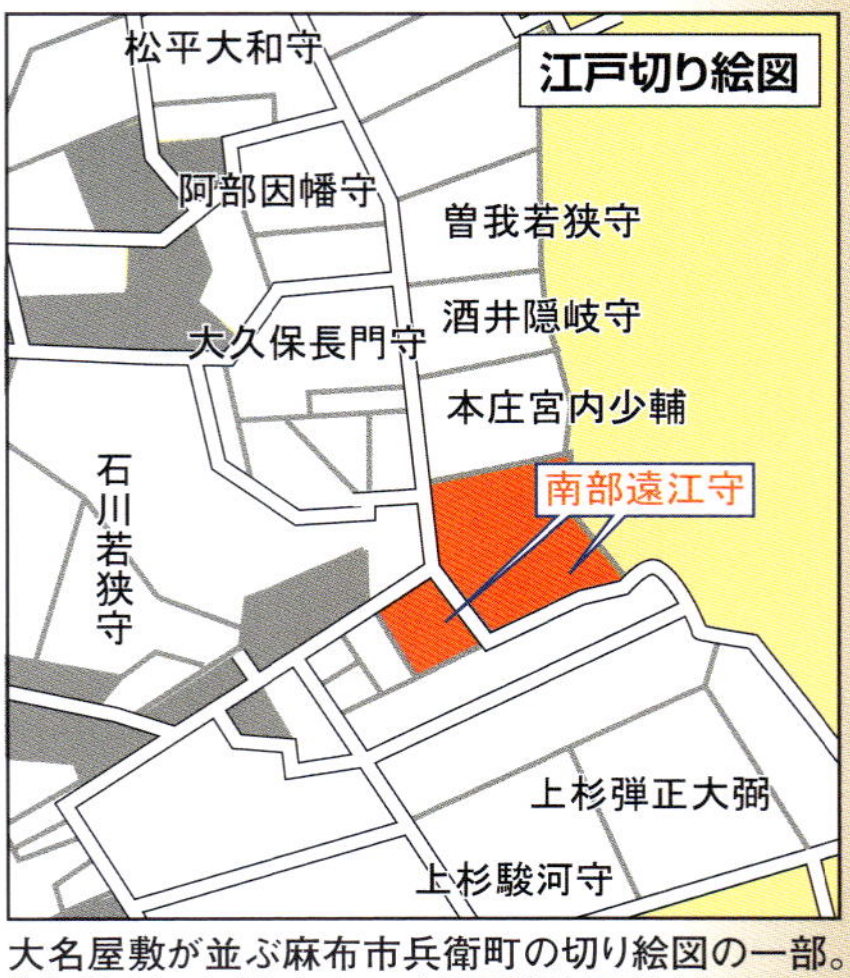

大名屋敷が並ぶ麻布市兵衛町の切り絵図の一部。「南部遠江守」とあるのが八戸藩上屋敷（右）と中屋敷（左）

ビル右手に記念碑

上屋敷が藩主の住む本邸であれば、中屋敷は隠居した藩主や嗣子などの家族が居住したセカンドハウスである。八戸藩は元禄二（一六八九）年に上屋敷を拝領した後、麻布新町に下屋敷を拝領したが、中屋敷は天保五（一八三四）年になってようやく拝領することになった。上屋敷に遅れること一五〇年を数える。屋敷地は千坪と少なめであるが、上屋敷と向かい合わせなので、一体的に使用できる利便性があった。現在のビルが建造される前は、大名屋敷を思わせるような瓦葺きの御殿が建っていた。玄関には式台のある車寄せがあり、右側には白塗りの土蔵づくりの建物、左側奥には立派な祠《ほこら》が所在した。この御殿の由来については、ビル右手に記念碑が建っている。

日本国憲法審議の地

八戸藩中屋敷跡に建つビル、アーク八木ヒルズ＝港区六本木

記念碑冒頭には「この地は昭和二十一（一九四六）年二月連合国軍総司令部と日本国政府との間で日本国憲法草案について審議された跡地である」と記されている。終戦直後、この御殿が外務大臣公邸となり、連合国軍総司令部ホイットニー准将が外務大臣吉田茂にマッカーサー草案を提示した場所であった。

日本国憲法は国民主権、基本的人権の尊重、平和主義を基本原理として成立するが、日本国憲法のもととなった草案審議がまず、この地から始まった。八戸藩邸跡は戦後民主主義における一大モニュメントである。

アーク八木ヒルズの向かいの坂を下ると、文豪永井荷風居住の偏奇館《へんきかん》（六本木一丁目）跡がある。偏奇館とは大正九（一九二〇）年に荷風が建てた木造の洋館で、ここで『墨東綺譚』などの名作を生み出した。ノーベル賞の湯川秀樹もこの町に生まれた。

南部坂と海舟邸跡

六本木一丁目駅の北西に南部坂があり、ここを上ると、氷川《ひかわ》神社（赤坂六丁目）がある。氷川神社境内は、盛岡《もりおか》藩下屋敷跡であり、これにちなんで南部坂と名付けられた。

南部坂を有名にしたのは忠臣蔵である。この下屋敷跡は、元禄年間（一六八八〜一七〇三）は備後三次の浅野家屋敷であり、浅野内匠頭夫人の実家であった。大石内蔵助は討ち入り前にここに身を寄せる夫人を訪ねて来るが、今生の別れを告げずに立ち去った。これが「南部坂雪の別れ」として世間の涙を誘った。

南部坂の北に勝海舟邸跡の記念碑（赤坂六丁目）が立つ。勝は西郷隆盛と交渉して江戸城総攻撃を止めさせ、戦火から江戸の町を救った功労者であった。明治政府に登用された明治五（一八七二）年から七七歳で死去するまでここに住んだ。篤姫の天璋院や和宮の静寛院も、時に訪れて歓談したという。

氷川神社の西、檜町公園近くには作家志賀直哉の居住跡（六本木四丁目）がある。東京ミッドタウンも近くにあり、サントリー美術館や国立新美術館などのアート施設にも恵まれている。

アーク八木ヒルズの敷地に建つ「日本国憲法草案審議の地」記念碑＝港区六本木

【江戸屋敷】 江戸の大名屋敷は上屋敷、中屋敷、下屋敷があった。他に蔵屋敷や抱《かかえ》屋敷も持つことがある。上屋敷は藩主が住む本邸であり、中屋敷は隠居した藩主や嗣子などの家族が住み、下屋敷は郊外に置かれて休息用の別荘などになった。蔵屋敷は米や物資の貯蔵に使われ、不足の場合に抱屋敷として農民から田畑を買い取った。八戸藩の江戸屋敷は上・中・下屋敷のほか、深川富岡町などに蔵屋敷二ヵ所、白金・今里に抱屋敷があった。

第3節　南麻布・八戸藩下屋敷跡

上屋敷に続いて焼失
明治維新後、豚の飼育も

地下鉄日比谷線広尾駅で下車して有栖川《ありすがわ》宮記念公園沿いの南部坂を上る。統計数理研究所を右折する道路の向かい側一体が八戸藩下屋敷跡（港区南麻布三の五）である。

現在はマンションや住宅が建ち並び、上屋敷の市兵衛町界隈《かいわい》と比べると往時の面影はない。江戸時代の町名は麻布新町《しんちょう》である。

下屋敷拝領

江戸の大名屋敷は明暦三（一六五七）年の大火を契機に、防火対策のために江戸城近くから遠方に移されるようになった。上屋敷の焼失に備えてその避難先として中屋敷、下屋敷が各大名に与えられた。

八戸藩は藩成立当初から上屋敷しか持っていなかったので、居屋敷焼失の恐れがあるとして、寛延元（一七四八）年に下屋敷拝領を幕府に願い出た。五〇年近くたった寛政四（一七九二）年に至ってようやく麻布新町に下屋敷を手に入れた。坪数が二千三九四坪だったから、上屋敷に比べてほぼ半分の広さであった。下屋敷の向かいに盛岡藩下屋敷（現在の有栖川宮記念公園）があるところをみると、盛岡藩の引きがあったのであろう。

下屋敷の火事

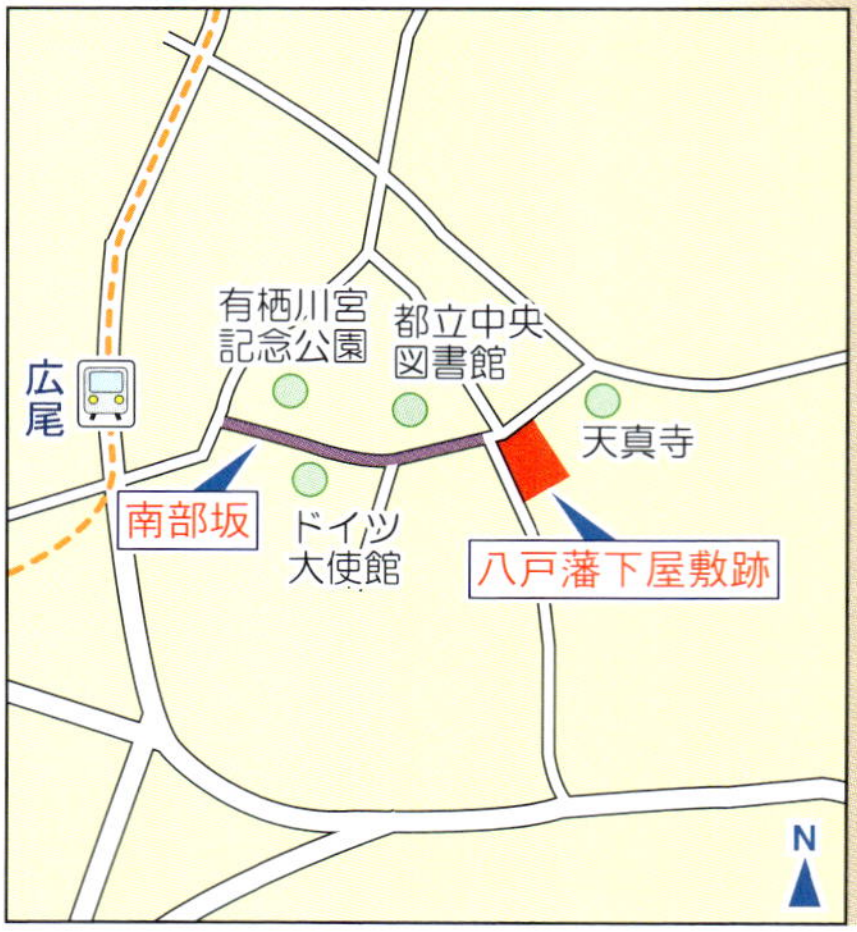

下屋敷は火災時の避難所の役目を持っていたが、八戸藩上屋敷は文化八（一八一一）年に焼失した。そのため藩主や「奥様」、「お子様」たちは下屋敷に居住することになった。ところが、今度は文化十一年に下屋敷が全焼。まだ上屋敷の普請は十分できていなかったが、藩主家族は上屋敷に戻らざるを得なかった。江戸藩邸で火事が起きると、八戸の領民は困窮した。屋敷普請の手伝い金と称して多額の御用金が課されるからである。

ところで、明治維新後、下屋敷で豚を飼育したことがあった。肉食料理が普及したための殖産であったのか、自家消費であったのか、詳細は分からない。幕末の薩摩藩島津家では滋養のために豚肉を食べており、そのため豚を江戸藩邸で飼育していたといわれる。度々幕府などに豚肉を献上したので、将軍となる一橋慶喜は食べたくなると催促したという。九代藩主信順は島津家から養子に来たので、この関係もあったのであろうか。

八戸藩下屋敷跡から有栖川宮記念公園沿いに地下鉄広尾駅へと続く南部坂＝港区南麻布

渋谷や白金に抱屋敷

上屋敷や下屋敷は幕府からの拝領であったが、抱屋敷《かかえ》は大名が独自で郊外の村々から土地を買い入れた。

八戸藩の抱屋敷は、文政二（一八一九）年までは下渋谷・下豊沢村入会地にあり、天保十四（一八四三）年からは白金・今里村入会地にも持っていた。屋敷の広さは、下渋谷は五千五四六坪、白金は三千九四九坪である。下渋谷の抱屋敷跡は現在の山手線恵比寿駅から東にある法雲寺付近（渋谷区広尾一の一）と思われる。

白金の抱屋敷跡は地下鉄三田線・南北線の白金台駅の南西、白金小学校向かいにある仏所護念会周辺（港区白銀台二の一）と推定される。近くにある宴会場八芳園は薩摩藩の下屋敷跡であったから、薩摩藩との縁によって抱屋敷を手に入れたものであろう。

所伝でも、島津斉彬《なりあきら》の贈与と語っており、自然に恵まれていたので鴨取りの猟場が置かれていた。抱屋敷跡へは浅草線高輪台駅で降りてもよく、赤穂浪士の討ち入りで有名な泉岳寺もほど近い。

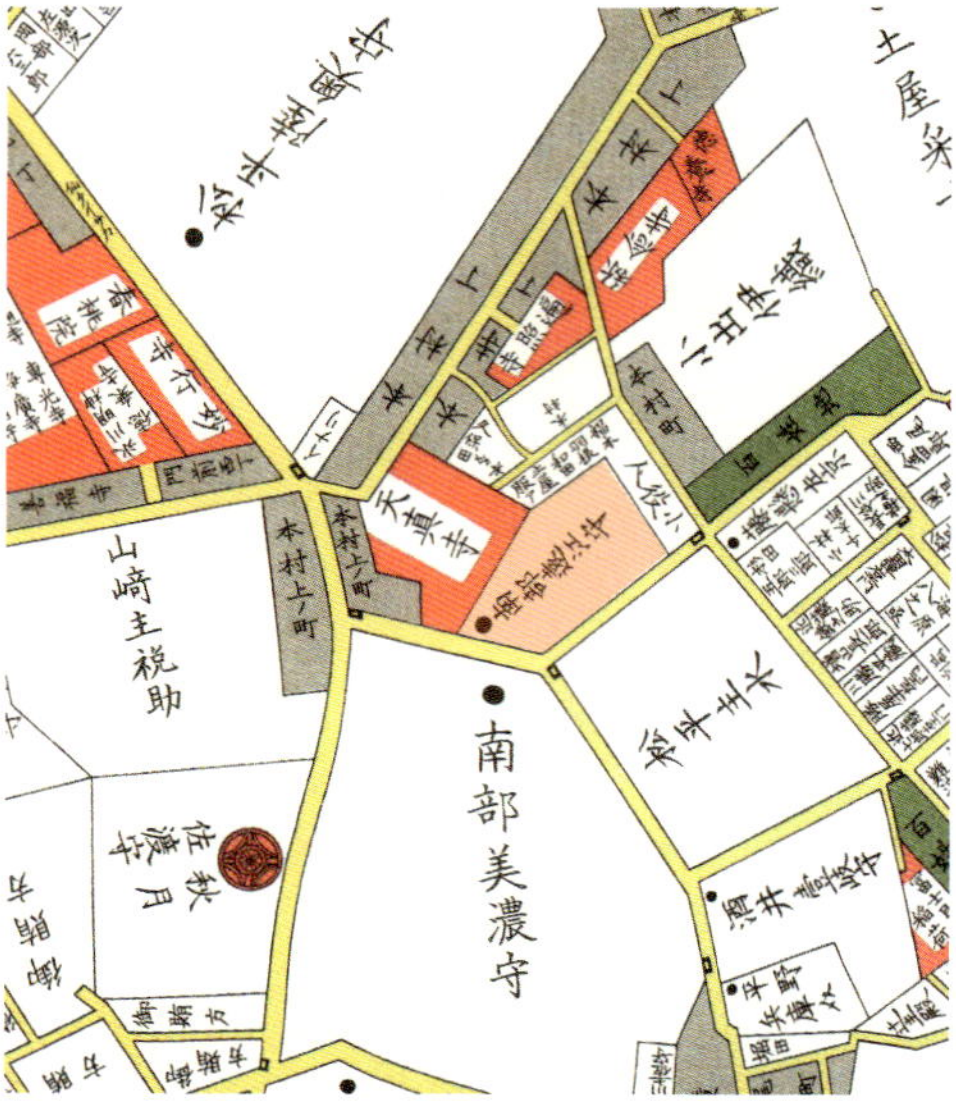

「江戸切絵図」に見える南部遠江守八戸藩下屋敷、南部美濃守は盛岡藩下屋敷（現・有栖川宮記念公園）＝『嘉永・慶應　江戸切絵図』（1995年、人文社）

【江戸切り絵図】 携帯用に折り畳んで使われた江戸地図。いわば現代のポケット判区分地図であり、江戸案内の観光マップである。寺社地や町人地ごとに色分けされており、大名屋敷には家紋がつけられ、有名な神社仏閣には建物の形状までが記載されている。勤番武士たちは、江戸の道案内に重宝し、重くもないので江戸土産として国元に持ち帰った。出版元により尾張屋版、近江屋版などがある。尾張屋の嘉永（一八四八）版は二六図でワンセットであった。

第4節　芝公園①　金地院　八戸藩菩提寺

江戸で死去の藩主ら埋葬

〝黒衣の宰相〟崇伝が開山

地下鉄日比谷線の神谷町駅を下車して南に下ると、東京タワーがある。この入り口向かいが八戸藩菩提《ぼだい》寺の金地院《こんちいん》（港区芝公園三の五の四）である。京都南禅寺の塔頭《たっちゅう》で、南禅寺の江戸宿舎たる宿寺であった。山号は勝林山で、臨済宗。開山は徳川家康に仕え、武家諸法度などの幕府法の基礎をつくり、黒衣の宰相といわれた金地院崇伝である。六角形の本堂を通って、墓域に入ると、入り口右側に八戸藩の墓石が整然と並ぶ。ここには江戸で亡くなった藩主と藩主夫人、および生母や側室、子どもたちが葬られた。歴代藩主は江戸で亡くなっても、国元の南宗寺《なんしゅうじ》にも墓碑が建てられたので、江戸で死去した藩主は江戸と八戸の両方に墓があることになる。

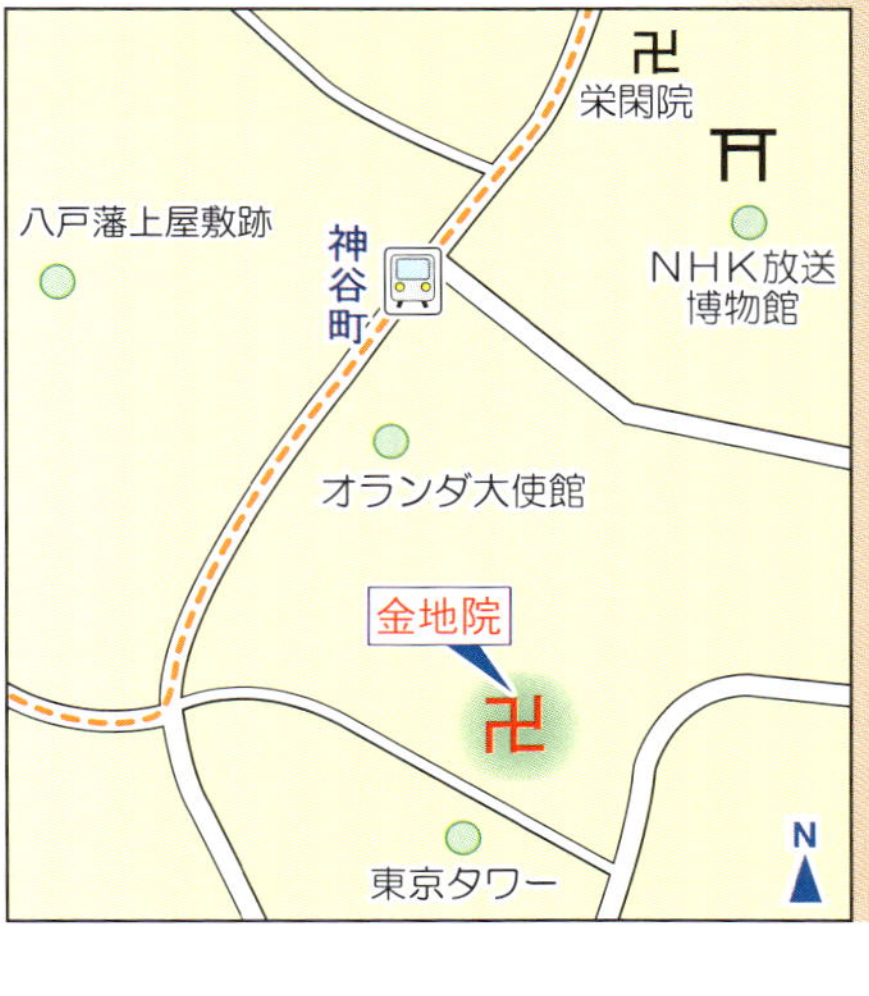

八戸藩墓所

金地院にある藩主の墓碑は、二代直政、四代広信《ひろのぶ》、六代信依《のぶより》、七代信房《のぶふさ》、八代信真《のぶまさ》のものがあり、いずれも五輪塔となっている。二代直政は初代直房の突然の死去により、八歳で江戸に召し出されて家督を継ぎ、そのまま江戸に居住した。五代将軍綱吉の側用人を務め、三九歳で没した。七代信房は五梅庵畔李《はんり》と号し、隠居後は江戸住まいをして俳諧の奥義を深め七一歳で没した。

金地院境内の八戸藩墓所。藩主と家族の五輪塔が並ぶ＝港区芝公園

古い墓では、延宝八（一六八〇）年に亡くなった初代藩主直房《なおふさ》の次男直常のものがあり、正室では、正徳三（一七一三）年死去した直房夫人の霊松院墓碑がある。他には宇都宮で死んだ八代藩主の世嗣信一の墓碑もある。

信一は父信真に代わって江戸参勤した折、突然宇都宮で亡くなった。天保八（一八三七）年十一月のことである。しかし、表向きは道中を続けたことにし、江戸で死去したことにされた。

藩では、江戸に到着するやいなや、幕閣に働きかけて世継ぎの手だてをして公表したのである。これはお家断絶を防ぐ処置であったが、これによって八戸藩は大藩薩摩藩島津家から養子を迎えるきっかけとなった。

盛岡藩墓所

金地院は盛岡藩の菩提寺でもあった。八戸藩の墓所の向かいには盛岡藩の墓所がある。八戸藩の墓域よりも広く一段高い。ここには盛岡藩主の墓碑はなく、正室と側室の墓が並んでいる。藩主は江戸で亡くなっても、盛岡だけに墓を造営したらしい。

また近くには盛岡藩内分の七戸藩の墓所もあり、当主や夫人などの墓碑が建つ。他に弘前藩主を襲撃した福岡（二戸市）出身の相馬大作の墓や伊予西条三万石一柳家の墓、江戸前期の儒学者堀杏庵の墓もある。堀は藤原惺窩門下の四天王の一人といわれ、「寛永諸家系図伝」を編集した。

愛宕山周辺

神谷町駅の北東に小高い愛宕山《あたごやま》が見える。山上は大正十四（一九二五）年に日本最初の放送局が開設されたところで、NHK放送博物館（愛宕二丁目）が所在する。愛宕神社もあり、境内には桜田烈士遺跡碑が建つ。万延元（一八六〇）年に井伊大老を襲撃する水戸浪士たちがここに集結し気勢を発した。愛宕下には、貞享四（一六八七）年の一時期、八戸藩の上屋敷が置かれていたことがあった。『解体新書』を著した杉田玄白の墓がある栄閑院（虎ノ門三丁目）も近くである。

盛岡南部の領主が安置した閻魔《えんま》王の石像＝港区芝公園

【南部家と金地院のつながり】 八戸藩と金地院とのつながりは、初代藩主直房の崇敬する父南部利直《としなお》が金地院崇伝と「牌壇契約」を結んだことによるという（「附録伝記」）。『江戸名所図絵』には「閻魔《えんま》王の石像は、宝永年間（一七〇四～一〇）のころ、南部の領主、霊示によって麻布の別荘に遷され、再び威霊よってまたここに安ずる」と記す。江戸時代当初から南部氏と金地院は密接な関係があったようである。この閻魔王の石像は境内の御堂に納められている。

徳川将軍家の菩提寺

安国殿に皇女和宮像安置

地下鉄三田線芝公園駅で下車すると、増上寺《ぞうじょうじ》（港区芝公園四の七の三五）はすぐ目の前である。ＪＲ浜松町駅からも近い。増上寺は浄土宗大本山で、上野の寛永寺と並び、徳川将軍家の菩提《ぼだい》寺である。

江戸時代は広大な敷地と諸堂を有していたが、第二次大戦の戦災でほとんど焼失した。それでも伽藍《がらん》の中門にあたる三解脱《げだつ》門（三門）や、台徳院（秀忠）霊廟《れいびょう》惣門、有章院（家継）霊廟二天門などに、往時の面影を偲《しの》ぶことができる。

大殿の右にある安国殿は家康の念持仏であったという黒本尊や皇女和宮《かずのみや》像を安置する。安国殿の後ろには徳川家の墓所がある。二代秀忠をはじめ、六代家宣、七代家継、九代家重、十二代家慶、十四代家茂《いえもち》の六代将軍と、和宮をはじめとする御台所《みだいどころ》や家族が葬られている。これらは当初からの墓所ではなく、昭和三十三（一九五八）年に改葬されたものである。

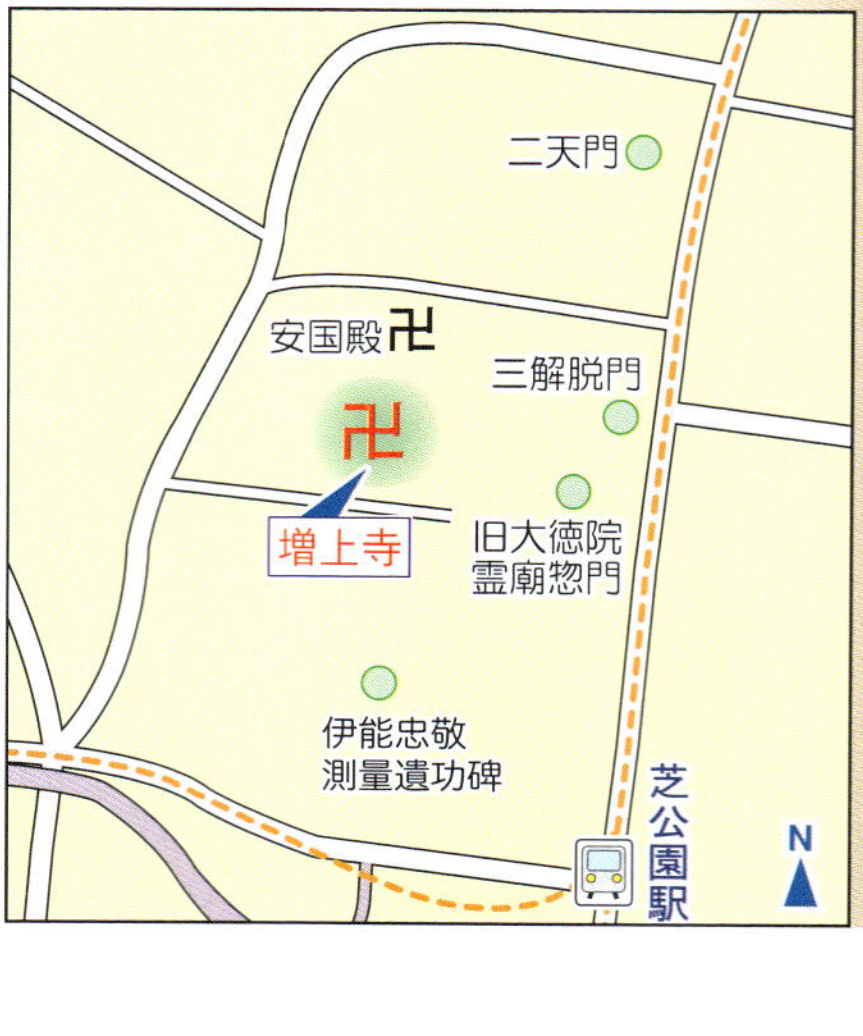

八戸藩ゆかりの御台所

将軍と御台所の墓所で、八戸藩にかかわる人に広大院と皇女和宮の静寛院宮《せいかんいんのみや》がいる。広大院は十一代将軍家斉《いえなり》の御台所で、薩摩藩島津重豪《しげひで》の娘茂姫であった。九代八戸藩主信順《のぶゆき》の姉に当たる。家斉は将軍職を譲った後も、大御所と

八戸藩ゆかりの御台所も葬られている徳川将軍家菩提寺の増上寺＝港区芝公園

して実権を握ったため、広大院は隠然とした力を持っていた。

天保九（一八三八）年、八戸藩は信順を薩摩藩から婿養子に迎え、信順が藩主に襲封すると、城主格に昇格し、従《じゅ》四位下《しいのげ》（四品《しほん》と称す）に昇進、やがて侍従《じじゅう》に上りつめた。二万石の八戸藩が次から次へと昇進したのは、ひとえに広大院と薩摩藩の力によるものであった。

一方、落飾して静寛院宮と改めた和宮は、明治七（一八七四）年に麻布市兵衛町の八戸藩上屋敷跡に入居し、明治十年に死去するまでここに住んだ。

御殿や表門は旧藩邸のものをそのまま使い、和歌などを詠みながら、ゆったりとした余生を送った。旧藩邸は高台にあったので、夫家茂の眠る増上寺は眼下に見ることができた。

広大院と和宮の遺骨

改葬事業で発掘された広大院の遺骨は、頭はやや小さめで、均整のとれた体形を持っていた。目が大きく見開き、鼻が高かった。顔面は眉間《みけん》から鼻梁《びりょう》にかけて緩やかなカーブを描き、絶世の美人といってよかった。広大院は、初めお篤と名乗っていた。家定の御台所に篤姫と名づけたり、信順の婿入り前の名前を篤之丞と言ったのも、これにあやかったものである。篤姫の将軍輿入れや藩主信順の度重なる昇進は、広大院の存在を抜きにしては考えられなかった。

和宮は顔は小さく、細長かった。おでこがかなり出て、強い反《そ》っ歯。大腿《だいたい》骨が極端に内側にねじれ、内またで歩くように教育された典型的な宮廷女性であった。発掘中、遺骨の両腕からしっかりと抱かれた一枚のガラス板が見つかった。発見当時は、烏帽子《えぼし》をつけた男子の姿が写っていたが、翌日、再確認したところ、写真の膜面が消えていたという。将軍家茂とは公武合体を象徴する政略結婚であったが、深い絆《きずな》で結ばれていたことが知られる。

境内の歴史遺産

増上寺の旧境内は芝公園となり、見るべき歴史的遺物や記念碑などが多い。江戸はおろか西国まで鳴り響いたという鐘楼堂の大鐘、伊能忠敬の測量事業をたたえた測量遺功の碑、日本開国百年記念のペリー提督像などがある。

増上寺安国殿に安置された皇女和宮像＝港区芝公園

【江戸時代の日本人の容姿】 骨相学では、江戸時代の庶民は、顔は幅広く、短い顔に扁平《へんぺい》な鼻と反《そ》っ歯を持っていたとする。しかし、増上寺出土の将軍の顔は、後期将軍ほど顔の幅が狭く、かつ長い顔を持ち、鼻筋は高く隆起しており、現代人に近いような貴族的特徴があった。生まれて以来、柔らかい食事ばかり取っていたため、歯の摩耗が極端に少なかった。そのため咀嚼《そしゃく》器官が弱体化し、顔の幅が狭まり、逆に顔が細く伸びたといわれる。

第6節　麻布の寺院

福岡藩黒田家の墓残る

八戸藩の歌会支えた僧も

八戸藩下屋敷跡があった南麻布三丁目の南部坂を少し上ったところに天真寺《てんしんじ》（港区南麻布三の一の一五）がある。江戸後期の代表的茶人である松江藩主松平不昧に関する遺品が多いことで知られている。最寄り駅は地下鉄日比谷線広尾駅である。

ここは祥雲寺とともに福岡藩黒田家の菩提《ぼだい》寺である。二代藩主黒田忠之の継室などの墓碑が並ぶ。忠之は関ケ原の戦いで功をあげ、福岡藩五二万石に封じられた黒田長政の長男である。長政は跡継ぎを資質から考えて忠之ではなく、次男にしようとしたが、家老栗山大膳の反対により断念した。ところが、藩主に就いた忠之は案の定、暴政に走った。これを見かねた大膳はこのままでは取り潰《つぶ》しにあいかねないと考え、幕府に忠之に謀反ありと訴えた。いわゆる黒田騒動である。

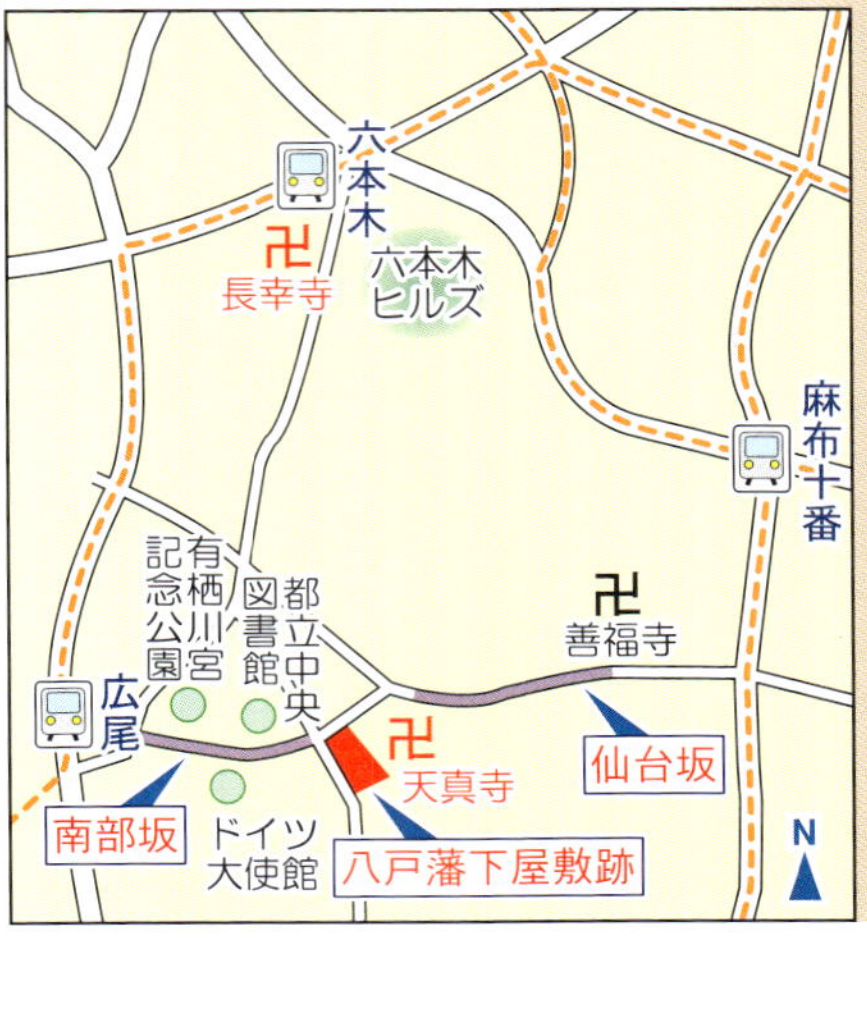

南部への流罪

幕府は忠之の不行跡を罰したが、大膳の忠義には感銘した。そこで大膳を盛岡藩預けとするものの、藩の所領は安《あん》堵《ど》することにした。預人となった大膳は盛岡藩から厚く遇される一方、文人でもあったので盛岡藩の文化興隆に力を尽くした。承応元（一六五二）年、盛岡の地で死去。八戸藩士に宗権左衛門がいるが、宗はこの大膳の家臣（寄子《よりこ》）で、

福岡藩黒田家などの大名の墓石が並ぶ天真寺墓所＝港区南麻布

八戸藩が誕生して間もなく八戸藩に召し抱えられた。

福岡藩主は八戸藩主とも縁があり、十一代黒田斉溥《なりひろ》（のち長溥《ながひろ》）は薩摩藩主島津重豪の息子で、九代八戸藩主信順の兄であった。斉溥は父と同様、オランダなどの西洋に精通し、蘭癖大名といわれた。

ところで、預人とは流刑の一つで、江戸から離れた東北大名が引き受けることが多かった。八戸藩では、蚊を殺して咎《とが》められた将軍綱吉の小姓伊東淡路守や江戸で騒動を起こした剣術家弓場弾右衛門などを預かっている。

長幸寺と江戸歌壇

八戸藩下屋敷跡の北西、六本木ヒルズの西向かいに長幸寺《ちょうこうじ》（西麻布三の二の一二）がたたずむ。宝暦年間（一七五一〜六三）の住職に亨弁《こうべん》がいた。亨弁は習古庵と号し、公家の伝統和歌を伝える堂上派の指導的歌人。江戸の歌壇は諸藩の江戸屋敷で歌会を開き、藩主や江戸藩邸在住の家臣、幕臣、僧侶などが集まって、和歌や詩文を詠み合った。そこで歌作りを指導したり、歌学を伝授したのが亨弁であった。

八戸藩の文芸興隆は、二代藩主直政に始まる。直政は漢詩文に長じ、遠陽刺史・松洞南浩然と号して江戸上屋敷において詩歌会を催した。江戸藩邸には文林館と称する学問所を設け、「南部家伝旧話集」を編纂《さん》したほか、元禄三（一六九〇）年には漢詩文集「新編文林全集」を刊行した。

これが素地となり、宝暦年間ごろには亨弁が指導する堂上派の歌会活動が八戸藩邸で行われるようになった。歌会には四代藩主広信の側室慈照院（家臣窪田半右衛門娘）も加わっている。江戸藩邸には歌会の記録である「新歌類聚」や亨弁の歌集「招嘲集」が納められ、これが現在、八戸市立図書館の南部家旧蔵本として伝えられている。江戸武家の歌壇研究の必読書といってよい。

麻布界隈の寺

麻布十番の高台に所在する寺に善福寺《ぜんぷくじ》（元麻布一丁目）がある。善福寺は最初のアメリカ公使館が開設されたところで、境内には公使ハリスの肖像を刻した記念碑や福沢諭吉の墓碑がある。

八戸藩抱屋敷跡の法雲寺の向かいにある東北寺（広尾二丁目）は米沢藩上杉家の菩提寺である。

江戸歌壇の指導者亨弁が住職をしていた長幸寺＝港区西麻布。後方に見える六本木ヒルズは、八戸藩二代藩主直政の妻志久（盛岡藩主行信娘）の母の実家にあたる長門国府中藩毛利家の屋敷跡

【南部家旧蔵本】 南部家旧蔵本は八戸南部家が所蔵していた書籍や文書群で、八戸市立図書館が所蔵する。江戸麻布市兵衛町の上屋敷に収蔵されていたもので、歌書や俳書、読本《よみほん》、馬書は質量ともに優れている。中でも、亨弁らの歌書は江戸武士階層の堂上派の活躍を伝えるものであり、文学史上この研究の出発点となった資料である。江戸藩邸における文芸活動はもちろん、参勤交代によって八戸へもたらされた文化環流の解明が期待される。

第7節　深川①・八戸藩蔵屋敷跡

八戸の産物収める拠点

荷揚げ支えた深川の水路

地下鉄東西線・大江戸線の門前仲町《なかちょう》駅で下車して深川不動堂の後方、高速九号深川線の北側に八戸藩蔵屋敷跡がある。日通商事深川工場辺りと考えられる（江東区深川二の二付近）。江戸時代の町名は富《とみ》岡町《おかちょう》である。

文政二（一八一九）年から野村軍記による八戸藩の藩政改革が始まるが、その翌年、八戸の国産物を江戸で販売するための貯蔵施設として蔵屋敷が開設された。初めは町人名義で一三七坪所有し、ついで隣接地の深川元椀蔵屋敷跡などを購入して、天保十一（一八四〇）年には一千一四一坪の広さになった。八戸藩を代表する産物は、畑作物の大豆、海産物の干鰯《ほしか》・〆粕《しめかす》・魚油、および鉄であったが、これらが江戸に廻船で運ばれて蔵屋敷に貯蔵されたのである。

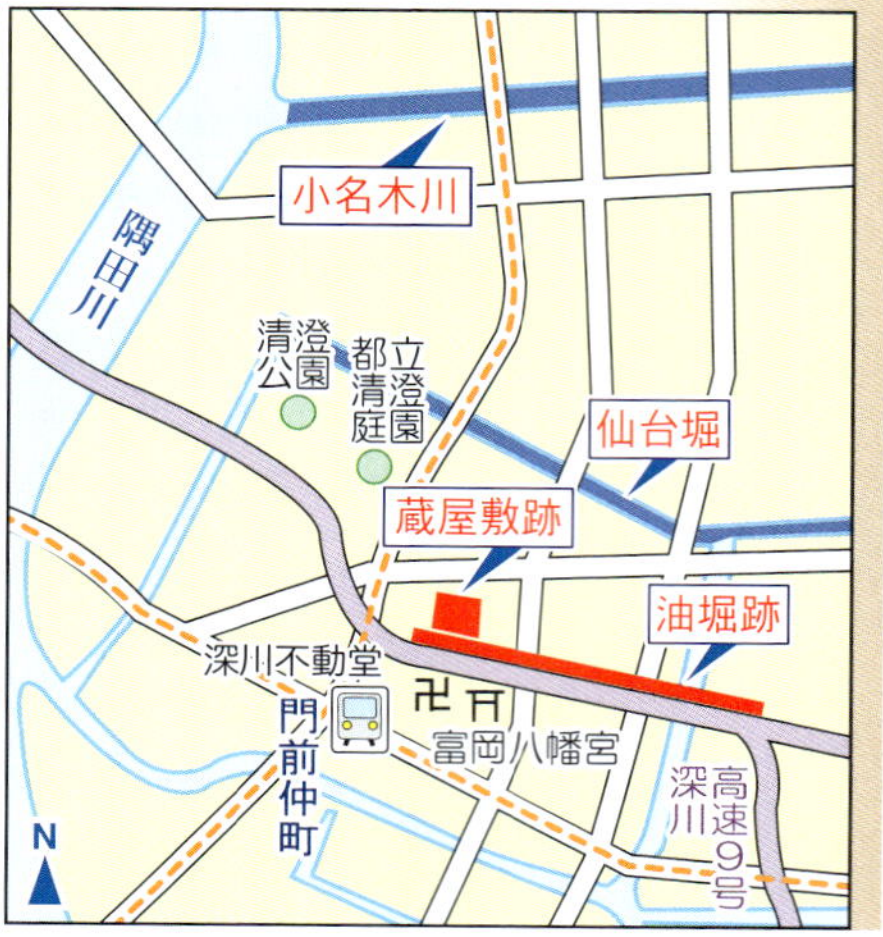

深川と荷物の水揚げ

深川は、隅田川の河口にあたる場所で、江戸時代前期に埋め立てにより町地が造成された際、多くの運河が開削されて水運が開けた。地域的にも、隅田川を挟んで商業中心地の日本橋界隈《かいわい》と隣接し、廻船が入港する江戸湾に面していた。そのため、諸藩の蔵屋敷が数多く立ち並び、全国的な商品流通の拠点としての役割を果たした。現在も、江戸

高速道路の高架線用地となった油堀跡に面した場所にあった八戸藩蔵屋敷跡＝江東区深川

時代に掘られた運河である小名木川《おなぎがわ》をはじめ、仙台堀川、大横川などの水路が縦横に走っている。

八戸藩蔵屋敷跡の前には、油堀と呼ばれた水路があった。現在は、埋め立てられて高速道路の高架線用地となっているが、蔵屋敷に面した堀沿いには河岸《かし》があり、ここで八戸の産物の荷揚げが行われた。

八戸藩の産物は国元から廻船で江戸湾に直接入る航路のほか、銚子へ入港する河川航路もあった。銚子に入港した場合は、高瀬舟に積み替えられて利根川をさかのぼり、関宿からは江戸川に乗り入れ、行徳へ下った。行徳からは艀《はしけ》に荷物が積み替えられて小名木川を経由して隅田川に入り、さらに蔵屋敷のある油堀に向かったのである。藩の記録には、油堀は諸荷物を水揚げする「喉《のど》もと」であるとその重要性が説かれている。

小名木川と仙台堀川

小名木川は深川のほぼ中央を東西にまっすぐ流れ、隅田川に入る川である。この川は江戸に入城した徳川家康が行徳の塩を運ぶために掘った川であるという。

またこの南には、小名木川と平行して流れる仙台堀川がある。仙台藩の蔵屋敷前を流れる水路であったので仙台堀と名づけられた。穀倉地帯を有する仙台藩は大量に江戸へ仙台米を移出し、江戸の米相場を左右したといわれる。その蔵屋敷が仙台堀の墨田川口にあり、盛岡藩の蔵屋敷も近くにあった。深川の運河が全国諸藩の物資輸送の生命線となっていたのである。

明治以後に岩崎弥太郎が造園整備した清澄庭園＝江東区清澄

仙台藩の蔵屋敷跡は明治に入り、工部省のセメント工場となった。これを記念して本邦セメント工業発祥の碑が建っている。また仙台堀沿いには豪商紀伊国屋文左衛門の別荘跡と伝えられる清澄《きよすみ》庭園（清澄三丁目）がある。

中川船番所跡

小名木川と中川の交差する場所に中川船番所がおかれていた。江戸に入る船の積み荷や人を改める関所である。鉄炮や武器弾薬、さらには女性の通行が厳しく取り締まわれていた。

現在、番所跡近くに江東区中川船番所資料館（大島九丁目）が開設されている。

【高瀬舟】 利根川を航行する底の浅い、川船である。米五～六〇〇俵を積み、船子四人で操船した。大きいものでは長さ二六メートル、幅五メートルほどあり、川船の中では最大であった。帆を張って航行し、寝泊まりできる船室も持っていた。銚子に入港した八戸藩の産物を、高瀬舟に積み替えていたのは御穀宿信田清左衛門であり、利根川中流の関宿には、干鰯や〆粕を関東周辺に手広く販売していた問屋喜多村藤蔵がいた。

第8節　深川②・深川干鰯場跡

商品経済支えた競り場

有力商人との取引盛んに

深川干鰯場跡の碑

地下鉄半蔵門線・大江戸線の清澄白河駅で下車して東にある旧白河小学校前に干鰯《ほしか》場跡の碑がある（江東区白河一の五の一五）。もともと九十九里浜などの銚子方面から送られてきた干鰯を荷揚げし、競り売りする場所であったので、銚子場と呼ばれていた。

八戸藩でも江戸に輸送された干鰯・〆粕《しめかす》はここで競りにかけられ売却された。干鰯場は、ほかにも和倉町には江川場があり、小松町には元場（小松場）、永代町には永代場があった。

干鰯場跡の碑には、次のようにある。

「干鰯はいわしを乾燥したもので、江戸時代から重要な肥料であった。寛永の頃、関西地方の漁民が銚子付近の海岸で干鰯をつくり、江戸へ輸送するようになった。江戸の干鰯取引は元禄十三（一七〇〇）年から小名木川に沿った白河小学校付近に干鰯の荷揚げ場が置かれ、これを干鰯場といった。またここを銚子場ともいった。干鰯場はこのほかに永代に永代場、深川二丁目に江川場があった。」

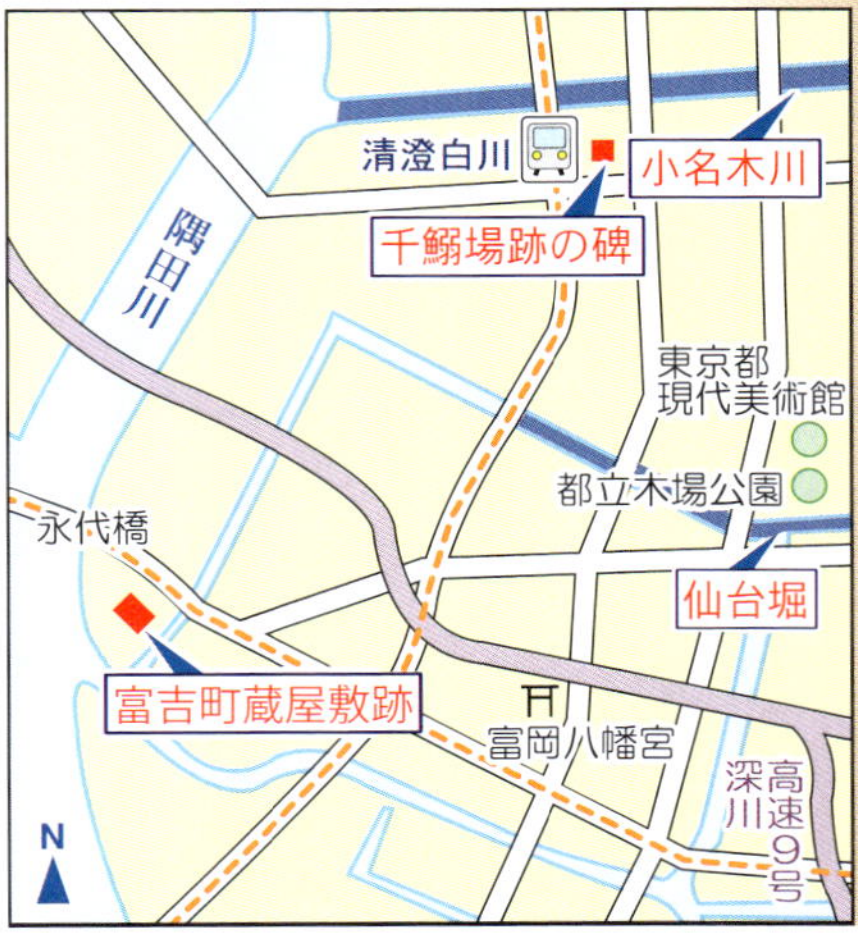

八戸産干鰯の売却

干鰯の荷揚げ場が置かれていた銚子場の干鰯場跡の碑＝江東区白河

八戸藩の干鰯・〆粕は、永代場を除く銚子場、元場、江川場で売却された。天保十二（一八四一）年八月に品川沖に入港した勇勢丸は〆粕一千三五〇俵、魚油二〇〇挺、大豆六〇〇俵、鉄一六七箇、碇二頭を積んで来た。

積み荷の大豆は深川蔵屋敷で入札されたが、〆粕と魚油はそれぞれの干鰯場の市で相場を見はからって競り売りされた。廻船が入港すると、早いと翌日、遅くとも四～五日には売り払われた。特に〆粕は干鰯よりも肥料の効き目がよかったので、需要が高かった。関東一円はもとより、尾張や大阪方面にも売りさばかれていた。

取引商人は、江戸でも有名な干鰯問屋である湯浅屋与右衛門、栖原《すはら》屋久次郎であり、元場では秋田富之助の取引が多かった。

木場跡

芥川賞を受賞した八戸市出身の作家三浦哲郎の小説『忍ぶ川』の舞台は木場《きば》である。富岡八幡宮の東にある木場公園（木場四丁目）はその跡である。ここは元禄末年以降に材木置き場である木場が置かれ、材木商が集団で住んでいた場所である。

明暦三（一六五七）年の大火後、火災を起こしやすい材木を扱う商人を新開地の深川へ移転させた。当初は、八戸藩蔵屋敷に近い福住町（元木場と称す）にあったが、後に現在の木場公園周辺に移転し、水中の貯木施設をもつ木場町がつくられた。

町家が密集する江戸はとかく火事が多かった。「火事とけんかは江戸の華」といわれるように、火災後の材木の販売で巨万の富を得る者も生まれた。代表的な材木問屋に紀伊国屋文左衛門がいたし、栖原屋角兵衛は蝦夷地へも進出した。

材木の貯木と製材を行った江戸時代の木場跡の東京都立木場公園＝江東区木場

栖原屋の手代飛騨屋久兵衛は元禄年間（一六八八～一七〇三）に下北の大畑に拠点を置き、南部檜《ひば》を伐り出して江戸に送っていたので、下北半島の材木は江戸の災害復興にひと役買っていた。

深川富吉町の蔵屋敷

永代橋の南、江戸湾に近い深川富吉町にも八戸藩は蔵屋敷を持っていた（永代一の一二付近）。坪数が五四四坪であったが、明治三（一八七〇）年に川筋の隣接地一一四坪を物揚場として拡張した。別名を潮入り屋敷といい、潮入の池があり、夏季の別荘に使用したようである。

【干鰯・〆粕・魚油】 海に恵まれた八戸は鰯《いわし》の漁獲が盛んだった。生鰯を浜で半乾燥させたものを干鰯、鰯を釜で煮て絞り取った残りを〆粕、落ちた油は魚油であった。干鰯と〆粕は金肥といわれた購入肥料で、主に商品栽培が盛んな江戸や大阪で水田や木綿畑などに買い求められた。〆粕は干鰯よりも施肥効果が高かったので、利潤率も高く、干鰯の二倍以上の価格で取引されていた。魚油は都市生活者の行灯《あんどん》の灯油として使われた。

干鰯通じた交流伝える
お抱え相撲で八戸藩ＰＲ

地下鉄東西線・大江戸線の門前仲町駅で下車して東に行くと、深川不動堂と並んで富岡《とみおか》八幡宮（江東区富岡一の二〇の三）がある。江戸時代初期の寛永四（一六二七）年にはすでに社殿が建てられており、早くから参詣者でにぎわった。

ここの祭礼は赤坂日枝神社の山王祭、神田明神の神田祭と並んで、江戸三大祭に数えられる盛大な祭である。全国一といわれる大神輿《みこし》が担ぎ出され、勇ましい掛け声とともに沿道から清めの水がかけられて盛り上がりをみせる。境内には社祠や碑石、旧跡類が数多い。

境内の和倉稲荷

本殿の右手奥の境内に和倉町から移された和倉（永昌五社）稲荷社がある。江戸時代には、和倉町に江川場と呼ばれる干鰯《ほしか》場があり、ここの干鰯商人たちがこの稲荷社を祀っていた。

和倉町は油堀沿いにあり、町名の由来は幕府賄方のお椀《わん》を収納する椀蔵があったからである。その椀蔵跡を譲り受けたのが八戸藩で、ここに蔵屋敷を開設したのである。蔵屋敷に近かったので、和倉町の江川場では、八戸藩から輸送された干鰯類が大量に売却された。

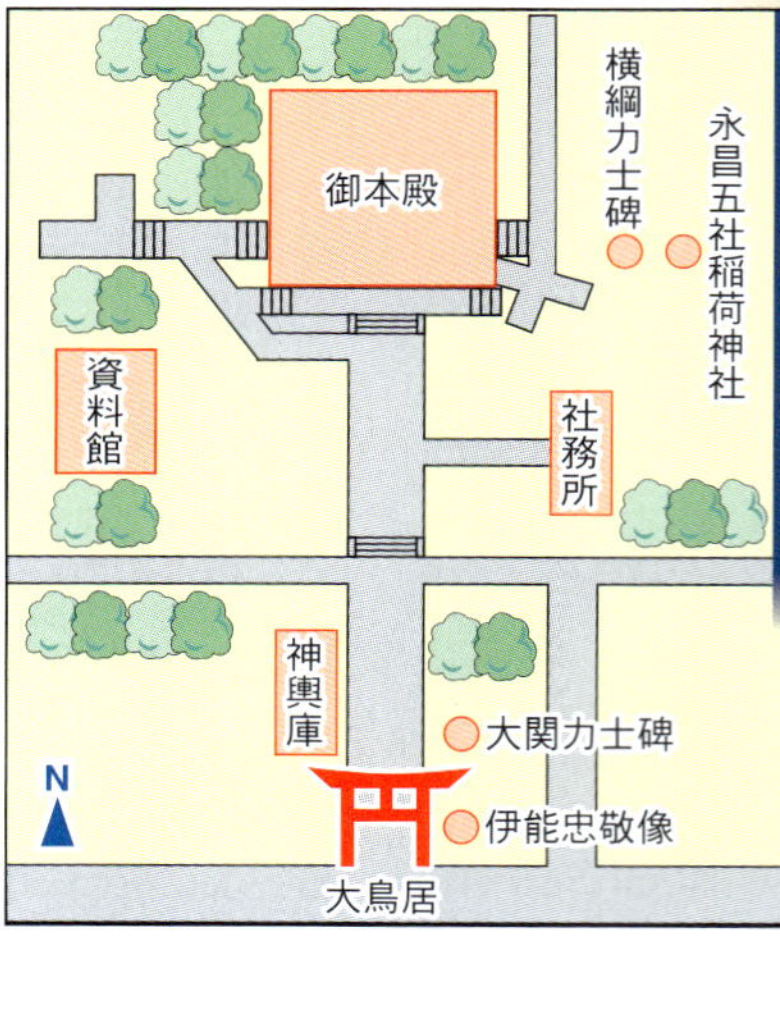

富岡八幡宮境内図

善男善女の参詣でにぎわう優美な富岡八幡宮の社殿＝江東区富岡

この社前には狛《こま》犬や石灯籠《どうろう》が建っている。狛犬の台座には宝暦十三（一七六三）年二月、江川場売手中奉納とあり、多田屋、湯浅屋、栖原屋、久住などといった干鰯問屋の名前が刻まれている。中でも、湯浅屋と栖原屋は八戸藩と取引のあった干鰯問屋であった。八戸の龗《おがみ》神社や新羅神社にある狛犬《こまいぬ》にも、寄進者として江戸小網町湯浅屋与右衛門、同鉄炮洲《てっぽうず》栖原久治郎の名前が見えている。また石灯籠、石水盤、石鳥居も、江川場売手中の干鰯問屋が奉納したものである。どの石碑文も江戸深川と遠く離れた八戸藩との間で、干鰯を通して交流があった史実を伝える貴重な歴史遺産である。

横綱・大関力士の碑

和倉稲荷の後方に横綱力士の碑、大鳥居そばに大関力士の碑がある。いずれも江戸時代から歴代の横綱と大関名が刻まれている。横綱力士の碑は貞享元（一六八四）年からこの境内で勧進相撲が始まり、その後、天保四（一八三三）年に本《ほん》所《じょ》回向院に移されるまでの間、ここで興行が行われたことの記念碑である。いわば江戸相撲発祥の地の碑である。

この碑には三戸町斗内出身で、第四二代横綱を張った鏡里の名前が見える。堂々たる太鼓腹で角界を魅了した名横綱であった。大関力士の碑には、八戸藩がお抱えした四賀峰東吉、秋津風音右衛門、階ヶ嶽龍右衛門の三大関の名前も誌《しる》されている。

八戸藩では文政十（一八二七）年にお抱え制度を始め、江戸相撲の四賀峰をはじめ有名力士を次々と雇い入れた。抱え相撲を始めた理由は、領内の物産を江戸で販売するために、まず八戸藩の名前を世に周知させる必要があったからという。相撲人気を利用して藩名を全国宣伝したわけである。ほかに大鳥居の横には門前仲町に住んでいた伊能忠敬の像がある。

永代橋

富岡八幡宮前を西へ行くと、隅田川に架かる永代橋《えいたいばし》がある。深川の玄関口である。永代島に架けられたから永代橋と名づけられた。江戸最大の大橋であったが、文化四（一八〇七）年に痛ましい事故が起きている。富岡八幡宮の祭礼時に、あまり多くの人が橋を渡ったので、橋が崩れ落ち、千人を超える犠牲者が出た。八幡宮祭礼の盛り上がりを語る悲惨な事件であった。

八戸藩との取引商人たちの名前が見える狛犬の台座＝江東区富岡

【お抱え相撲】『八戸南部史稿』に、「領内の物産を深川蔵屋敷へ回漕《そう》し、貿易を開かんとするが、藩名微々として信用なく顧客なし。ために有名力士を抱え入れたるが、たちまち世間に知れわたり、貿易の道大に開ける。」とある。抱えた三大関のうち、秋津風は階上の出身で、天保五（一八三四）年に大関となった。江戸屋敷には土俵があり、怪力無双の秋津風のけいこを藩主が諸大名に振る舞ったり、毎年正月には相撲取初めが下屋敷で催された。

第10節　深川周辺

「奥の細道」への出発地

藩士通じ八戸に蕉風俳諧

地下鉄半蔵門線・大江戸線の清澄白河駅で下車して南に向かい、仙台堀に架かる海辺橋を渡った橋のたもとに採茶庵《さいとあん》跡がある（江東区深川一の九）。ここは松尾芭蕉《ばしょう》の門人杉山杉風の別邸であり、ここから芭蕉は「奥の細道」に旅立った。「元禄二《ふた》とせ」（一六八九年）のことである。

芭蕉は延宝八（一六八〇）年、三七歳の時に深川に入ってから、元禄七年に五一歳で大阪で死去するまで、旅以外はこの深川に住んでいた。深川には一番弟子の榎本其角をはじめ、杉風や曽良などの門人や俳人が多く居住しており、蕉風俳諧の成立に大きな力となった。芭蕉は何度か住まいを変えたが、ゆかりの地には芭蕉記念館や同分館、芭蕉稲荷神社などが建てられて芭蕉の今を再現している。また仙台堀の堤防沿いの道には「奥の細道」の句が掲示されるなど、俳句の街深川の伝統がじかに伝わって楽しい。

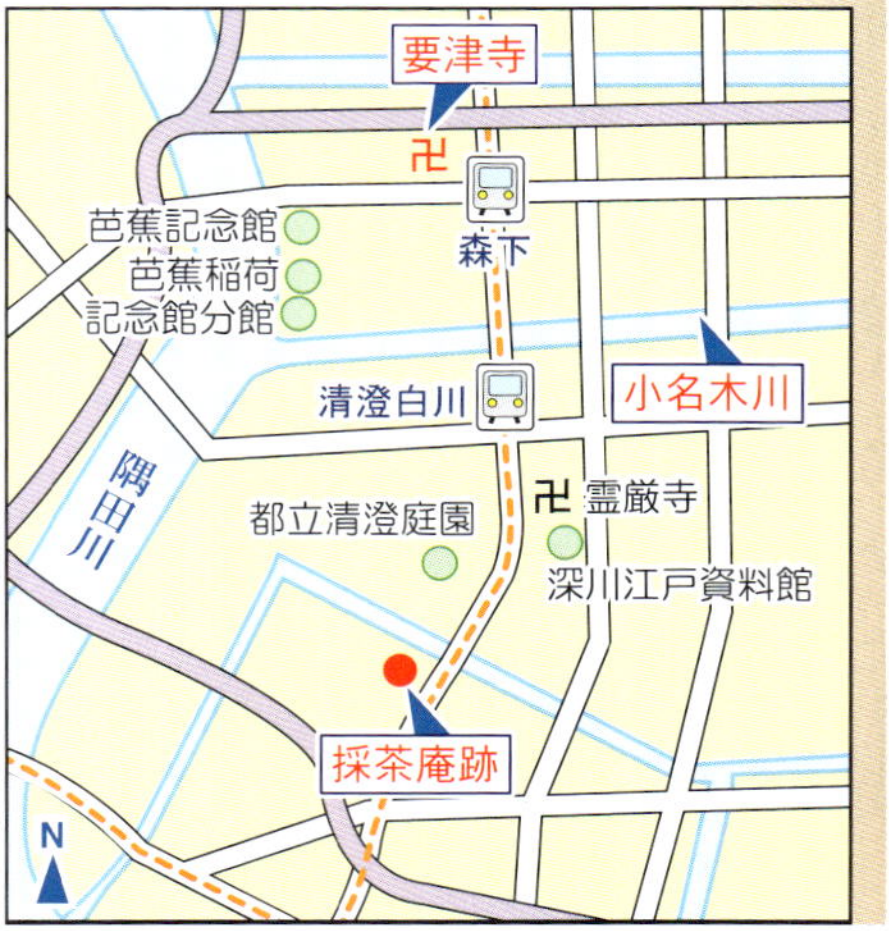

八戸俳諧のみなもと

採茶庵跡を両国方面に戻り、地下鉄新宿線・大江戸線の森下駅の北には要津寺《ようしんじ》（墨田区千歳二の一の一六）がある。ここには芭蕉ゆかりの芭蕉翁俤《おもかげ》塚や「古池や蛙飛びこむ水の音」の句碑があるほか、服部嵐雪、大島蓼太の墓がある。

「奥の細道」に旅立った松尾芭蕉の採荼庵跡＝江東区深川

嵐雪は芭蕉の門人で雪中庵を起こした宗匠で、蓼太はその三世にあたる。蓼太は芭蕉庵をこの寺に再興し、天明年間（一七八一～八八）には江戸俳諧の拠点とした。この蓼太に俳諧を学んだのが八戸藩士窪田半右衛門である。

半右衛門は江戸定府の藩士で、藩主に仕える用人であった。俳号を楓台互来といい、雪中庵門下で立机皆伝を得て、江戸俳壇の一翼をになっていた。文芸を好む七代八戸藩主信房に俳諧の手ほどきをし、天明三（一七八三）年に蕉風俳諧への入門の典礼をあげている。また信房に互扇楼畔李の俳名を進呈し、その弟右京へも百丈軒互連を贈った。

半右衛門から手ほどきを受けた藩主信房は、江戸の著名俳人と交わりながら、五梅庵と称して風雅の道を究めた。門下に互扇楼や百丈軒、星霜庵、花月堂などの宗匠を擁し、八戸俳諧の開祖といわれるまでになった。これ以降、八戸における俳諧は藩主から藩士へ、藩士から商人や豪農へ伝えられ、次から次へとその裾野を広げていくことになる。

文化文政期（一八〇四～二九）に至ると、金子乙因や三峰館寛兆といった全国に通用する俳人が八戸に現れるようになるのは、この信房の俳諧奨励の影響が大きい。蓼太門下の半右衛門を通して蕉風俳諧が八戸に根づいたのである。半右衛門の娘におみせがおり、江戸堂上派の女流歌人であった。四代藩主広信の側室に入って、八戸藩邸で開かれた歌会に加わり、親子二代で文学の道に長じた。

江戸深川の生活を再現

清澄白河駅の近くに深川江戸資料館（江東区白河一丁目）がある。この資料館の特徴は深川の町並みを実物大に復元していることである。船宿や長屋などには家具を配置し、深川の庶民生活をよみがえらせている。

資料館の隣には江戸六地蔵の一体を境内に持つ霊巌寺《れいがんじ》がある。ここには寛政の改革を担った老中松平定信の墓が所在する。定信は東北の玄関口にあたる白河（福島県）の藩主であり、清廉潔白な名君とたたえられた。

芭蕉俳諧の拠点となった要津寺境内にある雪中庵の墓碑や句碑＝墨田区千歳

【江東区芭蕉記念館】 隅田川沿いの一角にある江東区芭蕉記念館（常盤一の六の三）は、松尾芭蕉が深川に初めて草庵を建てて住んだ場所である。これがいわゆる芭蕉庵である。もっとも芭蕉庵の推定地はこの他にもあるが、芭蕉遺愛の石の蛙が出土したため、ここを芭蕉翁古池の跡と指定して記念館が建設された。記念館には芭蕉研究家真鍋儀十のコレクションを中心に、芭蕉自筆の短冊などが展示されており、庭には要津寺の句碑を写し取った「古池や」の句碑が建っている。

第11節　丸の内・皇居外苑

〝官邸街〟に直政の屋敷

綱吉側用人に異例抜てき

東京駅と皇居外苑

東京駅の丸の内南口を出ると、駅舎の壁に「原首相遭難現場」のプレートがある（千代田区丸の内一）。平民宰相で名高い原敬首相が、大正十（一九二一）年十一月四日、京都に行こうとして暴漢に襲われた場所である。原は盛岡出身で、祖父は盛岡藩家老職を担い、田子町大字原は遠祖の出身地であった。

東京駅から出て大名小路があった丸の内オフィス街を通り、濠《ごう》を渡ると皇居外苑に入る。ここは、江戸時代は江戸城西の丸下と呼ばれ、時の老中や若年寄が住んだ官邸街ともいうべき大名屋敷街であった。

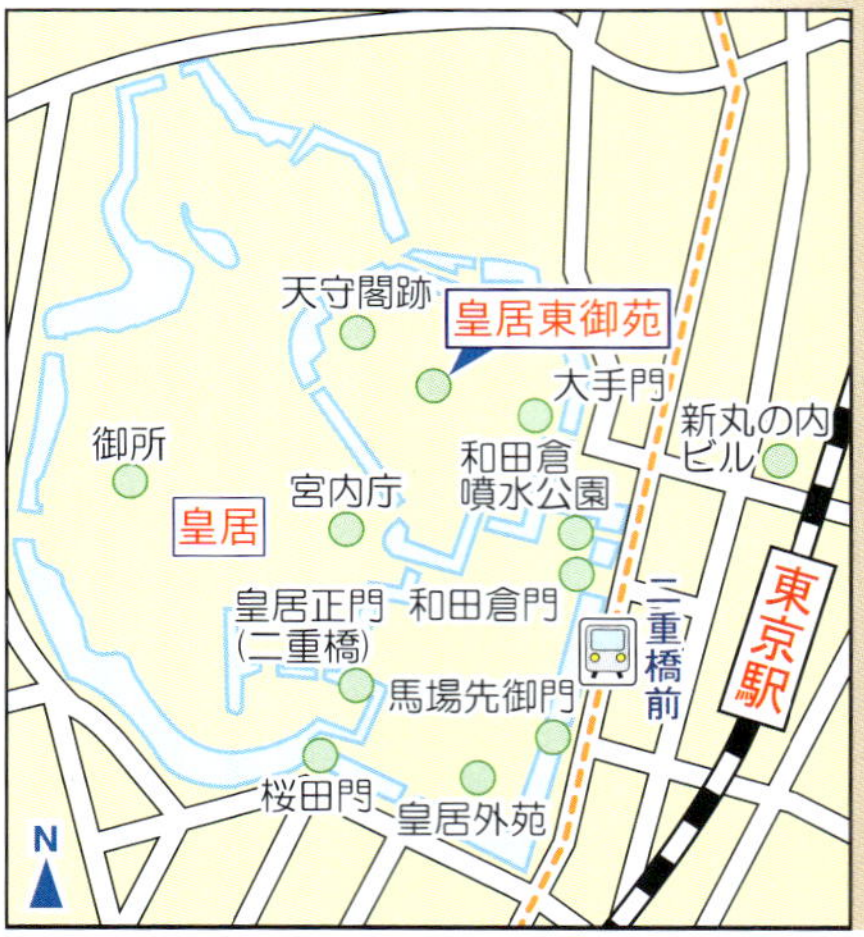

南部直政の側用人就任

元禄元（一六八八）年、五代将軍綱吉の側用人《そばようにん》になった八戸藩二代藩主直政はここの馬場先に屋敷を賜った。馬場先というから馬場先御門跡のあたりであろう。八戸藩の江戸屋敷は、最初は本所馬場にあり、その後、浅草田中を経て芝愛宕下に移り、そして西の丸下馬場先へと移ってきた。側用人退任後は麻布市兵衛町へ移り、明治を迎えることになる。

側用人は将軍と老中の間に立ち、将軍の命を老中に伝え、老中の上申を将軍に伝達する役目であったので、将軍の側近として権勢をふるうことができた。直政相役の側用人には柳沢吉保がおり、柳沢は綱吉の信頼を得て権力を握ったことはよく知られていることである。通常側用人には譜代大名などが任じられたが、外様《とざま》大名の八戸藩主が抜てきされたのは異例なことであった。側用人に就いた直政のもとには、就任を祝う諸大名が二五〇人余に及び、朝から門前は訪問客と献上物で列をなしたという。

二代藩主直政が側用人時代に八戸藩邸を拝領していた皇居外苑から皇居を望む＝千代田区皇居外苑

八戸藩の独立意識

直政は父直房が急逝したため寛文八（一六六八）年に八歳で藩主を継いだ。幼くして学問に精進し、学を好む綱吉と席を同じくすることがあったらしい。

二八歳で側用人に登用された直政はその学殖をいかんなく発揮したことがあった。幕府が朝鮮国より献じられた屏風《びょうぶ》を開けられずに困惑していた時、綱吉の面前で屏風に書かれた詩文を読み解いて即座に開き、一同をびっくりさせたという。

漢詩文に長じていたため、八戸藩

邸や盛岡藩邸などで林大学や金地院崇寛、知足院隆光といった将軍綱吉のブレーンなどと詩歌会を度々開催した。

また「直政公御遺訓」では、「我が家は盛岡藩の分藩ではあらず。幕府から新たに御恩を受けて一家を立てたものである」と、八戸南部家の自主独立を強く主張した。八戸藩の自我意識を高揚させた藩主でもあった。

会津藩上屋敷跡と林大学頭屋敷跡

西の丸下の和田倉御門跡近くの噴水公園周辺には会津藩松平肥後守の屋敷があった。二代将軍秀忠の子保科正之を始祖とし、幕末には藩主容保《かたもり》は京都守護職に登用された。

また地下鉄二重橋前駅の辺りには幕府学問所の長、林大学頭《だいがくのかみ》の屋敷があった。綱吉は湯島に聖堂を造って官学の拠点としたが、林羅山の孫鳳岡がその長官たる大学頭に任じられた。南部直政の「新編文林全集」序文はこの林の筆になるものである。

原首相遭難現場となった東京駅丸の内南口＝千代田区丸の内

【南部直政の評判】　直政は将軍側用人まで出世した人物であり、詩歌に長じ学問に造詣が深かった藩主であった。しかし、幕府探索方が調査した諸大名の評判記『土芥寇讎記《どかいこうしゅうき》』によれば、直政は「先ず善将と言うべし」とあるが、「政道を家老に任せたる故に、家臣に奢りあり。江戸家老の井上主馬は婆娑羅《ばさら》（派手な振る舞い）を好み、悪所に通いながら野郎・若衆を集めて酒宴遊興甚だしい。己に寄ってくる者は是とするが、寄らぬ者は悪と称して立身を押さえた。かくのごとき者に仕置きを任せたるは、結局は将としての批判は免れない」と断じられている。

第12節　日比谷公園・盛岡藩関係

江戸上屋敷は文芸拠点

八戸藩誕生の裁断の場に

盛岡藩上屋敷跡

地下鉄日比谷線・千代田線・三田線の日比谷駅で下車すると、日比《ひび》谷《や》公園（千代田区日比谷公園一丁目）である。同公園は明治三十六（一九〇三）年に開設された日本最初の洋式公園である。

ここ一帯は江戸城桜田御門の外に位置していたので、外桜田ともいわれ、外様《とざま》の大大名が多かった。長州藩毛利家や佐賀藩鍋島家の上屋敷とともに、盛岡藩の上屋敷跡があった。外桜田にあったので桜田屋敷と呼ばれ、幕府創設以来明治に至るまでここに所在した。

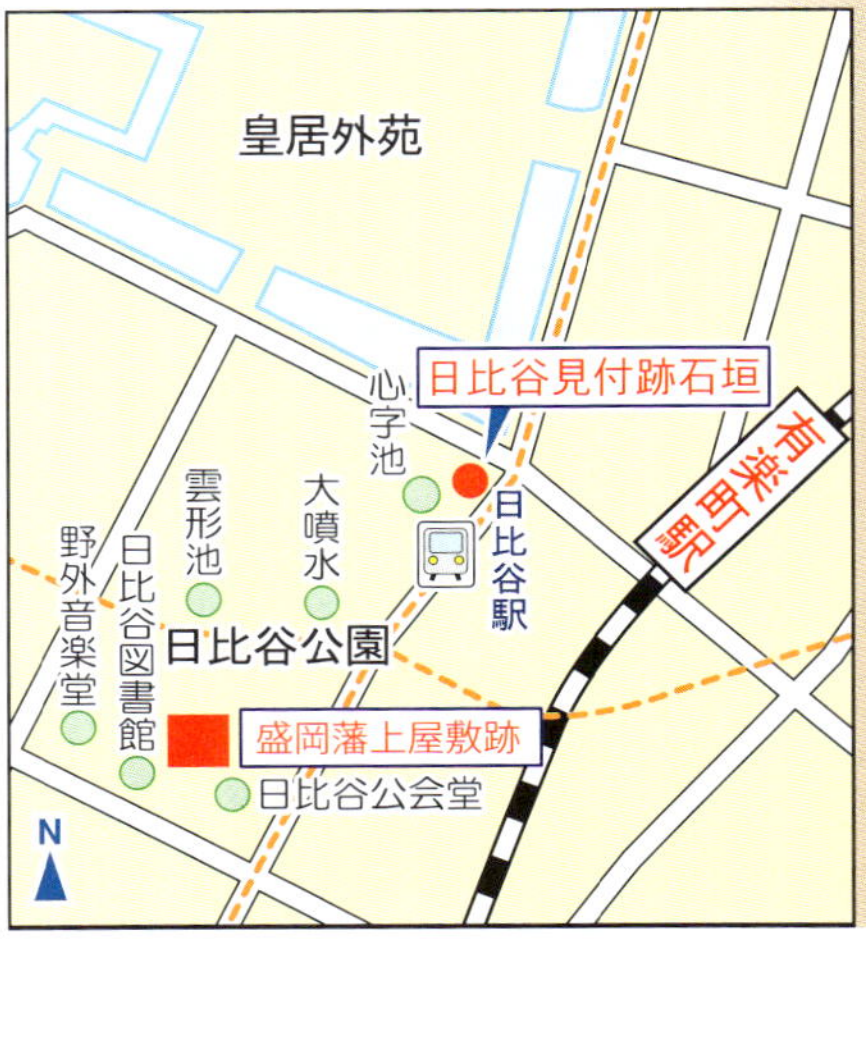

八戸藩の誕生

盛岡藩は、寛文四（一六六四）年八月、二代藩主南部重直《しげなお》が死去した際、子がいなかったため跡目問題が起き、藩内が分裂して抗争に及んだ。この時、幕府は重直の弟重信《しげのぶ》と直房の両兄弟を江戸桜田屋敷に呼び寄せ、登城を命じた。

幕府は、跡継ぎがなければ本来はお家断絶であるが、南部家の忠功にかんがみて格別に遺領十万石を分割し、八万石を重信に、二万石を直房に与えるとの裁断を下した。これは決して先祖伝来の領地を継ぐのではなく、新たに幕府の御恩として新規お取り立てしたものであると申し渡した。

盛岡藩上屋敷をはじめ、長州藩邸などが置かれていた日本最初の洋式公園である日比谷公園
＝千代田区日比谷公園

これに対して直房は、恩命謝するに言葉なし、されど南部家往古よりの十万石は兄重信が相続すべきもの、自分はその家臣となり忠節に励みたいと願い出た。時の幕閣は直房の清廉さに心を打たれたと伝えられる。

ともかくも盛岡藩は八万石で存続することになり、直房は寛文四年十二月に八戸に城地を得て八戸藩二万石を開くことになったのである。

桜田館の詩歌会

諸藩の江戸上屋敷は江戸における政治の中枢であったが、藩主の教養によっては文芸の拠点となることもあった。元禄元（一六八八）年六月十九日、盛岡藩上屋敷の桜田館において詩歌会が開かれた。歌人は三代盛岡藩主南部重信、長子行信、次子通信《みちのぶ》、知足院隆光など八人、詩人は二代八戸藩主南部直政、林大学、金地院崇寛など七人が集まった。三〇題三〇首を互いに詠み合い、詩歌は「落穂集」として編纂《さん》された。林や金地院、知足院は将軍綱吉側近のブレーンであり、側用人直政を通しての交際であった。

南部家の参加者のうち通信は、この時はまだ十六歳にすぎなかったが、臆《おく》することなく歌詠みの名手らの席に列していた。

通信は元禄十一年、子のいない直政の養子となり、翌年八戸藩三代藩主を継ぐことになる。母は八戸新井田の松橋孫助の娘お沢であるといわれ、八戸在地の縁があったものであろう。ちなみに直政夫人は行信の娘であり、その母は長府藩二代藩主毛利光広の娘である。長府藩の上屋敷跡は話題の六本木ヒルズにあった。

斗南藩屋敷跡

日比谷公園内の盛岡藩上屋敷の隣には、明治初年には斗南《となみ》藩上屋敷がおかれた。北条相模守の屋敷跡である。新政府に頑強に抵抗した会津藩は、明治二（一八六九）年十一月に許されて斗南藩として三万石で立藩した。三戸郡と北郡（下北・上北郡）、二戸郡に領地が与えられ、翌年の四月にかけて続々と旧会津藩士が新天地に移住してきた。

会津藩時代の藩邸は徳川家の縁戚により江戸城内西の丸下にあったが、斗南藩となってからは新規にここに移った。明治四年七月には廃藩置県となったので、斗南藩邸は実質二年弱で終わりを迎えたことになる。

日比谷公園に残る江戸城日比谷見付跡の石垣＝千代田区日比谷公園

【江戸桜田便】　八戸藩は寛文四（一六六四）年に二万石で立藩したが、誕生間もない八戸藩はまだ十分に諸制度は確立せず、江戸からの指令を伝える飛脚便は定期運行していなかった。そこで、盛岡藩の江戸飛脚に藩の御用状を託して盛岡まで運んでもらい、盛岡からさらに八戸まで継飛脚を立てた。この盛岡藩の飛脚便は屋敷地にちなみ桜田便と呼ばれた。おおむね八戸藩では、享保年間（一七一六〜三五）前ごろまでは、この桜田便を利用して八日ほどかけて八戸と結んだ。

今も漂う大名庭園の趣

朱塗りの柱持つ「赤門」

盛岡藩下屋敷跡と有栖川宮記念公園

地下鉄日比谷線広尾駅で下車すると、東に有栖川《ありすがわ》宮記念公園がある（港区南麻布五の七の二九）。有栖川宮家の御用地であったものを公園として整備して開放したものである。

江戸時代当初は、赤穂藩浅野家の下屋敷であったが、明暦二（一六五六）年以降、盛岡藩の下屋敷となった。盛岡藩江戸屋敷は、上屋敷は外桜田、中屋敷は品川大崎村にあり、蔵屋敷は芝の田町八丁目にあったほか、数カ所に抱屋敷をもっていた（江戸時代後期）。公園内は緩やかな傾斜地となっており、西側に池があり、中央に都立中央図書館、東側には運動場がある。鬱蒼《うっそう》とした木々が繁茂して大名庭園の趣が今なお漂っている場所である。池のほとりを登ると有栖川宮熾仁親王の騎馬像がある。

有栖川宮と南部家のつながり

有栖川宮は十四代将軍家茂夫人になった和宮の許嫁《いいなずけ》であった人であり、幕府追討の東征軍大総督に就任して和宮のいる江戸城総攻撃を指揮することになった。後に、有栖川宮は水戸徳川斉昭の娘茂姫と結婚した。茂姫は朝敵慶喜の妹にあたっており、縁戚上は徳川家とは強い絆《きずな》で結ばれていた。

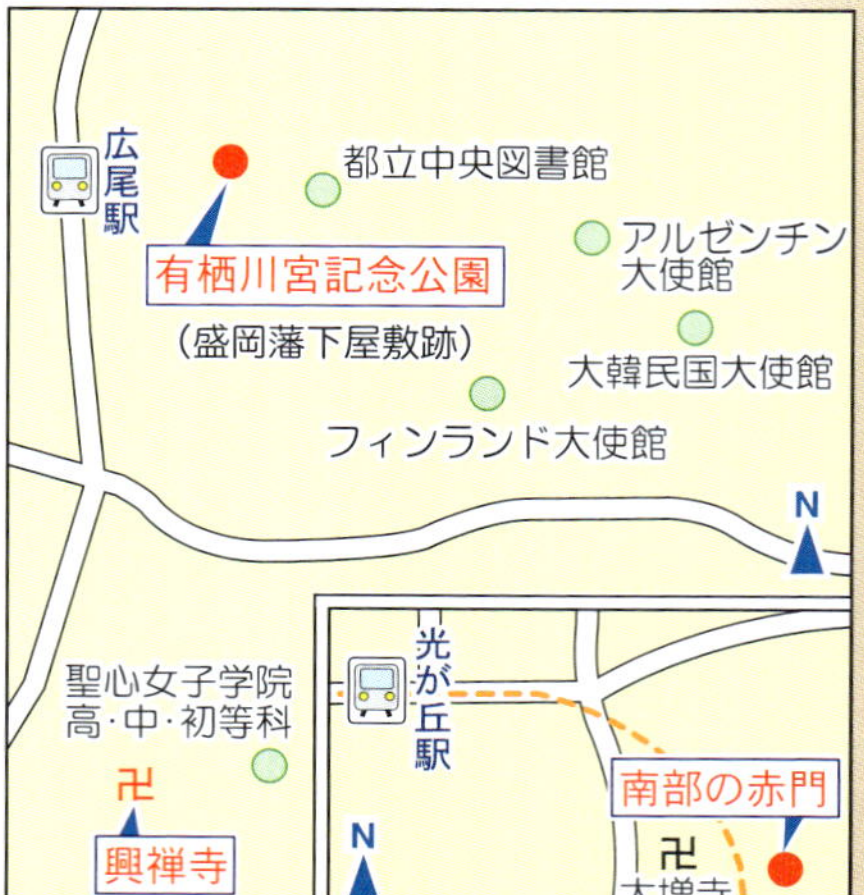

水戸家は以前から有栖川宮家と縁戚があった。斉昭の正室は有栖川宮家から迎えていた。また水戸家は南部家とも縁があり、幕末の盛岡藩主利剛は斉昭の娘をもらい、さらに八戸南部家十代南部栄信は利剛の次女麻姫をもらっていた。そうすると、盛岡、八戸両南部家は水戸家を通して有栖川宮とつながり、慶喜とも連なることになる。

公園の南に続く坂は南部坂と呼ばれ、忠臣蔵の舞台となった赤坂の南部坂とともども、江戸で知られた名所坂の一つに数えられている。

盛岡藩下屋敷跡にある有栖川宮記念公園＝港区南麻布

会津藩ゆかりの興禅寺

有栖川宮記念公園の南、聖心女子学院の西側には興禅寺（白金六丁目）がある。ここには新政府に一戦を交えて落城した会津藩家老の萱野権兵衛の墓がある。萱野は藩主松平容保に代わり会津戦争の責任を一身に背負って切腹し、ここに葬られた。

またこの寺は米沢藩上杉家の菩提《ぼだい》寺でもあった。戊辰戦争時の米沢藩は、会津救解をはかるため奥羽越列藩同盟を結成して新政府に抗戦した強者であり、上杉謙信の末裔《まつえい》として戦国時代を粘り強く生き残った藩である。江戸中期には世に名君とうたわれた上杉鷹山を輩出した。

練馬に残る南部の赤門

盛岡藩抱屋敷の「南部の赤門」＝練馬区田柄

地下鉄大江戸線光が丘駅の南東に「南部の赤門」といわれる門を持つ相原家《あいはら》（練馬区田柄五の八）がある。ここは盛岡藩の抱屋敷があったところで、この御屋敷守を務めた相原源左衛門の家屋敷であった。門はかやぶき屋根で、朱塗りの柱と扉を持つ堂々とした一間一戸の薬医門形式の門である。万延元（一八六〇）年に再建した棟札が残り、御用人目時隆之進の名前が見える。

相原家と南部家の関係は、元禄のころ、南部の殿様がこの付近で鷹狩りをした際、誤って天領に入ったが、これを穏便に取り計らったのが相原家で、これ以降、殿様が出入りして下屋敷となったといわれている。同家には南部重信の位牌《いはい》のほか、南部家九曜星紋の付いた膳や文箱、拝領の裃《かみしも》などが伝来しているという。近くには南部山の地名が残っており、首都圏近郊には南部との関わりを伝える場所がいまだ健在である。

【図書館】 有栖川公園にある都立中央図書館は開架式としては日本有数の図書館である。蔵書数も多く、閉架式の国会図書館よりも使い勝手がよい。日比谷公園にある都立日比谷図書館は都内で一番古く、明治四十一（一九〇八）年の開館である。一方、八戸市立図書館はこれよりも三〇余年古く、前身の八戸書籍縦覧所は明治七年に開設。日本で三番目にできた公共図書館となるが、他はまもなく閉館したので、現存する図書館では国内最古となる。

第14節　霞が関①

米沢藩上屋敷跡に法務省

羽仁、図書館創設に尽力

九戸攻めの総大将浅野家屋敷跡

地下鉄丸ノ内線・千代田線などの霞ケ関駅で下車すると、国の官庁街に出る（千代田区霞が関一～三丁目）。国土交通省は広島藩松平安芸守、外務省は福岡藩松平美濃守、法務省は米沢藩上杉弾正それぞれの上屋敷跡である。

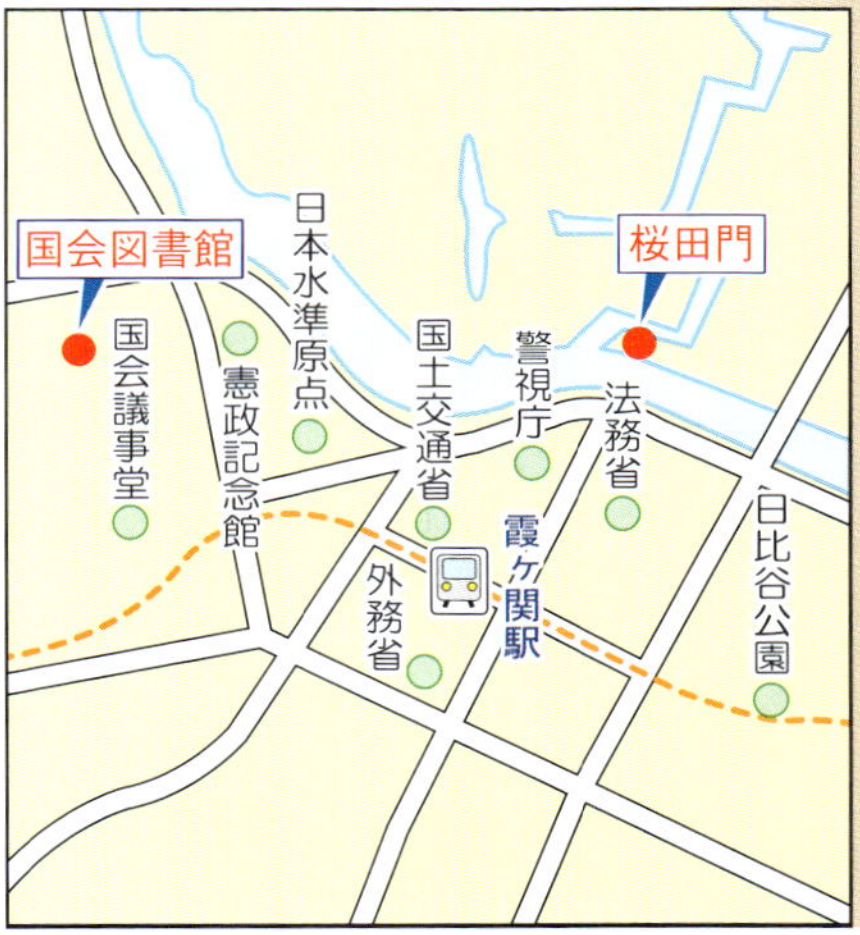

広島藩は福島政則の改易を受けて紀伊和歌山から入った浅野家の所領であった。浅野家の始祖は秀吉の五奉行を務めた長政である。長政は夫人が秀吉夫人ねねの妹であったことから秀吉に重用され、天正十九（一五九一）年の九戸政実の乱では、総奉行として九戸城攻撃を指揮した。九戸政実は中央政権への反逆として「なで斬り」にされた。乱鎮圧後、長政は南部信直《のぶなお》に対して三戸から南方の支配に便利な不来方《こずかた》（盛岡）へ城を築くことを勧め、盛岡城が誕生することになった。

福岡藩屋敷跡と彦根藩屋敷跡

福岡藩の上屋敷跡は外務省（霞が関二丁目）である。石垣が残り、屋敷跡の鬼瓦は東京国立博物館敷地に移されている。福岡藩は黒田長政が藩祖になるもので、幕末の藩主斉溥は薩摩藩島津重豪の実子で、八戸藩主信順の兄であった。信順とは二歳しか違わなかったので仲がよかったらしい。斉溥は弟信順とともに島津斉彬を薩摩藩主に就かせること

米沢藩上杉家の上屋敷跡に明治 28 年に建てられたドイツ・ネオバロック様式の旧司法省の建物（旧法務省本館）＝千代田区霞が関

に尽力した。父重豪の薫陶により外国に通じ蘭癖《らんぺき》大名ともいわれた。

桜田門外の変で知られる彦根藩井伊掃部頭の屋敷跡は憲政記念館（永田町一丁目）となっている。ちょうど国会議事堂向かいにあたる。幕末に大老となった井伊直弼《なおすけ》は、万延元（一八六〇）年三月、江戸城登城の途中、桜田門に差しかかった時に水戸浪士たちに襲われ、殺害された。襲撃場所は屋敷からきわめて近くにあり、あまり近すぎて意外な感がする。

明治に入ると、屋敷跡には陸軍参謀本部が置かれ、戦後は尾崎行雄記念会館を経て憲政記念館となった。同館は議会開設八〇周年を記念して建設されたもので、憲政の歴史や功労者の資料を収集展示する。前庭には国内測量の基準となる日本水準原点が設置されている。明治二十四（一八九一）年におかれたもので、これを利用して参謀本部陸地測量部が五万分の一地形図を作成した。

国会図書館

憲政記念館の西には国会議事堂と国会図書館（永田町一丁目）がある。国会図書館内目録ホールには、八戸出身の羽仁もと子の娘婿羽仁五郎の「真理がわれらを自由にする」の言葉が刻されている。歴史学者であった五郎は参議院議員に当選し、国会図書館設立の運営委員長として図書館創設に尽力した。

帝国ホテルと鹿鳴館跡

日比谷公園に戻ると、公園の東にある帝国ホテル（内幸町一丁目）は、幕末の白河藩阿部家の上屋敷跡である。同ホテルは明治時代の国賓を迎える宿舎として建築されたもので、二代目の建物はアメリカの建築家ライトの傑作の一つに数えられる。その建築の一部は愛知県犬山市の明治村に移された。

この隣には薩摩藩中屋敷跡があり、ここには明治十六年に鹿鳴館《ろくめいかん》が造られた。鹿鳴館は不平等条約の改正を有利に運ぶために、外国要人を接待する社交場として利用された。しかし、日夜催された舞踏会は行きすぎた欧化主義として非難の声が上がった。

大老井伊直弼が水戸浪士に襲われた場所近くにある桜田御門＝千代田区皇居外苑

【南部信直の日本のつきあい】 南部信直は、天正十九（一五九一）年に九戸の乱を中央軍で押し潰した後、朝鮮出兵のために九州名護屋《なごや》に出陣した。陣中、「上方衆は遠国の者になぶり心を持つので、日本のつきあいはむずかしい」と嘆いた。しかし、実力主義の到来を間近で見た信直は、いつまでも「古本」という伝統にしがみついては危ないと、八戸（南部）直栄《なおよし》へ嫁いだ娘千代子に手紙を書き送った。この後、信直はひたすらに近世大名として駆け上がり、盤石な盛岡藩の基礎を固めた。

第15節　霞が関②・紀尾井町

真実追求、この地から

番町には七戸藩の上屋敷

江藤新平遭難の碑

地下鉄銀座線虎ノ門駅で下車して、外堀通り沿いに西へ行くと、三井ビルの傍らに江藤新平君遭難遺址の碑と新聞創刊の碑が並んで建っている（千代田区霞が関三の八）。

江藤新平は佐賀藩出身で、明治政府の参議に登用され、司法卿《きょう》（大臣）として近代的な司法制度の確立に尽力した。しかし、急激な改革に恨みを持つ刺客に明治二（一八六九）年十二月十二日にここで襲われた。江藤は負傷しながらも刺客を一喝して追い返したといわれる。征韓論で下野した後、明治七年には故郷の不平士族に担がれて佐賀の乱を起こして刑死した。司法卿としての江藤の功績は政権を担う政府高官の汚職に厳しく対処したことである。そのため問題の多かった長州閥と鋭く対立した。江藤の追及した汚職事件で政界を揺るがしたものに南部尾去沢銅山事件があった。

新聞創刊の碑は、洋学者の子安峻らがこの地で日本最初の新聞を創刊したことの記念碑である。明治七年十一月二日のことであった。それはやがて読売新聞に発展した。外堀通り沿いには江戸城石垣跡や外堀跡・溜池発祥の碑があり、将軍の産土神《うぶすな》といわれた山王権現《さんのうごんげん》の日枝《ひえ》神社が首相官邸近くの高台に望まれる。

紀尾井町の大久保公哀悼碑

地下鉄丸ノ内線赤坂見附駅前には赤坂御門跡の石垣が残り、弁慶橋を渡ると紀尾井町《きおいちょう》である。

紀尾井町とは紀伊徳川家や尾張徳川家、彦根藩井伊家中屋敷があったことから名づけられた。紀尾井町通りの清水《しみず》谷《だに》公園（紀尾井町二丁目）には贈右大臣大久保公哀悼碑がある。明治十一年五月十四日の朝、参議大久保利通《としみち》が、馬車で太政官に出勤の途中、紀尾井坂の辺りで暴徒に襲われて命を落とした。

近代的な司法制度確立に力を尽くした江藤新平の襲撃遭難の碑＝千代田区霞が関

当時、大久保は内務卿として明治政府の実権を握っており、有司専制を批判する勢力と激しく対立していたのである。明治九年の明治天皇東北巡幸に際しては、随行して青森県に入り、三沢谷地頭に広沢安任《やすとう》を訪ねている。広沢は谷地頭に日本最初の洋式牧場を開設したが、幕末の争乱の際には、京都で大久保と交遊を深めていた。

七戸藩一万石

紀尾井町の北東、半蔵御門跡近くのイギリス大使館の南端、麹町消防署（麹町一の一二）の辺りに七戸藩南部丹波守上屋敷跡があった。

七戸藩の由来は、文政二（一八一九）年に南部信隣が盛岡宗家より蔵米を加増されて寄合旗本から諸侯に列せられたのが始まりという。だが、藩として正式に認められたのは戊辰戦争後の明治二年のことである。明治元年、朝敵となった盛岡藩は領地を没収されて宮城県白石に転封された。旧領地の南部には栃木県黒羽藩が取締に派遣されて北奥県の名前で統治を始めた。

明治二年五月に七戸藩の所領が一万石に決まると、北奥県は北郡の村々を引き渡した。七戸藩主には南部信方《のぶかた》が就き、家老には三本木開拓の父である新渡戸伝が就任して藩政を取り仕切った。藩庁は旧七戸代官所に置かれた。

番町と半蔵門

七戸藩上屋敷のあったところは番町と呼ばれていた。幕府の番方《ばんかた》（武官）に属した旗本が数多く住んでいた場所である。八戸城下にも同じ名前の番丁があり、藩の中核を担う騎士格の番士たちが居住していた。

皇居濠端にある半蔵門跡は江戸城搦手《からめて》（裏門）を守る城門であった。伊賀忍者を率いた服部半蔵の屋敷が門内にあったからという。

強力な国家づくりを進めて暗殺された大久保利通哀悼の碑＝千代田区紀尾井町

【江藤と尾去沢銅山事件】 明治五（一八七二）年、盛岡の鍵屋村井茂兵衛は、盛岡藩から譲られた尾去沢銅山の経営権を突如、明治政府に没収された。大蔵大輔（次官）井上馨が銅山の収益性に目をつけ画策。そして息のかかった商人に安い価格で払い下げた。このからくりを司法卿江藤新平は見抜き、井上の私欲を強く弾劾。残念ながら江藤は征韓論で下野したため追及は頓挫《とんざ》した。以後、鍵屋は二五年にわたり独り銅山取戻訴訟を続けたが、結局戻ることはなかった。

第16節　日本橋界隈①・室町

八戸藩の商取引を握る

蔵元の指示で産物を売買

日本橋室町通り

地下鉄銀座線・半蔵門線の三越前駅で下車すると、三越《みつこし》本店（中央区日本橋室町一の四の一）がある。この前の道路が南北に走る中央通りである。江戸時代は室町一～三丁目で、江戸時代から変わらない日本橋の繁華街である。

ただ江戸期の幹線道路はこの通りと室町三丁目で交差する本町通りであり、今のような一本北にある江戸通りとは異なっていた。

三越は越後屋と称して伊勢松坂出身の三井高利が日本橋に延宝元（一六七三）年に呉服屋を創業したのが始まりである。「現金掛け値なし」という商法で大繁盛し、江戸を代表する豪商へ登りつめた。三越の命名は三井と越後屋の合成語である。現在の本店建物は昭和十（一九三五）年の完成であるが、その隣には昭和四年に竣工した三井本館がある。コンリント式の石柱が並ぶアメリカ式銀行建築である。

その裏手には日本銀行本店本館（日本橋本石町）がある。ネオ・バロック建築にルネサンス意匠を加味した重厚な建造物で、明治二十九（一八九六）年の竣工。江戸時代は、ここには小判などの金貨を鋳造した金座があった。

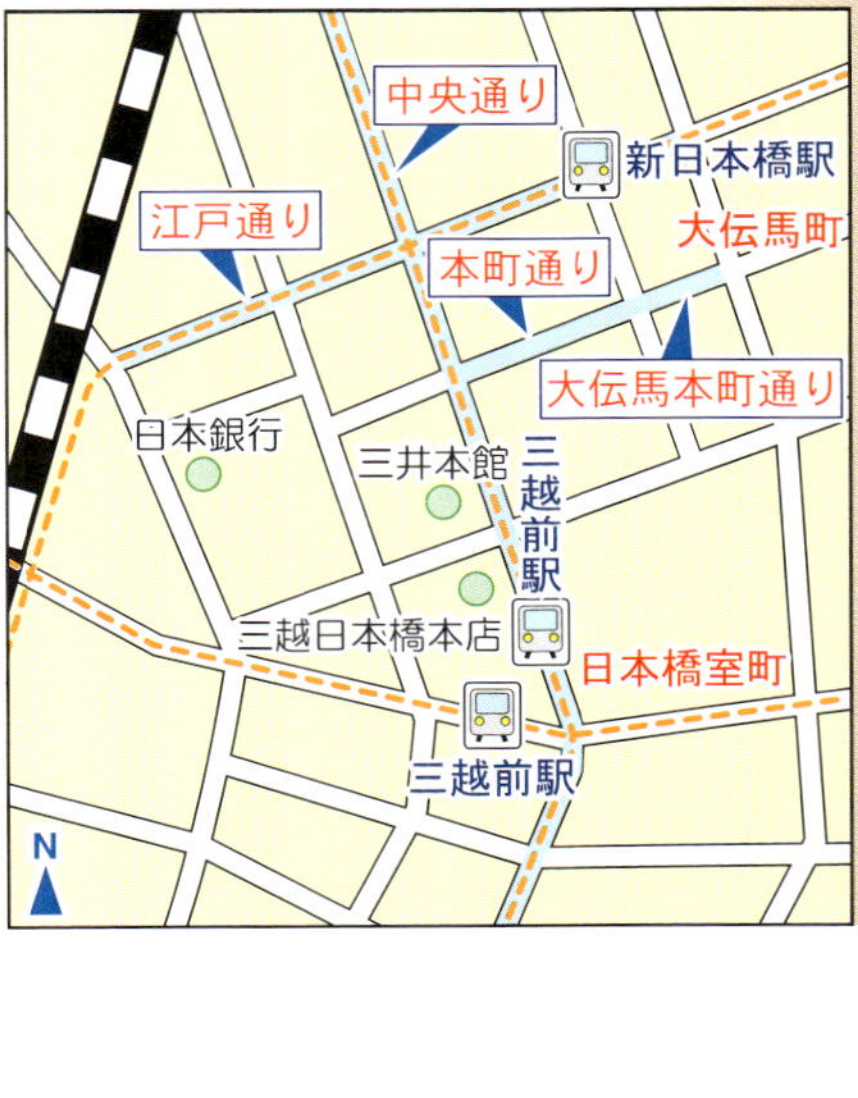

八戸藩の取引商人

江戸時代から現在まで続く日本橋三越前の繁華街＝中央区日本橋室町

八戸から江戸へは、大豆、干鰯《ほしか》、鉄などの産物が運ばれた。これらは深川の蔵屋敷に保管されたり、到着しだい取引商人に売却されたりした。江戸での産物の総元締は江戸蔵元《くらもと》と呼ばれたが、八戸藩では、天保元（一八三〇）年には、日本橋室町の美濃屋惣（宗）三郎が蔵元であった。

美濃屋の指示のもと、干鰯類は湯浅屋与右衛門や栖原屋久次郎、秋田屋富之助などが扱い、大豆は丸屋重蔵、鉄類は石橋嘉兵衛、材木は鹿島彦蔵、薬種は近江屋茂兵衛、穀物・鉄・布海苔その他は美濃屋が取り扱った。

志和《しわ》（岩手県紫波町）から運ばれた志和米は江戸藩邸での飯米にあてられたので江戸台所米といわれたが、文化年間（一八〇四～一七）は、伊勢屋喜左衛門が蔵元になっていた。下り荷の大半を占めた木綿は田端屋治郎左衛門、絹布は槌屋四郎左衛門が取り扱った。

取引商人の居住地

取引商人の居住地は、湯浅屋は小網町、栖原屋は鉄炮洲本湊町、秋田屋は北新堀町、田端屋は大伝馬町、槌屋・近江屋は本町、丸屋は霊巌島、万延元（一八六〇）年ごろの江戸蔵元石橋嘉兵衛は亀島町、江戸為替所の竹川彦太郎は南茅場町、同じく山本正三郎は檜物町、伊勢屋は南茅場町となっている。いずれの商人とも、日本橋やその周辺地域に同心円状に広がっており、日本橋商人が八戸藩の商取引を一手に握っていたのである。

木綿問屋田端屋

中央通りから本町通りを東に行くと大伝馬町（日本橋大伝馬町）である。幕府公用の荷物や役人を継ぎ送りする伝《てん》馬《ま》役を負担する町であった。この町人が始めた木綿の仲買がやがて木綿問屋へと発展し、町内は木綿問屋街へ変貌した。今でも衣料関係の問屋が目立つ。木綿問屋で多い屋号は伊勢屋と称する伊勢商人であった。伊勢近辺は古くから木綿の産地であったが、「江戸に多きもの、伊勢屋、稲荷、犬の糞」といわれるほど伊勢屋は江戸市中では多かった。

木綿問屋の中でも安藤広重の「名所江戸百景」に取り上げられた大店が、田端屋治郎左衛門であった。田端屋は八戸藩の最大の取引先であり、伊勢の津に本店を置き、大伝馬町はその出店となっていた。この大伝馬町には大丸屋も店を開いており、江戸勤番中の八戸藩士遠山屯は、江戸土産に時折絹小紋などを買い求めている。

金座跡に明治 29 年に竣工した日本銀行本店＝中央区日本橋本石町

【小伝馬町牢屋敷跡】 大伝馬町の北隣にある小伝馬町（日本橋小伝馬町）は江戸市中に使用される伝馬役を務めた。だが、この町を有名にしているのは犯罪人を収容する牢屋敷が置かれていたことである。吉田松陰をはじめ安政の大獄で投獄された人がここで処刑された。跡地の十思《じっし》公園には吉田松陰終焉《しゅうえん》の地碑が所在する（日本橋小伝馬町五の二）。松陰は北方情勢探索のため嘉永五（一八五二）年に津軽に入り、竜飛崎を経て南部に回り、五戸では藤田武吉を訪ねた。旅日記『東北遊日記』を残す。公園内には日本橋石町に置かれた江戸市中最初の時の鐘が保存されている。

青森終点の国道4号起点

高島屋いち早く南部進出

日本橋

地下鉄銀座線・東西線の日本橋駅で下車して中央通りを北に向かうと、日本橋《にほんばし》がある。ちょうど首都高速道路の真下にあたる。幕府を開いた徳川家康は、慶長八（一六〇三）年に橋を架け、さらに一里塚を築いてここを諸街道の起点とした。

江戸時代は、日本橋から八戸までは一六九里（約六七六キロ）の行程であり、これを参勤交代では十七日ぐらいかけて歩いた。現在の日本橋は、明治四十四（一九一一）年に架けられたルネサンス様式の花こう岩造り二連アーチ橋である。橋銘標は最後の将軍徳川慶喜筆になる。江戸時代は、橋のたもとには大高札場が置かれて幕府の布令が掲示されたが、現在は高札を模した日本橋由来の碑が建っている（中央区日本橋一の一）。

橋を渡ると、通り沿いには、日本国道路元標と東京市道路元標（日本橋室町一の一）が建つ。今も江戸時代と同様、全国の道路起点となっている。青森が終点となる国道4号もここが起点である。

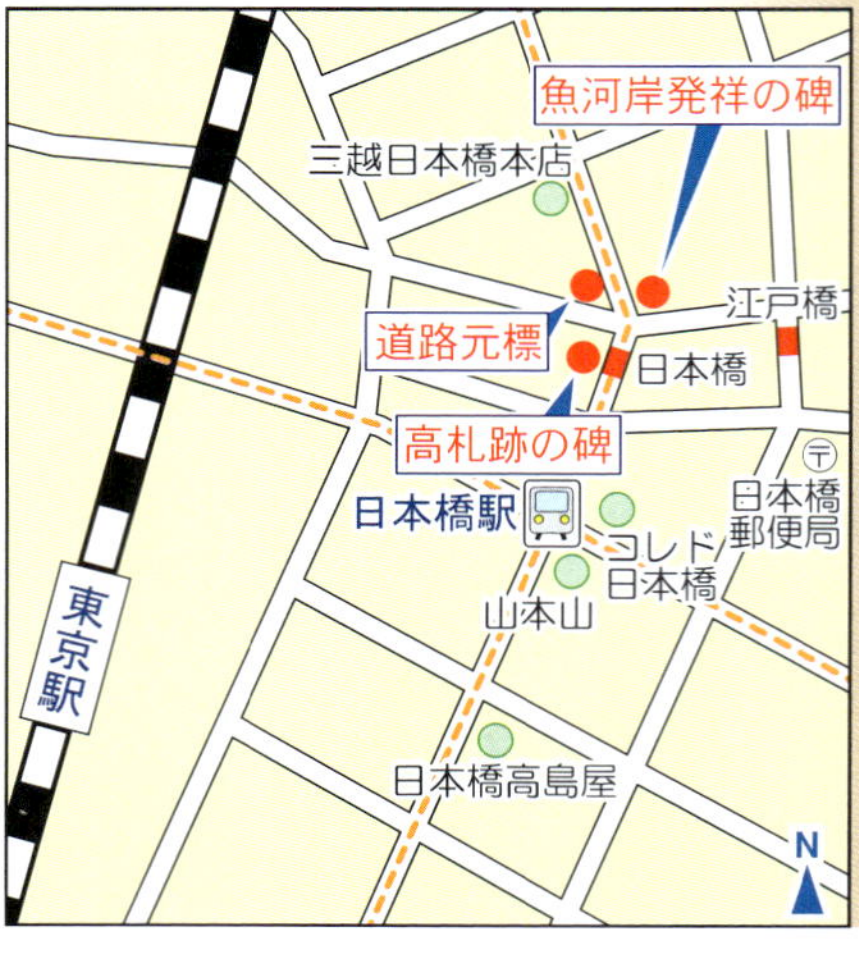

魚河岸発祥の地

道路元標の向かいには、日本橋魚河岸《うおがし》発祥の地碑がある。日本橋から江戸橋の間の日本橋川の北岸には、江戸時代

江戸時代から道路の起点となった日本橋＝中央区日本橋

に魚河岸が広がっていた。江戸湾で獲れた魚は押込船に載せられてこの河岸に揚げられた。専売権をもつ問屋が魚を買い付け、仲買を経て魚屋や行商の棒手振《ぼてふり》に販売された。講談でおなじみの威勢のよい一心太助はここで魚を買い付けたことになる。

江戸時代の八戸城下でも、河岸は湊にあったが、魚の専売権を持つ魚問屋は六日町におり、六日町でしか魚の販売が認められなかったのも、これと同じ仕組みであった。この日本橋魚河岸は明治以後も続き、大正十二（一九二三）年の関東大震災によって築地市場に移るまで、首都圏の鮮魚流通の一大拠点となっていた。

日本橋の老舗・白木屋と山本山、高島屋

日本橋駅周辺に戻ると、中央通りには白木屋跡のコレド日本橋（日本橋一丁目）、山本山（同二丁目）、高島屋（同二丁目）がある。

白木屋は江戸時代に呉服屋から始まって江戸屈指の商人となった大店である。八戸藩邸もひいきにしていた。明治以降、三越と並ぶ近代デパートの先駆けとなり、のち東急デパートに引き継がれたが、閉店となった。山本山は「上

から読んでも山本山」のフレーズで知られるように、江戸時代から有名な茶本舗《ほんぽ》であった。煎茶《せんちゃ》や玉露《ぎょくろ》という新商品を開発して顧客を獲得したパイオニアである。八戸藩士遠山屯も江戸勤番に来ると、いつも進物用に山本山の茶を買い入れた。江戸時代から全国的なブランド品となっていたようである。

白木屋や山本山は創業以来日本橋で店を開いていたが、高島屋は昭和八（一九三三）年からの開業である。滋賀県高島郡の出身の近江商人が、江戸初頭に京都に出て商いを始めたのが始まりである。この高島出身の近江商人は、南部地方にはいち早く進出し、近江屋や大塚屋が八戸へ出店を開いて八戸藩を動かすほどの経済的地位を築いた。

郵便発祥の地

日本橋駅の東、江戸橋の橋近くには日本橋郵便局（日本橋一丁目）がある。ここは明治四年に郵政省の前身である駅逓司《えきていし》と東京郵便役所が開設された場所である。局前には郵便発祥の地の記念碑と功労者の前島密の胸像が建っている。

日本橋の中央にある日本国道路元標＝中央区日本橋室町

【近江高島商人と八戸】 近江商人は天秤棒《てんびんぼう》を担いで全国を売り歩いたといわれ、八戸にも元禄年間（一六八八～一七〇三）ごろには店を出すようになった。八戸の近江商人の代表は大塚屋や近江屋といった村井一族である。村井一族は高島屋と同じく高島郡の出。高島郡は琵琶湖の西岸にあり、南部の近江商人はこの湖西出身の高島商人であった。盛岡に草鞋《わらじ》を脱ぎ、ここから八戸はもとより一戸、七戸などにも出店を開き、やがて八戸三店に数えられるほどの経済的勢力を築いた。

第18節　日本橋界隈③・茅場町

伊勢屋、八戸藩と緊密化

借金の棒引き迫られ損失

日本のウォール街

地下鉄東西線・日比谷線の茅場町駅の北側が日本のウォール街といわれる兜町《かぶとちょう》である。日本橋川沿いには東京証券取引所（中央区日本橋兜町二の一）があり、ニューヨーク、ロンドン証券取引所と並ぶ「世界三大市場」である。

前身は明治十一（一八七八）年に日本資本主義の父といわれた渋沢栄一が主唱して設立された東京株式取引所である。この南裏には、明治六年に日本初の銀行として第一国立銀行が開業した。みずほ銀行兜町支店が銀行発祥の地にあたる。江戸時代はこの辺からは茅場町であり、この南茅場町には八戸藩と取引していた松坂出身の伊勢屋竹口喜左衛門の店があった。

伊勢屋の前代未聞の御非道

伊勢屋は、文化年間（一八〇四～一七）ごろに、八戸藩の飛び地の志和で産出する米を取り扱ったほか、大豆などの産物を船に積み込んで江戸に回漕《かいそう》した。志和廻米《かいまい》では江戸蔵元に就任するほど藩との交易が緊密化し、八戸に出店を出すまでに至った。

ところが、伊勢屋は文政三（一八二〇）年に八戸藩より「前代未聞の御非道」を受けた。前年から始まった野村軍

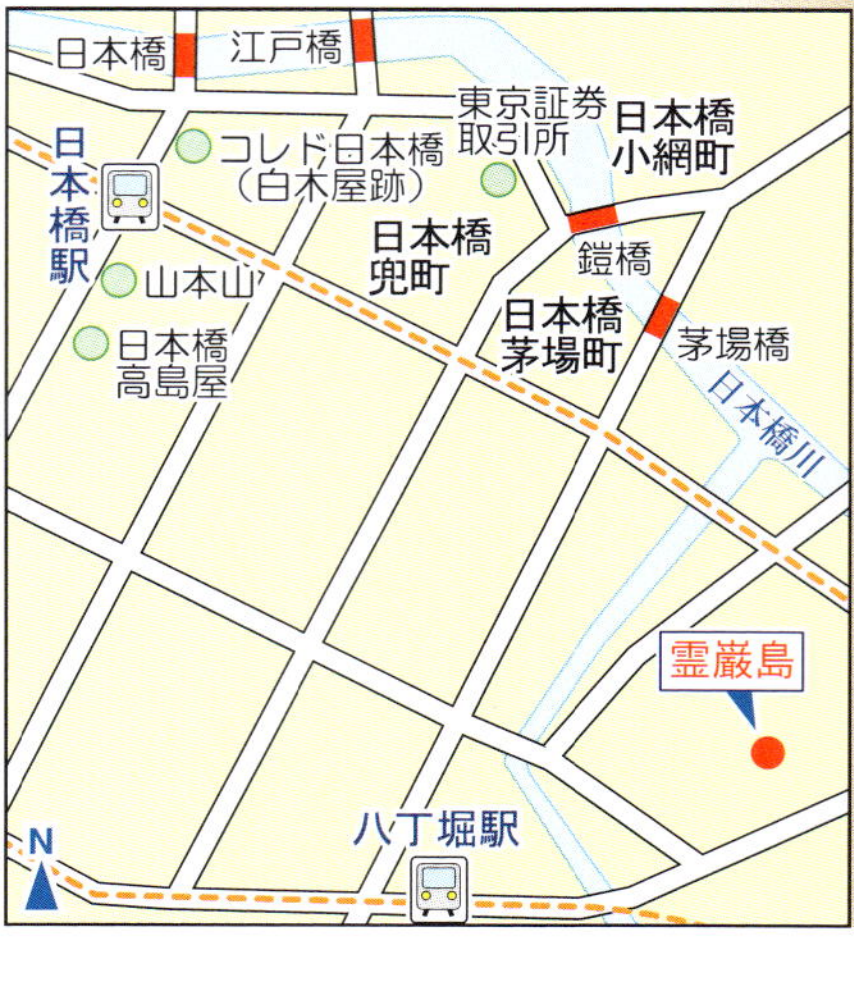

日本のビジネス街を象徴する東京証券取引所＝中央区日本橋兜町

記の藩政改革は伊勢屋に借金の棒引きを迫った。藩の御用商人へ多額の資金を貸していた伊勢屋は、幕府の評定所へ訴訟を起こした。幕府では七崎屋などの御用商人を江戸に召還して吟味を行ったが、結局は伊勢屋の損失で終わった。これにより伊勢屋は閉店の事態に追い込まれた。八戸藩との取引量の大きさを物語るものである。

また茅場町には、両替商の竹川彦太郎が店を開き、八戸藩の江戸為替《かわせ》を取り扱っていた。

斗南藩士の思案橋事件

兜町から日本橋川に架かる鎧橋を渡ると小網町（日本橋小網町）である。小網町には、今は埋め立てられてしまったが、思案橋《しあんばし》という橋が架けられていた。吉原の遊郭に行こうか、それとも芝居見物に行こうか迷ったので、思案橋と名づけられたらしい。日本橋方面から永代橋を渡って深川に行く通路にあたっていたので、人通りが多かった。しかも、小網町には川沿いに河岸があり、物資の積み降ろしをする奥州船積問屋が軒を並べていた。

この思案橋で、明治九年十月に事件が起きた。元斗南（会津）藩士の永岡久茂ら十数人が千葉県庁を襲撃しようとして橋際から船に乗り込もうとした。しかし、駆けつけた警察官と思案橋で斬り合いとなり、永岡らが捕らえられた。この事件は新政府に不満をいだく士族たちが反政府暴動の挙に出たものであり、同じ時期に熊本や福岡、山口などでも乱が起きていた。永岡は田名部の斗南藩庁では権小参事の要職に就いた逸材であったが、獄中で病死した。

霊巌島の商人

茅場町・兜町と小網町の間を流れる日本橋川

日本橋周辺の近くは日本橋川をはじめ、八丁堀などといった多数の掘割が縦横に走っていた。この掘割に囲まれた島状の地形が霊巌島《れいがんじま》（新川一～二丁目）である。天保五（一八三四）年から美濃屋に代わって江戸蔵元を務めた丸屋重蔵はここに住んでいた。

また霊巌島に新川を掘り通した豪商河村瑞賢もこの南新堀に屋敷を構えていた。瑞賢は奥州の幕領米を江戸へ運送するために寛文十（一六七〇）年に東廻り航路を開設しており、太平洋を通って江戸へ向かう八戸藩の恩恵は多大なものがあった。

【江戸との産物交流を示す狛犬】 八戸市の龗《おがみ》神社や新羅《しんら》神社境内にある狛犬は江戸との産物交流を示す。両神社とも同一の狛犬で、文政十一（一八二八）年に寄進された。台座には取引のあった江戸小網町湯浅屋与右衛門、鉄炮洲栖原久次郎、大伝馬町田端屋治郎左衛門、室町美濃屋宗三郎、および当所廿八日町石橋徳右衛門の名が刻まれる。湯浅屋と栖原は干鰯《ほしか》、田端屋は木綿を扱い、美濃屋は産物元締の江戸蔵元、八戸の西町屋は藩の産物支配人であった。

八戸藩、勤役で門番警備

土産は飛脚使い家族らに

常盤橋御門跡と八戸藩の勤役

地下鉄銀座線・半蔵門線の三越前駅で下車して西に向かい、外堀に架かる常盤橋《ときわばし》を渡ると、常盤橋公園（千代田区大手町二の七）と常盤橋御門跡がある。常盤橋門は江戸城から商人街が連なる日本橋方面に出る要衝の要であったので、コの字形の枡形と石垣が築かれた。江戸城の御門跡で往時の姿を留めるのはここだけである。

橋詰めには江戸時代中ごろまで北町奉行所が置かれた。公園内には朝倉文夫が製作した渋沢栄一像が建つ。

ところで、二万石の八戸藩は幕府の勤役として門番警備を命ぜられていた。江戸城外郭にある城門は俗に三十六見《み》付《つけ》といわれた。藩が命じられた警備は、常盤橋、呉服橋、鍛冶橋、日比谷などの御門が多かった。警備には二藩があたり、一カ月交代で番士四名、足軽三名が詰めた。鉄砲・弓・長柄などを備えて、門内を通行する人や物を改めた。

特に城内外を出入りする女子の通行はうるさく、女通行手形を持参しなければ通さないきまりであった。常盤橋御門跡の一町ほど南には、跡形はないが呉服橋御門跡がある。

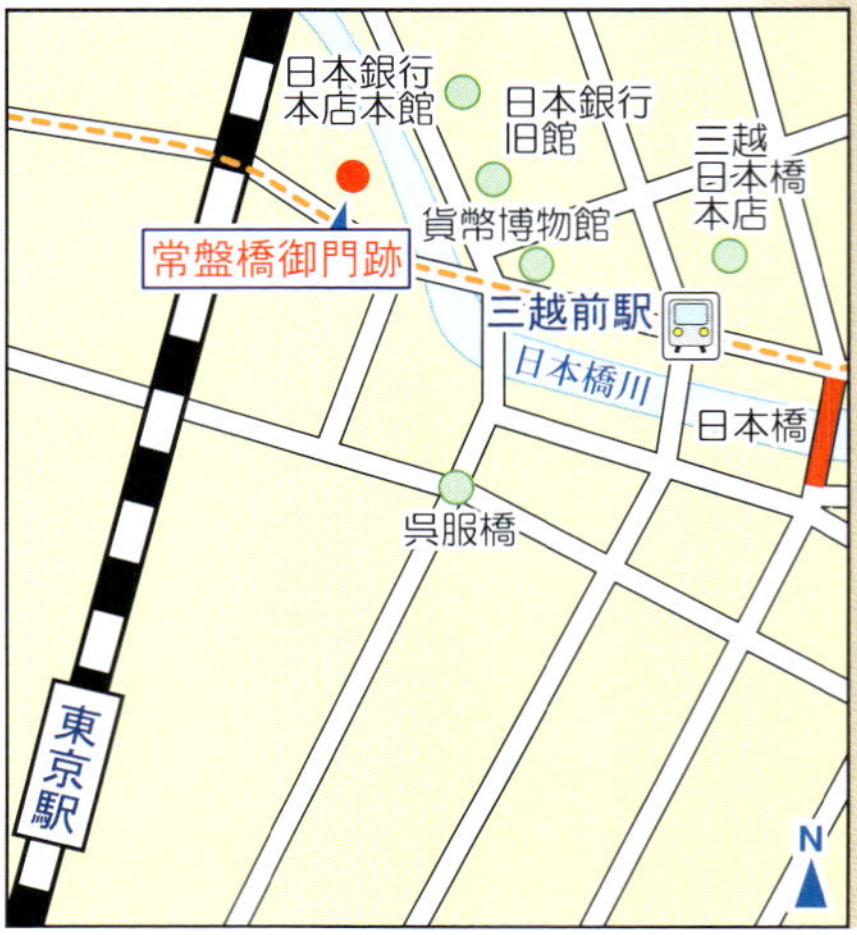

逓信総合博物館の飛脚資料

日本橋方面の出入り口を守る江戸城外郭の城門たる常盤橋御門跡＝千代田区大手町

常盤橋御門跡を西に行き大手町に入ると、逓信《ていしん》総合博物館（大手町二丁目）がある。郵政や情報通信、放送に関する博物館である。特に江戸時代の飛脚については詳しい紹介と展示がある。京・大坂と江戸を結んだ定飛脚問屋には、島屋佐右衛門・京屋弥兵衛・和泉屋甚兵衛などが有名であるが、ここには京屋の資料が所蔵されている。東北地方に飛脚網が伸びるのは、福島辺りの生糸や仙台平野の米情報を取り次ぐためであり、それに伴い島屋や京屋が福島、仙台へと進出してきた。

箱館が開港すると、島屋は文久元（一八六一）年に千住から野辺地を経由して佐井や三馬屋を渡って箱館に至る飛脚網を整備した。八戸へもこの飛脚網の一つとして入り込み、全国的な営業路線に組み込んだ。

飛脚の発達と大名飛脚

飛脚業の発達は日本橋商人たちの産物の買付や販売、輸送の活況とともにその通信手段として発達をとげたものである。従って、飛脚問屋の店そのものも日本橋周辺にあり、京屋は室町、島屋はその裏の瀬戸物町にいた。

日本橋左内町の和泉屋甚兵衛は、同じ町内にいる久慈出身の和泉屋（高木）兵助と緊密な関係を持っていた。和泉屋兵助は文化年中（一八〇四～一七）に八戸藩の産物を江戸へ何度も運送していたので、飛脚業の和泉屋は産物の仕入れ問屋と提携して事業の拡大を図っていた。洋野町大野の鳴雷神社には、和泉屋甚兵衛と兵助が連名で狛犬を寄進しているのが見えている。

この町飛脚に対して江戸藩邸と国元を結ぶものに大名飛脚があった。八戸藩の飛脚は足軽二人を使い、通常八日間で運行された。江戸からは五日、八戸からは二十日が定便飛脚の出立日であった。定便以外にも臨時便が出されていたので、月に二～三度は常時飛脚が江戸・八戸間を往復していたことになる。飛脚は藩の公用便のほか、江戸勤番侍の書状や江戸土産の小荷物も運んだし、蔵元美濃屋の商用書状も御用商人たちに届けた。

貨幣博物館の八戸藩の藩札

三越前駅に戻って日本銀行旧館向かいには日本銀行貨幣博物館（中央区日本橋本石町一丁目）がある。ここは貨幣コレクションが目玉で、八戸藩の藩札も展示する。藩札は藩の財政赤字を補うために領内限りで発行されたもので、資本力のある商人が発行元に選ばれた。藩政改革時の石橋徳右衛門やその後の吉田万右衛門らの藩札が展示されている。

日本資本主義の父といわれる常盤橋公園の渋沢栄一像＝千代田区大手町

【八戸藩士遠山屯の飛脚便】 江戸勤番をしていた遠山屯は、非番の時には、日本橋界隈に出かけて買い物を楽しんだ。大丸屋、山本山、白木屋、松坂屋などの店名が日記に見える。買ったものは飛脚便を利用して家族や親せき、友人などへ送った。紫縮緬《ちりめん》、越中鞆《とも》袋、金平糖、せん茶、紙たばこ入れ、切りもぐさ、手習い筆・墨、たかな・ふゆな・きうり・夏大根の種などである。これらは小さくまとめてその都度藩の飛脚人に渡した。

第20節　築地

中津藩　蘭学に積極的

中屋敷に慶應義塾の前身

築地本願寺と中津藩中屋敷跡

地下鉄日比谷線築地駅で降りると、築地本願寺《つきじほんがんじ》（中央区築地三の一五の一）がある。古代インドの石造寺院様式を取り入れた大伽藍《がらん》である。昭和十（一九三五）年に完成した鉄筋コンクリート造りの本堂は他を圧する威容を誇る。築地の名前は江戸時代に海岸の低湿地を埋め立てて土を盛ったことに由来するという。

本願寺から北東に向かい、聖路加《るか》国際病院側のロータリーには、慶應義塾開塾の地碑と蘭学事始地の碑（中央区明石町一一先）が並んで建っている。

ここは中津《なかつ》藩（大分県中津市）中屋敷跡にあたり、幕末の藩主奥平《おくだいら》昌高は薩摩藩から養子に入り、隠居後はここに住んでいた。八戸藩主南部信順と同じく島津重豪の息子であった。信順よりも三〇歳ぐらい上の兄だったので、島津斉彬の薩摩藩主擁立や幕政改革運動では、島津グループの司令塔の役割を果たした。父重豪と同様、蘭癖大名に数えられ、蘭学や学問の奨励に積極的であった。

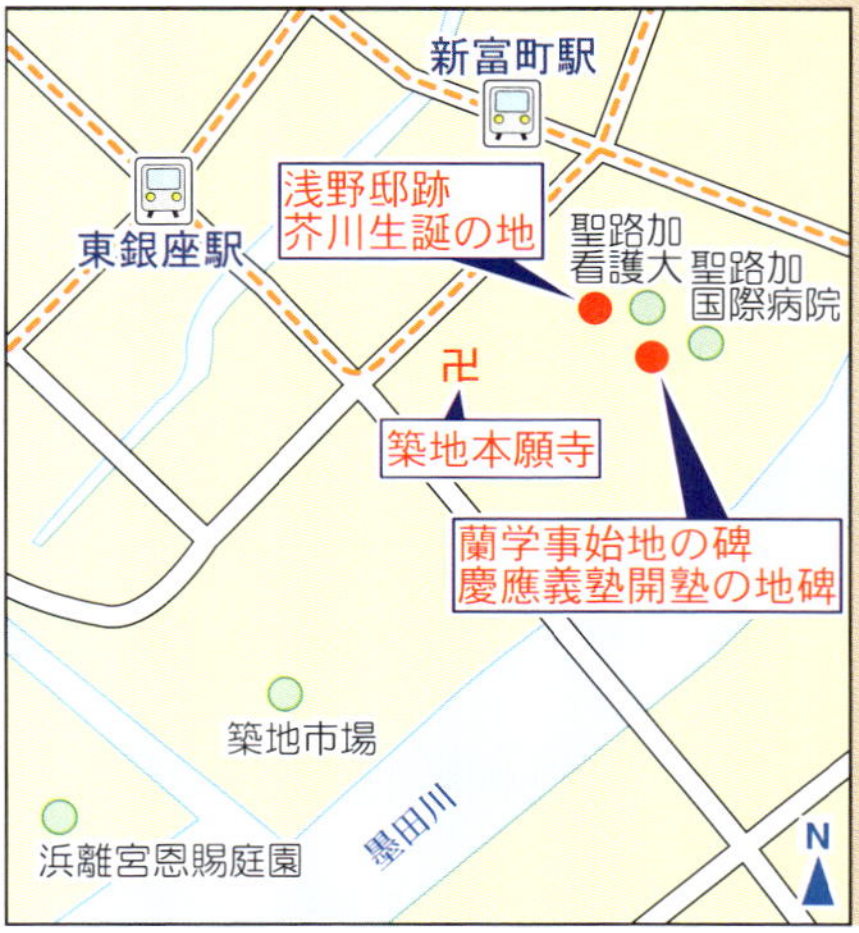

蘭学事始地の碑と慶應義塾開塾の地碑

学問奨励の中、中津藩士であった福沢諭吉は、安政五（一八五八）年に、この藩邸内の長屋を借りて蘭学塾を開設し

古代インドの石造寺院にならった大伽藍の築地本願寺＝中央区築地

た。これが慶應義塾の基となり、芝の新銭座に移った慶応四（一八六八）年に慶應義塾が誕生した。慶應義塾開塾の地碑には、「天は人の上に人を造らず。人の下に人を造らずといえり」、という『学問のすゝめ』の一節が刻まれている。

これより以前、中津藩医の前野良沢は、杉田玄白や桂川甫周らとともに、この藩邸内の自宅で医書『ターヘル・アナトミア』を苦心して翻訳する作業を行っていた。これが安永三（一七四四）年に『解体新書』として出版された。日本最初の西洋医学の翻訳書である。図譜は秋田角館出身の蘭画家小田野直武が協力した。翻訳にあたっての苦心は玄白の『蘭学事始』に記されており、この記念が蘭学事始地の碑である。

また隣接の公園にはシーボルトの胸像がある。シーボルトは長崎のオランダ商館の医者として来日したが、娘いねが築地に産院を開いた縁により、ここに胸像が設置された。シーボルトは日本滞在中に数多くの若者に蘭学を教授し、こよなく慕われた。

浅野内匠頭邸跡と芥川龍之介生誕の地

両記念碑近くの聖路加看護大学前には、浅野内匠頭邸跡の碑と芥川龍之介生誕の地の説明板（明石町）がある。この辺には赤穂浪士で名高い浅野内匠頭の上屋敷があった。内匠頭は元禄十四（一七〇一）年に江戸城で吉良上野介に刃傷に及び、赤穂藩は藩邸と領地を取り上げられ、お家断絶となった。

作家芥川龍之介は、明治二十五（一八九二）年にこの周辺に開業していた牧場の経営者新原家の長男として生まれた。母方の長兄芥川家に養子に入り、長じて夏目漱石の門をたたき、『地獄変』、『羅生門』などの名作を数々世に出した。

旧鉄炮洲にある慶應義塾開塾の地碑と蘭学事始地の碑＝中央区明石町

築地市場と浜御殿

築地本願寺の西には東京中央卸売市場築地市場（築地五丁目）がある。日本橋魚河岸に代わって関東大震災後の大正十二（一九二三）年に築地に移ってきた。水産物の売りさばきで活気にあふれた場所である。

築地川を隔てて浜離宮恩賜庭園（浜御殿）がある。海水を引き入れた庭園として築造され、将軍家の別邸である浜御殿が建てられた。将軍慶喜が鳥羽伏見の戦いで敗れ、大坂から船で江戸へ帰還した際には、ここに上陸した。

【鉄炮洲の外国人の居留地】 築地一帯は江戸時代は鉄炮洲《てっぽうず》と呼ばれた。江戸湾に面しており、海運に従事した商人や大名の蔵屋敷が多かった。八戸藩の干鰯《ほしか》問屋栖原屋久次郎もここの本湊町に居住。出洲の地形が鉄砲に似ているとか、大筒の試射をしたことから名づけられたという。市街地から離れていたので、安政五（一八五八）年日米修好通商条約の締結後は外国人の居留地に。外国使節の公館が建ち、キリスト教団がやって来て異国情緒漂う街となった。聖路加国際病院も宣教師たちが創設した。

第21節　芝・三田

信順、薩摩藩主斉彬を支える

広沢の著書に福沢が序文

薩摩藩上屋敷跡

JR田町駅で下車して北東に歩くと、三菱自動車本社前に西郷隆盛・勝海舟会見の地碑（港区芝五の三三の八）がある。ここは薩摩《さつま》藩の蔵屋敷があった場所で、ここでは二度目の会談が開かれ、江戸城無血開城が決まった。

さらに北へ少し歩くと、NEC本社前に薩摩屋敷跡の碑が建つ（芝五の七の一）。芝二丁目から五丁目にかけての一帯には、広大な薩摩藩上屋敷があった。薩摩藩邸は、慶応三（一八六七）年に庄内藩らによって焼き打ちされて炎上した。江戸市中を撹《かく》乱《らん》した浪士たちのアジトになっていたからである。これが引き金となり、幕府と薩長が戦う戊辰《ぼしん》戦争へと突入した。

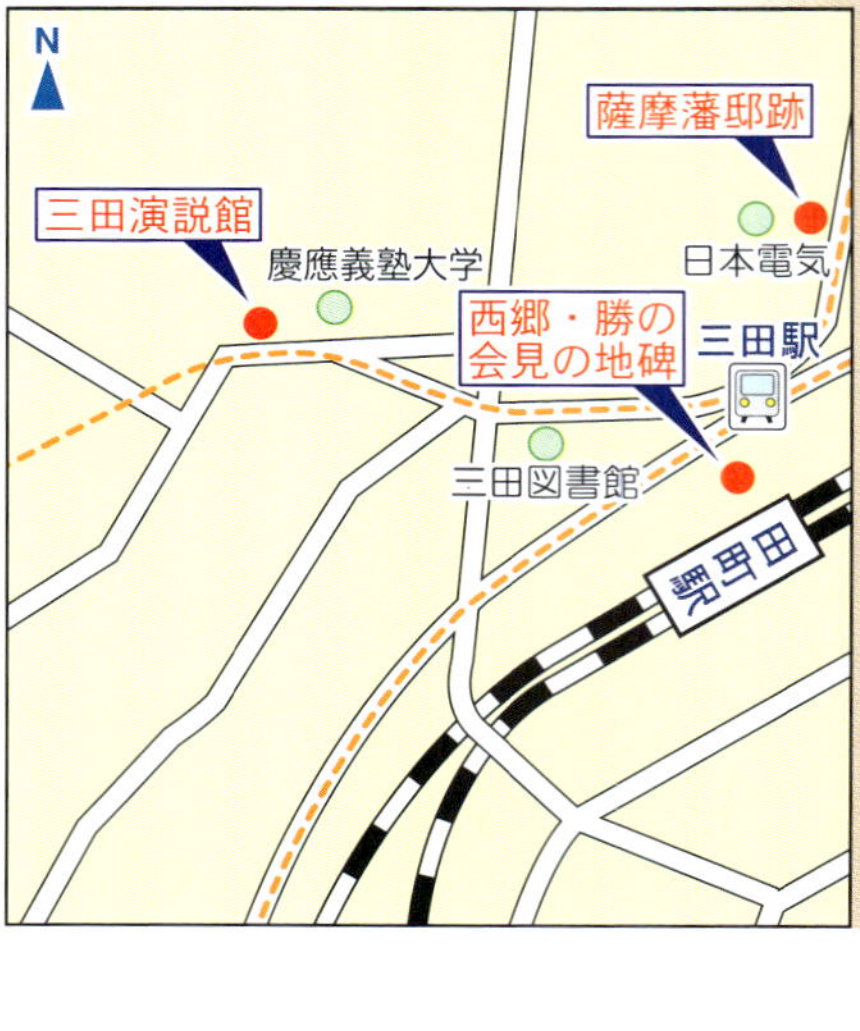

薩摩藩と八戸藩の縁組

薩摩藩と八戸藩との関係は、八戸藩主に島津家から婿養子を迎えたことである。天保十三（一八四二）年、島津重豪の息子篤之丞は南部信順《のぶゆき》と改名して九代八戸藩主に就任した。

信順は、兄の中津藩主奥平昌高や福岡藩主黒田斉溥らと協力して、英明の誉れ高い斉彬《なりあきら》を薩摩の藩主に就かせて藩内の内紛を終息させた。新藩主斉彬は娘篤姫《あつひめ》を将軍御台所《みだいどころ》に輿入れて幕政改革に力を注ぐとともに、領内の富国強兵

江戸城無血開城へ向けて西郷隆盛と勝海舟の会談が行われた会見の地碑＝港区芝

をはかるため、積極的に西洋技術を導入した。

江戸藩邸内においては、蒸気船の模型建造に着手し、安政二（一八五五）年には、信順はもとより斉溥や伊達宗城らを招いて試運転を行った。この時、動いた小型蒸気船は田町より大森まで航行したという。他にも江戸警備のために大砲を鋳造して邸内に砲台を築造した。

慶應義塾大学と福沢諭吉

薩摩藩上屋敷跡から西に行くと慶應義塾大学（三田三丁目）がある。ここは島原藩中屋敷跡で、明治四（一八七一）年に芝新銭座（現浜松町）からこの地に移転して学舎を築いた。

芝新銭座に開校したのが慶応四年だったので、慶應義塾と名づけられた。正門の側に見えるなまこ壁の三田演説館は福沢諭吉が例月演説会を催した場所であり、学内にあるレンガ造りの図書館とともに国の重要文化財に指定されている。

三沢に日本初の洋式牧場を開いた広沢安任は、明治十二（一八七九）年に『開牧五年紀事』を出版した。苦難に満ちた牧場開業の記録であるが、これに福沢が序文を寄せた。福沢は序文を書くことはまれであったが広沢の牧畜開業に感銘を受けて筆を執ったものであった。

また新聞の果たす役割を考えて福沢は時事新報を創刊した。義塾を卒業した門下生に八戸出身の野田正太郎がおり、福沢に認められて時事新報記者となった。明治二十三年、トルコ軍艦が和歌山県沖で遭難した際には、救援活動を報道し、さらに生存者のトルコ移送にあたっては特派員として同道した。トルコ滞在中、友好に努めるとともに、記事を日本に配信して広く全国にその名が知られた。

▼港区郷土資料館

慶應義塾大学の近くには三田図書館（芝五丁目）があり、この四階には港区郷土資料館が開設されている。区内で発掘された原始・古代から近世遺跡の出土遺物や区指定の文化財などが展示されている。港区には江戸時代の大名屋敷の多くが集中しているので、ここでの大名遺跡の展示は一見の価値がある。

昭和六十三（一九八八）年から始まった八戸藩の江戸藩邸（林野庁六本木宿舎跡地内遺跡）発掘調査は、ここが主体となって実施したものである。

福沢諭吉が例月演説会を催した慶應義塾大学の三田演説館＝港区三田

【南部信順付きの老女都川】 将軍御台所の篤姫にはお付き老女・幾島がおり、父島津斉彬はひそかに大奥や幕閣の動向を探らせた。八戸藩に婿入りした信順にも老女都川が薩摩藩から付いてきた。斉彬は病弱な将軍家定の後継に慶喜を推し、公武合体を進めたが、この意向を受けて大名間の説得交渉にあたったのが信順。信順の近くにいて斉彬からの連絡係を務めたのが都川だ。信順が八戸に下っても機密の連絡は都川に届けられた。陰ながら表舞台の藩主を支えたのが老女たちの奥女中だった。

第22節　高輪周辺

権勢ふるった島津重豪

泉岳寺に四十七士の遺品

薩摩藩下屋敷跡

ＪＲ品川駅で下車すると、目の前にホテルパシフィック東京（港区高輪三の一三の三）がそびえている。ここは薩摩藩下屋敷跡である。地名から高輪《たかなわ》屋敷ともいう。勝海舟と西郷隆盛の会談は三田の前日には高輪屋敷でも行われた。

引退した藩主の隠居所であったので島津重豪が晩年に住み、娘茂姫を将軍家斉に嫁がせていたので「高輪下馬《げば》将軍」の異名を持つほど権勢をふるった。一方、シーボルトとも親交があり、オランダ語に通じて早くから開明思想を持ち、ひ孫の斉彬をかわいがり、ここで育てたという。成長した斉彬は篤姫を将軍御台所に入れ、外様大名ながら幕政改革を推し進めた。

東禅寺と一関出身大槻玄沢の墓

同ホテルの北にはグランドプリンスホテル高輪（高輪三丁目）があり、ホテルの敷地内にある旧竹田宮邸を外から見学できる。宮邸はルネサンス様式の堂々たる洋館で、ここから少し北には東禅寺（高輪三の一六の一六）がある。幕末に伊達宗城を輩出した伊予宇和島藩伊達家の菩提《ぼだい》寺であるほか、わが国最初のイギリス公使館が開設された場所であった。駐日公使としてアメリカのハリスと対抗したのがオールコックで、日本見聞録の『大君の都』を書いている。

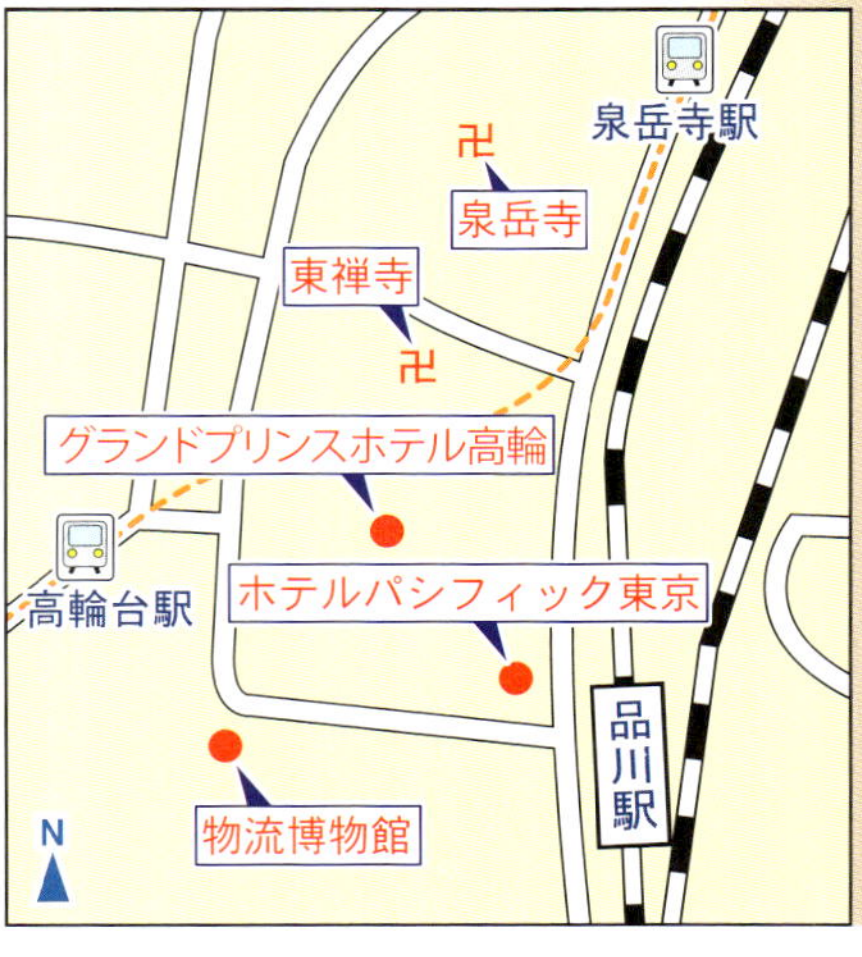

グランドプリンスホテル高輪内にある旧竹田宮邸＝港区高輪

墓地内には大名以外には、一関藩出身の蘭学者大槻玄沢の墓がある。磐水と号し、初めは一関藩医の建部《たけべ》清庵の門人となり、江戸に出て蘭方医学を杉田玄白に、蘭学を前野良沢に学んだ。長崎に遊学した後、江戸に学塾芝蘭堂を開いた。オランダ語の入門書『蘭学階梯』を著したほか、幕府天文方に勤め、蘭書の翻訳に尽くした。玄沢のひ孫に日本最初の国語辞典である『言海』を編集した大槻文彦がいる。

一関の医師建部清庵

一関藩医建部清庵（二代）については、『民間備荒録』の著者で知られている。宝暦の飢饉《ききん》の際、一関をはじめ東北地方では多数の餓死者が出た。この惨状を救うために山野草の食べ方や食料の備蓄方法、解毒や応急手当ての方法などをこれに書き留めた。

同じころ、八戸にいた安藤昌益もこの宝暦飢饉《ききん》を体験した。昌益も悲惨な飢饉の原体験が『自然真営道』執筆の動機となっていたので、両者には相通ずるものがあった。清庵は杉田玄白と交友があり、三男を玄白の門下に入れ、四男が玄白の養子となった。またどのような経緯か不明だが、四代目清庵の長男玄敬は蘭医として八戸藩九代藩主に採用されている。嘉永七（一八五四）年には二両二人扶持が給されていた。

赤穂義士の泉岳寺と周辺の寺

東禅寺の北に泉岳寺《せんがくじ》（高輪二丁目）がある。地下鉄浅草線泉岳寺駅で下車すると近い。元禄十五（一七〇二）年、吉良上野介を討ち果たした大石内蔵助ら赤穂浪士四十七士が、主君浅野内匠頭長矩とともにここに葬られた。境内には、四十七士の遺品を展示した赤穂義士記念館がある。またホテルパシフィック東京の西には、物流博物館（高輪四丁目）という私設博物館がある。物流という視点で、江戸時代以降の交通・運輸の発達を知ることができて、おもしろい。

三田に戻って慶応大学正門（南門）の南西に宝生院（三田四丁目）がある。墓所には江戸時代に都々逸《どどいつ》を完成した都々逸坊扇歌の供養墓がある。都々逸は男女相愛の情を三味線を使って独特の節回しでうたう俗曲である。その南の三田台公園の近くには会津藩菩提寺の実相寺（三田四丁目）がある。

日本最初のイギリス公使館が開設されていた東禅寺＝港区高輪

【八戸を記録した「奥のしおり」】 都々逸坊扇歌の師匠は江戸落語家の扇遊亭扇橋といった。扇橋は落語をはなしながら全国を巡業したが、天保十三（一八四二）年に八戸にやって来た。商人や藩の重臣の屋敷で寄席を持ったほか、八戸の見聞を旅日記『奥のしおり』に書き留めた。「八戸は東廻り船にてたびたび江戸へ参り申す候あいだ、たばこ・茶など江戸より持ち参り、我らが弟子都々逸坊扇歌が作りたる都々逸《どどいつ》、〝どっちりとん〟などの本これあり。盛岡よりもかえって江戸近くござ候」とある。海に向かって開けた八戸の様子がよく描かれている。

第23節　品川周辺

宿場町の名残　色濃く

ペリー来航受け台場築造

京浜急行線新馬場駅で下車して東にある天王洲方面に向かうと、旧東海道沿いに品川宿跡《しながわじゅく》がある。狭い道幅の両側に商店街が並んでいる風景は、往時の宿場町そのままの景観である。

品川宿は西国に向かう「東海道五十三次」の最初の宿場町となる。日本橋からはちょうど二里の道程であった。奥州街道の千住宿、中山道の板橋宿、甲州街道の内藤新宿とともに「江戸四宿」に数えられた。

商店街の一画にある聖蹟公園内には本陣《ほんじん》跡がある（品川区北品川二の七の二一）。本陣とは参勤交代をする大名が宿泊する際の旅宿である。江戸時代当時の品川は海に面しており、現在の商店街のすぐ下には海岸線が迫っていた。聖蹟公園の由来は、明治天皇が東京遷都の途中でここに宿泊したことから命名された。

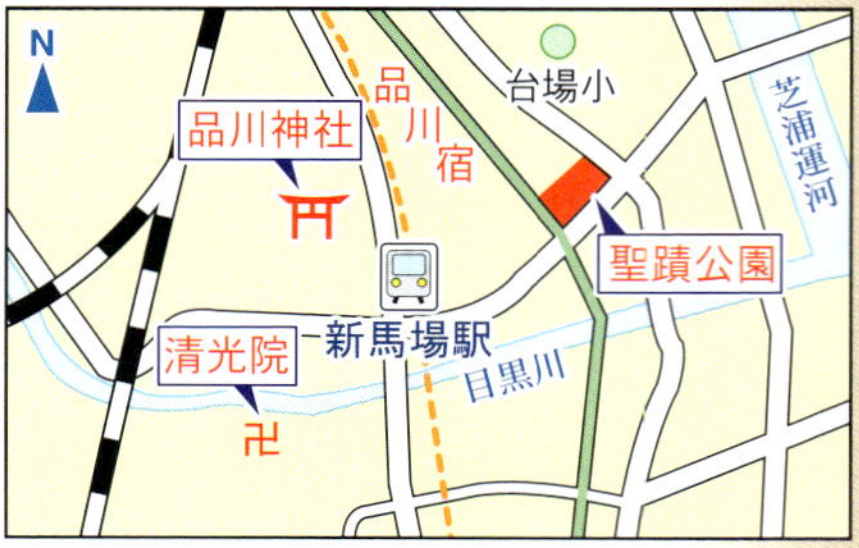

八戸藩領内の台場

本陣跡の東に御台場跡がある。御殿山《ごてんやま》の下に位置していたので御殿山下台場（砲台）跡といわれる。台場小学校（東品川一丁目）の正門前に案内板があり、小学校の敷地そのものが台場築造当時の五角形のままである。嘉永六（一八五三）年にペリーが来航して以来、幕府は江戸湾警備のために湾内十一カ所に砲台場を築造することにした。この台

「東海道五十三次」の最初の宿場町である品川宿にある商店街＝品川区北品川

場跡はその中の一つである。ここからさらに東の東京湾上には、新しい遊び場となったお台場があるが、ここも台場跡にちなむ場所である。ゆりかもめ線の南側海上には第六台場があり、お台場の台場公園が第三台場となっていた。

八戸藩でも、太平洋に面していたため海岸沿いに台場を築造した。ペリー来航の翌年に八カ所の台場を築いた。北から八太郎、湊場尻、館鼻、塩越、鮫、小舟渡、有家《うげ》、久慈に置いた。

台場には大砲を備え、陣屋を造り、大筒方や陣屋詰めの人員を配置した。その台場跡は、現在はしだいに形状が消失しつつあるが、洋野町有家の台場跡は台場や陣屋の形状がよく残っている。実際の警備は武士ではなく、鉄砲に習熟した周辺の猟師たちが駆り出されて詰めていた。戦闘する武士の本分が薄れてきた証である。

品川宿界隈の旧跡

宿場跡界隈《かいわい》は、多くの見どころや古い神社仏閣に恵まれている。北には高杉晋作や久坂玄瑞らの志士が異人襲撃の密議を凝らした大旅籠《はたご》「土蔵相模《さがみ》」跡。中ほどの品川神社（北品川三丁目）の裏手には自由民権運動の旗頭であった板垣退助の墓。その近くの清光院（南品川四丁目）は中津藩奥平家の菩提《ぼだい》寺。中津藩は八戸藩主信順の長兄である昌高が養子に入った藩であった。さらにその南の海晏寺《かいあんじ》（南品川五丁目）は越前福井藩の菩提寺。松平春嶽（慶永）や岩倉具視の墓がある。

近くの大井公園には大政奉還を建議した土佐藩主山内容堂（豊信）の墓（東大井四丁目）も建つ。宿場跡の南端には処刑場として知られる鈴ケ森刑場跡（南大井二丁目）があり、その東には競馬ファンになじみの大井競馬場が所在している。

考古学発祥の大森貝塚

JR京浜東北線の大森駅近くには、大森貝塚の碑（大井六丁目と大田区山王一丁目の二カ所）がある。明治十（一八七七）年、アメリカから来日した動物学者モースが、鉄道の車窓から貝塚を発見したことで一躍有名になった遺跡である。日本考古学発祥の地といえる。

台場小学校前にある御殿山下台場跡の石垣と明治三年に建てられた灯台記念碑＝品川区東品川

【江戸の名所めぐり】 文化文政ごろになると全国的に旅行ブームが起きる。南部地域でもお伊勢参りを名目に旅に出かけるようになった。二戸市鳥越の農民が書いた慶応二（一八六六）年『道中記』では、江戸馬喰町刈豆屋茂右衛門に宿泊し、神田明神、吉原の見世、日本橋、愛宕山、桜田の盛岡藩邸などを見物した。増上寺では筆紙に及びかねると感嘆。南部領の者は日本橋馬喰町の旅籠刈豆屋に宿泊することが多く、見物コースには盛岡や八戸の藩邸も組み入れられていた。

第24節 大田区

日蓮宗開祖終えんの地

北洋開拓の先駆者も眠る

池上本門寺

東急池上線池上駅で下車して歩くと、丘陵地に池上本門寺《いけがみほんもんじ》（大田区池上一の一の一）が見える。日蓮宗を開いた日蓮が終えんをとげた地である。鎌倉幕府の工匠池上宗仲が日蓮に帰依して寺院を建立したのが始まりといわれる。

弘安五（一二八二）年、甲州身延《みのぶ》山（山梨県）をたった日蓮が常陸に向かう途中に、池上のこの寺で病に倒れて死去した。遺骨は身延山へ移葬され、遺灰はこの寺に葬られた。江戸時代に入ると、徳川家康は寺領を与えて保護したが、寛永七（一六三〇）年、不受不施派にくみしたため幕府から独善排他に過ぎるとして厳しい弾圧を受けた。不受不施とは、信者以外から施しを受けず、施しもしないという意味であった。

広い境内には五重塔が建ち、墓域には数多くの豪華な墓碑や供養塔が並んでいる。熱心な信徒であった加藤清正の石塔があるほか、諸大名や幕府の奥御用絵師狩野家、さらにはプロレスラー力道山など、著名人の墓が多い。

南部関係では、三代盛岡藩主重信の娘で、鳥取藩池田家四代藩主室の長源院の墓があり、八戸沖で遭難した郡司成忠の墓と弟の小説家幸田露伴の墓がある。また当寺は、戊辰戦争時には、新政府軍の本営が置かれ、西郷隆盛と勝海

日蓮が入滅した寺の池上本門寺＝大田区池上

舟が江戸入城をめぐり最初の会談を開いたこともあった。

郡司大尉の八戸沖遭難

八戸沖で遭難した郡司について触れると、明治二十六（一八九三）年、海軍大尉を退役した郡司は千島半島を開拓するために短艇五隻を率いて品川をたち、八戸の鮫浦に入港した。ところが出航後、三沢市淋代沖と八戸市大久喜海岸で相次いで船が遭難。乗組員が全員死亡するという悲惨な事故が起きた。この時は、千島への上陸はならなかったが、後に千島に入植し、漁場の開拓にあたるなど、北洋開拓の先駆者となった。

鮫町の浮木寺《ふぼくじ》には遭難の翌年に記念碑が建立され、その後、遭難現場の大久喜と天ケ森にも記念碑が建てられた。小説『五重塔』などで知られる幸田露伴は郡司の実弟にあたる。

日蓮と南部氏の身延山

日蓮が本門寺で病を得た時、日蓮が出立して来たのは身延山からであった。身延山は根城南部氏の祖である南部実長が持っていた所領である。実長は南部光行の三男といわれ、甲州波木井郷を領して波木井実長とも称した。勤番で鎌倉に出仕していた折、日蓮のつじ説法を聞いて感動し、これ以来日蓮に深く帰依した。文永十一（一二七四）年、流刑地佐渡から帰ってきた日蓮を実長はあたたかく迎え入れ、波木井近くの身延の山を寄進したのである。

日蓮は実長の献身的態度に感謝し、「たとえいずくにて死ぬるとも、墓は身延の山に立てさせ給《たま》え。未来際まで、心は身延の山に住むべく候」と述べた。こうして本門寺で倒れても遺骨は身延山に埋葬されたのである。この大本山本門寺とともに身延山久遠寺《くおんじ》も日蓮宗のかなめとして総本山になっている。根城南部氏の旗印は、日蓮の筆になる「南無妙法蓮華経」であるのは、このような南部氏と日蓮とのつながりによるものであった。

洗足池の勝海舟の墓

本門寺の北、東急池上線洗足池駅の前に洗足池《せんぞくいけ》（南千束二丁目）がある。ここは日蓮が身延山からの旅の途中、足を洗ったという伝説にちなむ池である。池の畔には勝海舟の別邸があり、勝夫妻の墓が遺言でここにつくられた。かたわらには西郷隆盛の詩碑がある。

熱心な日蓮宗信徒であった加藤清正の大きな供養塔＝大田区池上

【国文学研究資料館】 現在は立川市に移転したが、池上に近い品川区戸越には国文学研究資料館があった。国文学に関する資料や書籍・雑誌類、大名家や県市町村、個人などの文書を多数収蔵して閲覧に供していた。平成十五（二〇〇三）年、八戸市立図書館が所蔵する貴重な読本《よみほん》（江戸期の娯楽小説）展を開催し、全国的な評価を得た。古文書では、津軽為信が「南部」右京亮を名乗っていたという津軽家文書、安藤昌益の墓が見つかる契機となった大館市の一関家文書など、貴重なものが豊富である。

第25節　赤坂・安藤昌益関係①

昌益に光当てたノーマン

東大に「自然真営道」所蔵

ノーマン図書館

地下鉄銀座線・半蔵門線・大江戸線青山一丁目駅で下車して東に歩くと、カナダ大使館（港区赤坂七の三の三八）がある。大使館内には両国の友好に力を尽くしたノーマンを記念してE・H・ノーマン図書館が設立されている。

ノーマンは『忘れられた思想家―安藤昌益のこと』を昭和二十五（一九五〇）年に岩波新書で出版した。敗戦直後の日本では、民主的な思想は日本には育っていなかったという風潮が一般的であった。

これに対してノーマンは、「いや、すでに江戸時代に昌益という思想家がおり、徹底した平等思想を唱え、力の強い武士が力の弱い農民を支配する社会の不公正を厳しく追求していた。歴史に埋もれ、忘れられた存在であるが、昌益にこそ日本の民主的思想の源流を見ることができる」、と説いた。敗戦に打ちひしがれた日本において民主的思想がすでに存在していたというノーマンの論説は日本人に大きな勇気を与えるとともに、昌益を日本全国に知らしめた。

ノーマンは明治四十二（一九〇九）年、カナダ人宣教師の子として日本に生まれ、ハーバード大学などで日本研究をしてカナダ外務省に入った。大戦後、連合国総司令部に赴任し、占領下日本の民主化政策の実施に携わった。その後、

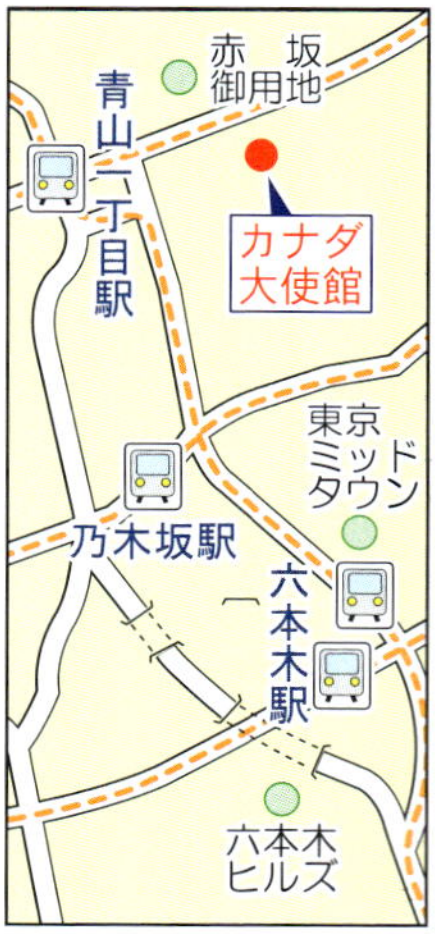

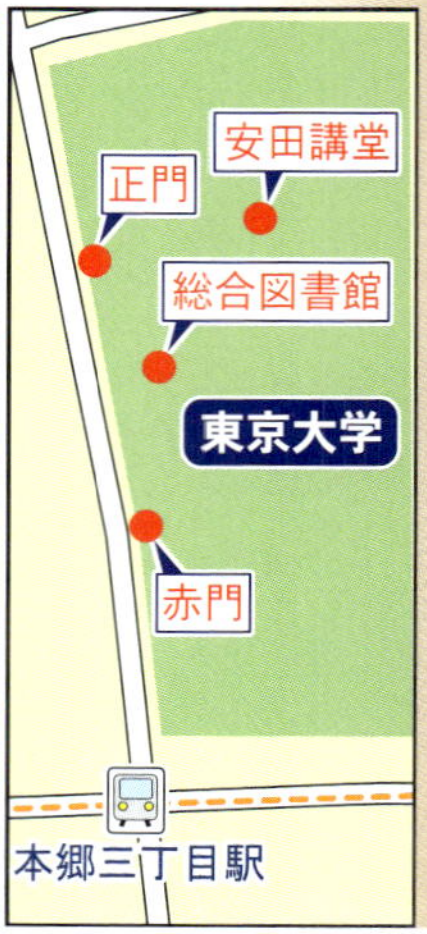

『忘れられた思想家―安藤昌益のこと』を著したノーマンにちなむカナダ大使館のノーマン図書館＝港区赤坂

カナダのエジプト大使に就任したが、反共マッカーシズムに巻き込まれ、昭和三十二年にカイロで自殺を遂げた。

東京大学総合図書館

文京区本郷には東京大学があり、ここの総合図書館（文京区本郷七丁目）には、昌益の著作である稿本《こうほん》（原稿本）『自然真営道』が所蔵されている。もとは一〇一巻九三冊あったが、関東大震災によりほとんど焼失し、貸し出されていた十二巻十二冊が奇跡的に助かった。

震災を免れた巻は昌益思想の中心となる晩期の「大序」、「法世物語」、「良演哲論」などであり、これをもとにノーマンをはじめとする戦後の歴史研究が進められた。さらに昌益の医学の師匠は京都の味岡三伯であったが、三伯の薬の処方集である「九九選方」なども納められており、研究に事欠かない。

昌益の中期思想を代表する『統道真伝』五巻五冊は港区三田の慶應義塾大学図書館に所蔵されている。他に京都小川源兵衛を板元として出版された刊本『自然真営道』三巻三冊も納められている。

村井中香と長崎屋

日本橋にある中央区日本橋室町三丁目辺り（旧本町二丁目）には昌益の門人である村井中香が住んでいた。「良演哲論」に「苦楽を語らず、直耕を怠らず」との問答を載せている。何を生業にしていたか不明であるが、本町は大阪の道修町のような薬種問屋街であったので、薬屋であった可能性もある。村井姓からいえば、出自は高島出の近江商人であったろうか。

昌益の「自然真営道」が収蔵されている東京大学総合図書館＝文京区本郷

さらに、旧本町三丁目には刊本「自然真営道」の出版にかかわった本屋の松葉清兵衛がおり、一町隣の旧本石町三丁目にはオランダ人宿舎の長崎屋があった。現在の総武本線新日本橋駅（日本橋室町四丁目）付近である。ここは長崎の出島から毎年オランダ商館長が参府した折、その宿舎に充てられた場所で、昌益はこの長崎屋からオランダの情報を入手し、著作にその社会を描いていた。

【安藤昌益の生涯】 『忘れられた思想家』の冒頭には、「今から二百年前、日本の北隅、秋田の一学者が『自然真営道』と題する哲学的・政治的論文百巻九三冊をしたためた。その著者が果たして何者であるかは何の手がかりもなかった。のちに本州北端の小都八戸に移り、医業に携わっていた」とある。現在は、昌益は大館市二井田で生まれ、その後、京都で医学修行をして八戸に移住してきたことが分かっている。町医者をしながら『自然真営道』を書き上げ、やがて故郷の二井田へ戻り、宝暦十二（一七六二）年に六〇歳で死去した。

第26節　千住・安藤昌益関係②

千住宿仲町に稿本一〇一巻
穀物問屋営む橋本が所蔵

千住宿跡

JR常磐線・地下鉄千代田線北千住駅で下車して西へ歩くと、南北に走る商店街があり、ここが旧日光街道と旧奥州街道の千住宿《せんじゅしゅく》であった。

この交差点のすぐ北側には大名などが宿泊した本陣跡があり、その記念碑が建つ（足立区千住三の三三）。ここから南の仲町へ向かうと、芸術センター前に問屋場跡や高札場跡がある。ここで伝馬の取り換えや荷物の積み降ろしが行われたので、宿場の中心地であった。

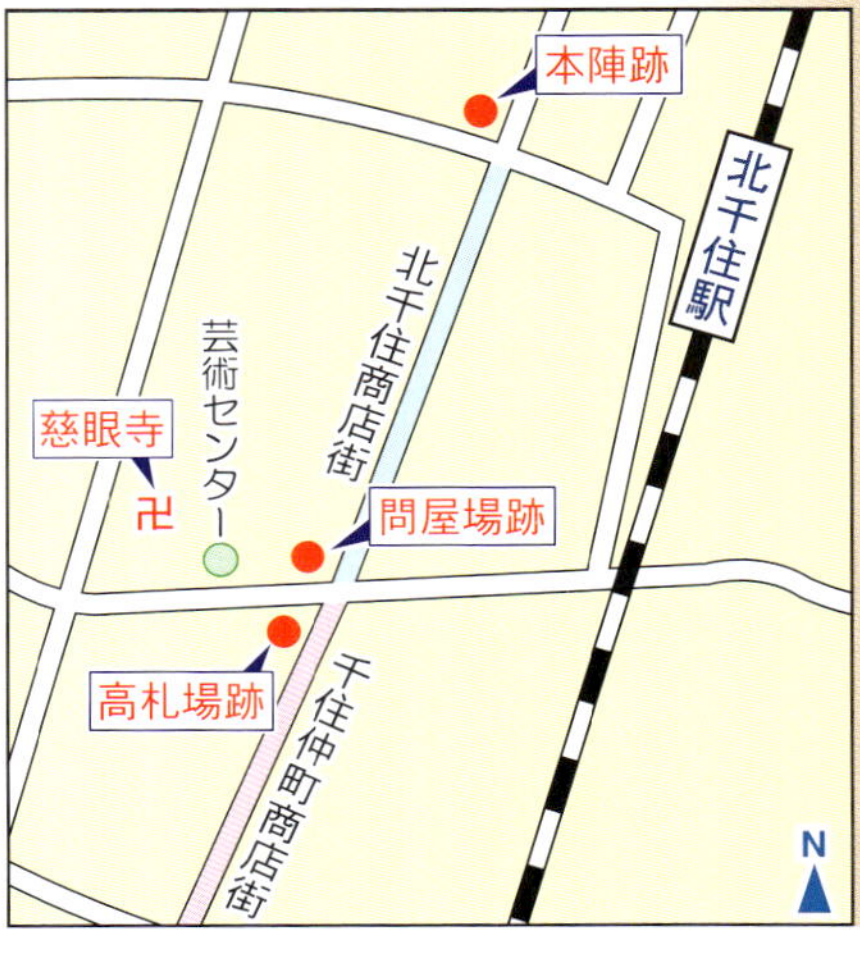

八戸藩主の江戸入り

千住宿は江戸の出入り口である。奥州道中では最初の宿駅であり、かつ最終の宿駅でもあった。松前をはじめ弘前、盛岡、仙台などの東北諸藩はほとんどここを通って江戸に入った。

八戸藩は十七日ぶり（十六泊十七日）で江戸との参勤交代をしたが、直前の宿駅である千住では、宿泊するよりも休憩を取ることが多かった。本陣には江戸留守居が出迎えに来た。奥様からのお重の差し入れを携えていた。ここで江戸に入る身支度をし、行列を整えて江戸へ出発した。江戸に入ると、まず老中屋敷を回って江戸参着をあいさつし、

奥州街道の最初で最後の宿駅であった千住宿跡に立ち並ぶ商店街＝足立区千住

それからようやく麻布上屋敷に入ることになる。

千住宿には大名以外にも武士や商人が通行し、伊勢参りの農民なども多数通ったので、旅籠《はたご》が五〇軒以上も軒を並べていた。飯盛り女と呼ぶ遊女もおり、文化五（一八〇八）年十一月に田名部の菊池久左衛門が通った時には、道の両側に出女が着飾って並んで立っていたという（旅日記「伊紀農松原」）。

安藤昌益の著作の発見

千住宿仲町には安藤昌益の著作である稿本『自然真営道』一〇一巻を所蔵していた橋本律蔵が住んでいた。橋本は穀物問屋であったが、やがて著作は古書店を経て狩野亨吉《かのうこうきち》の手に渡り、昌益思想解明の端緒となった。明治四十一（一九〇八）年に「大思想家あり」と狩野が発表して、昌益思想は死後一五〇年を経て現代によみがえったのである。

なぜ昌益の書物が千住に伝来されたかは分かっていない。稿本『自然真営道』は高弟神山《かみやま》仙庵（仙確と号す）が清書したものであったので、仙庵が参勤交代で江戸へ上った折、千住に残されたのではないかと考えられている。仙庵は藩主を診察する側医《そばい》であり、参勤交代時には藩主に付き従って江戸に参府することが多く、その可能性は大きい。

慈眼寺と三峰館寛兆

問屋場跡の近くには慈眼寺《じげんじ》（千住一の二の九）がある。橋本律蔵の墓があるほか、住職が文化年間（一八〇四～一七）には建部巣兆たちと句会を催していた。巣兆は江戸三大家の一人といわれた俳人で、千住に住まいしていた。

八戸藩士に松橋宇助がいるが、宇助は江戸勤番に上るたびに巣兆から俳諧の手ほどきを受けた。師匠から一字を拝領し、三峰館《さんぽうかん》寛兆と号した。江戸の俳人名鑑『万家人名録』に掲載されているので、八戸のみならず全国的な俳人として名が知られていた。ただ残念ながら、文政二（一八一九）年の八戸藩の藩政改革では、実家七崎屋とともにお家断絶の処分を受けた。しかし、その後、俳句はもちろん書画などに才能を発揮し、八戸藩領内図や八戸浦絵図などを書き残して文化的影響を与えた。

安藤昌益の著作を所蔵していた橋本律蔵の墓がある慈眼寺＝足立区千住

【昌益の医学思想の継承】　安藤昌益の『自然真営道』を所蔵した橋本律蔵はどのような人であったのか、千住に著作がなぜ伝わったのかなどが、千住で解明が進められている。律蔵は昌益の医学思想を理解していたからこそ所持していた、さらに律蔵は橋栄徳と呼ばれた医師であったなどと議論されている。さらに昌益の医学思想の継承者に川村寿庵と真斎の医師がいたが、両人は親子であったこと、父寿庵は三戸出身者であったこと、真斎は千住で死去したことなどが、明らかにされた。この医者の流れの中で昌益の医学思想が千住に伝えられたのであろう。

巨大な山門立つ東郷寺

住職は根城南部氏の末裔

広沢牧場東京出張所の開設

ＪＲ新宿駅の西側、東京都庁（新宿区西新宿二の八の一）にかけての一帯には、斗南藩士広沢安任《ひろさわやすとう》が開いた広沢牧場があった。

広沢は三沢に牧場を開いたほか、東京にも牧場を設け、南豊島郡淀橋町（新宿区西新宿）に東京出張所を置いた。併せて牛乳を販売する東京牛乳販売所も併設した。明治十九（一八八六）年に上京し、牛の飼育や執筆活動を行っていたが、明治二十四年、ここで生涯を閉じた。六二歳であった。

南部氏ゆかりの東郷寺と多磨霊園

新宿から京王線に乗り、多磨霊園駅で下車。駅の南西に歩くと、東郷寺《とうごうじ》（府中市清水が丘三の四〇の一〇）がある。日露戦争で名を上げた東郷平八郎の別荘があった所である。山門は見上げるように大きく、黒澤明監督の「羅生門」のモデルになったともいう。住職は根城南部家の末裔《まつえい》である。南北朝期以降、八戸根城に拠《よ》って華々しく活躍し、その後遠野へ移ったその南部氏である。

駅の北には広大な多磨《たま》霊園（府中市多磨町）が広がっている。東京の墓地不足解消を目的に大正十二（一九二三）

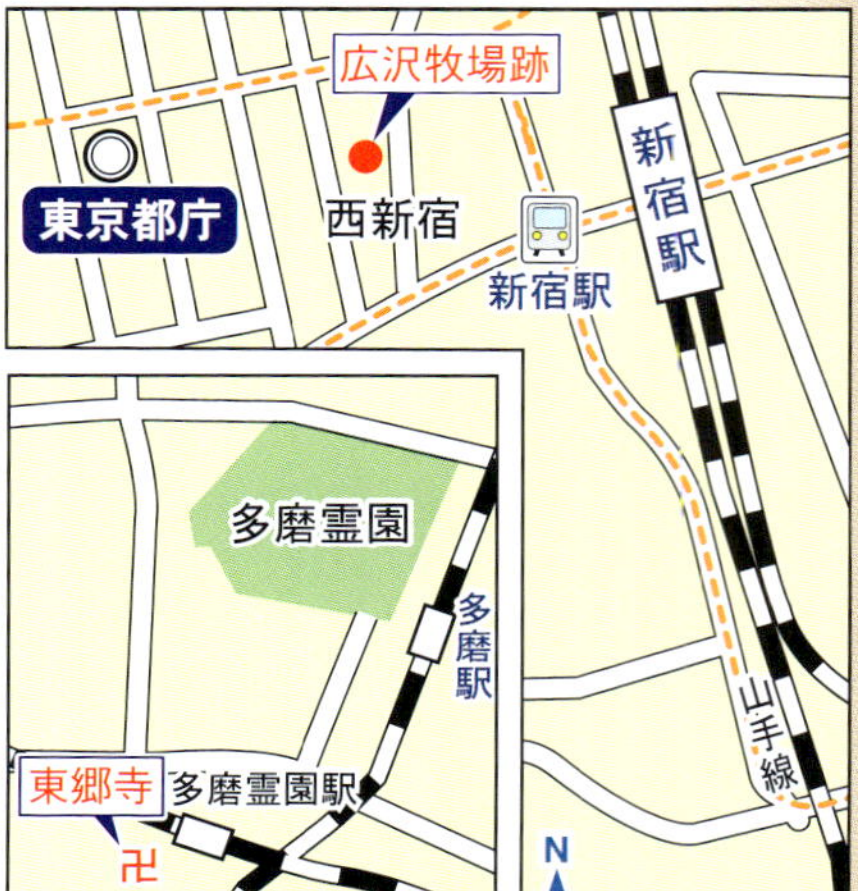

映画「羅生門」のモデルになったともいう東郷寺の山門＝府中市清水が丘

年に開設された墓地霊園である。樹木で覆われた敷地には近現代史を彩った著名人の墓が多くある。安藤昌益を発見した狩野亨吉《かのうこうきち》、八戸市下長の揚水耕地整理記念碑に撰文《せんぶん》を刻した徳富蘇峰《そほう》、「我、太平洋の橋とならん」とした新渡《にと》戸《べ》稲造、五戸から十和田湖へ遊んだ与謝野鉄幹・晶子のほか、東郷寺ゆかりの元帥東郷平八郎が葬られている。

昌益発見の狩野亨吉

昌益にかかわった狩野亨吉は秋田県大館出身である。京都帝国大学文科大学初代学長を務めたが、本の収集家としても知られていた。千住の橋本律蔵が所蔵していた『自然真営道』が古書店に渡り、これを狩野が明治三十二年に手に入れたのであった。

狩野は内容を読んで驚いた。最初は狂人が書いたものではないかと疑った。釈迦《しゃか》や孔子などの聖人をはじめ、徳川家康までもが、ことごとく罵《ば》倒されていた。しかし、よく読んでみると、独自な理論を構築して武士が支配する封建体制を見事に論破しているのであった。こうして明治四十一年、「大思想家あり」とその研究成果を発表した。ここに昌益は一五〇年ぶりに埋もれた歴史から生き返ったのである。

近藤勇、太宰治の墓

多磨霊園の東には新撰組局長で名高い近藤勇の生家と墓（龍源寺＝三鷹市大沢六丁目）がある。広沢安任は、会津藩主松平容保が京都守護職として京都にあった時、公用方として新撰組を統率していたので、近藤とは強いきずながあった。

多磨霊園の北東、ＪＲ中央線三鷹駅の南には小説家太宰《だざい》治が眠る禅林寺（三鷹市上連雀四丁目）がある。太宰は五所川原市金木の出身で、『走れメロス』、『斜陽』、『人間失格』などの作品で知られる。破滅型の作家といわれるが、「富士には月見草がよく似合う」と口ずさんだ。日本一の山にも負けずに、けなげに生き抜く月見草のような弱者を重んじた。昭和二十三（一九四八）年六月、三八歳で玉川上水に身を投じて自殺した。また向かいには小説家森鷗外の墓がある。作品に弘前藩の儒医渋江抽斎の生涯を描いた『渋江抽斎』、岩木山伝説でも知られる安寿と厨子王の悲話『山椒大夫』がある。

安藤昌益を現代に甦らせた、多磨霊園内の狩野亨吉の墓＝府中市多磨町

【与謝野鉄幹・晶子夫妻の五戸来訪】「君死にたまふことなかれ」と日露戦争の悲惨さを詠った歌人に与謝野晶子がいる。夫鉄幹とともに、大正十四（一九二五）年九月に五戸の地を訪ねて来た。高雲寺住職大竹保順と歌を通して親交があり、五戸で歌会や講演会を催した後、十和田湖に遊んだ。当時、鉄幹は雑誌『明星』を復刊させており、文芸や評論活動に力を入れて全国の知人を訪問していた。この時、晶子は「深山木《ふかまぎ》を　天に次ぎたる　空にして　重くうつせる　奥入瀬の水」と詠んでいる。

第28節　染井・安藤昌益関係④

ゆかりの人物眠る墓地

「真営道」救った三上参次

染井霊園と昌益をめぐる人々

ＪＲ山手線巣鴨駅で下車。途中、とげ抜き地蔵でにぎわう高岩寺を見学しながら、北の染井《そめい》霊園に至る（豊島区駒込五の五の一）。染井霊園は雑司ケ谷や青山霊園などとともに明治五（一八七二）年に開設された公営墓地である。

墓地内には、弘前出身の明治の新聞人陸羯南《くがかつなん》、十和田湖乙女の像の彫刻家高村光太郎、安藤昌益の『自然真営道』を救った学者三上参次の墓がある。また江戸時代末期の北方探検家で、北海道の名付け親である松浦武四郎の墓もある。

昌益とかかわりのある三上は東京帝国大学の国史科教授であった。大正十二（一九二三）年の関東大震災で帝大図書館が火災にあった際、ここに所蔵されていた『自然真営道』一〇一巻も灰燼《じん》に帰したとみられていた。

ところが、三上が偶然十二冊を借り出しており、これが奇跡的に燃えずに残された。しかも、この十二冊は「大序」や「良演哲論」といった昌益思想の核心を記したものばかりであり、巻全体の構成が分かる目録も付いていたのである。いわば昌益思想の全体系を知りうるものであった。三上の眼識力によって借り出された昌益の書物は命永らえて現在に伝えられた。

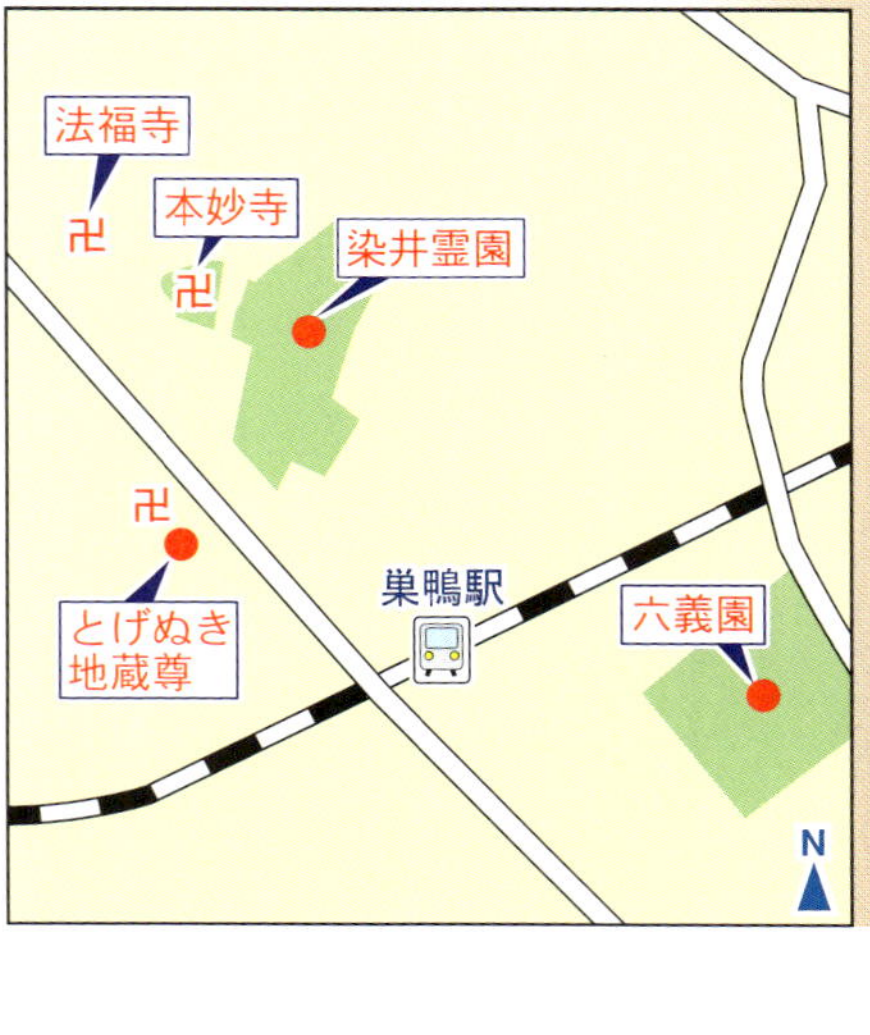

安藤昌益の『自然真営道』を救った学者三上参次の墓がある染井霊園＝豊島区駒込

日記を書き継いだ遠山家の菩提寺

染井霊園の北西に法福寺（巣鴨五の三四の二四）がある。ここは八戸藩士遠山家の江戸菩提《ぼだい》寺である。遠山家は元禄八（一六九五）年に軍学者として江戸で召し抱えられた武士である。遠山家が名高いのは歴代当主が書き連ねた遠山家日記である。八戸市立図書館所蔵になるもので、寛政四（一七九二）年から大正八（一九一九）年までの一二七年間、一〇九冊の記録である。それは武家個人の生活記録だけにとどまらず、八戸藩政や八戸社会の動向を知る上で、貴重なものである。

日記を書き始めたのは七代庄右衛門であるが、それ以前までは遠山家は江戸常詰めであったので、その時期の墓所がここである。ただ法福寺はかっては浅草に所在しており、大正末期にここに移転してきた寺である。

遠山家の墓石には二代目庄太夫とともに妻の栄松院の名前が記されている。栄松院は四代八戸藩主広信《ひろのぶ》の側室であり、それを庄太夫がもらい受けたのである。ところが、側室の時に産んだ子が五代藩主（信興《のぶおき》）に就任することになった。そのため石高が加増されて用人《ようにん》役に大抜てきされた。

用人とは藩主の側で仕える、秘書長にあたる役職で、いきなり遠山家は藩主の縁戚に連なり、上級武士の仲間入りすることになったのである。

また境内には、弘前藩の江戸御用達をして、考証学者でもあった狩谷棭斎の墓碑が建っている。商人名は津軽屋三右衛門といい、蔵元として津軽米の保管・販売を行っていた。

本妙寺、六義園

近くにある本妙寺（巣鴨五丁目）には桜吹雪でおなじみの北町奉行遠山金四郎や北辰一刀流の千葉周作、幕末の老中関宿藩久世家の墓があるほか、明暦の振袖火事供養塔がある。

巣鴨駅に戻って東に歩くと、六義園《りくぎえん》がある。五代将軍綱吉の側用人になって権勢をふるった柳沢吉保が造園したもので、池をめぐる回遊式築山庭園である。巣鴨周辺は江戸時代中期以降、造園が盛んとなり、植木を生業とする者が多く住んでいた。桜のソメイヨシノや菊人形などがこの地から全国に広まっていった。

北町奉行遠山金四郎の墓が所在する本妙寺墓地＝豊島区巣鴨

【松浦武四郎の下北の旅】　染井霊園に松浦武四郎の墓がある。松浦は弘化元（一八四四）年に、下北半島を回って尻屋から三沢の海岸線を八戸に下った。旅日記『東奥沿海日誌』には、下北の海岸に生きる清廉な人々の暮らしぶりを書き留めている。尻屋では、荷物を背負って峠を越えてくれた若者は、鮑《あわび》を捕って銭を稼いでいるからと言ってお礼を受け取らなかった。また尻労では、持参した米を炊いて子どもと一緒に食べたところ、親たちが喜んで鮑《あわび》やたこなどをたくさん振る舞ってくれたという。

第29節　南千住周辺

家格逆転に納得できず

襲撃企てた地方給人処刑

小塚原刑場跡

　JR常磐線・地下鉄日比谷線南千住駅で下車すると、駅南側に回向《えこう》院《いん》（荒川区南千住五の三三の一三）と小塚原《こづかっぱら》刑場跡がある。

　回向院は本所回向院の別院として建立されたもので、ここには幕府の小塚原処刑場があった。明治に廃止されるまで約二〇万人もの人が処刑されたといわれる。墓地には、処刑された歴史上の人物の墓が並んでいる。安政の大獄で捕らえられた吉田松陰をはじめ、福井藩士橋本左内や尊攘の志士頼三樹三郎などといった幕末・維新の志士たちが眠っている。

相馬大作事件

　ここには弘前藩主を襲撃して処刑された相馬大作の墓もある。大作は下斗米秀之進といい、二戸市福岡の地方給人《じかたきゅうにん》であった。文化五（一八〇八）年に盛岡藩が二〇万石、弘前藩が十万石とする高直しが行われた。ところが、文政三（一八二〇）年に盛岡藩主が突然死去し、幼少の藩主が無位無官で跡を継ぐと、津軽家の方が南部家よりも上座に就いた。秀之進は南部の家来筋であった津軽家が、南部家よりも家格が上がることに納得できなかった。津軽藩主の隠居を勧告しようとして、参勤交代で国元に帰る途中、大砲や鉄砲を用意して矢立峠で待ち伏せをした。

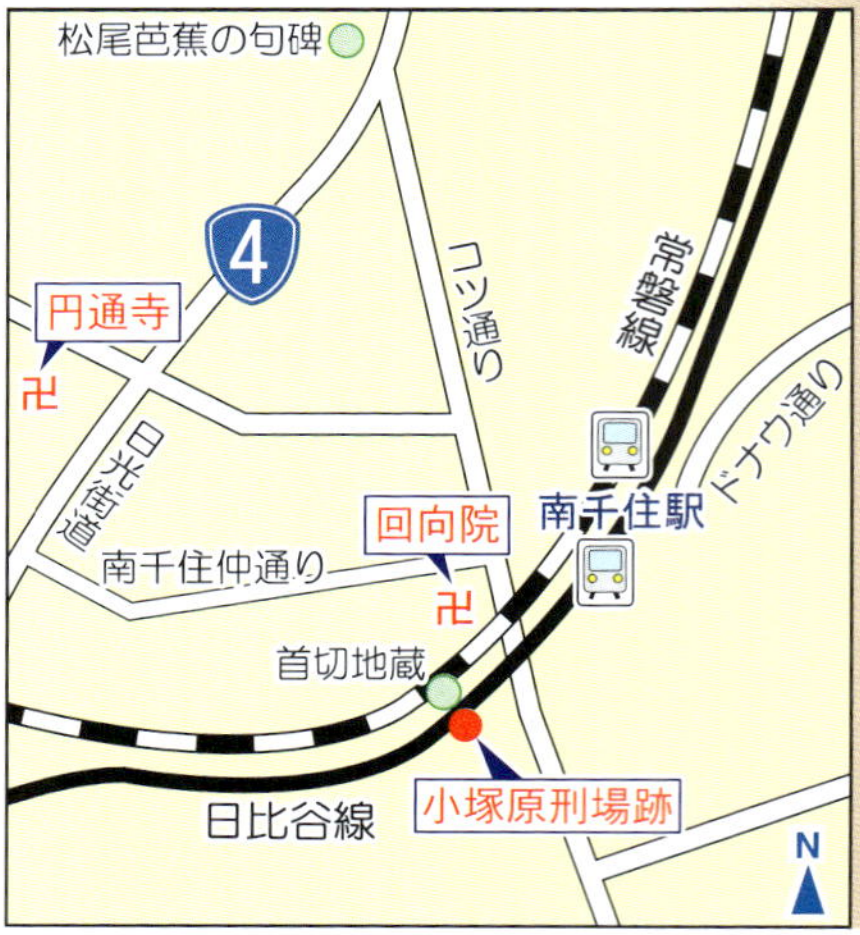

相馬大作をはじめ吉田松陰などの国事犯が処刑された小塚原刑場跡＝荒川区南千住

ところが、事前に計画が漏れ、帰国の道筋が変更された。未遂に終わった秀之進は相馬大作と名前を変えて逃亡した。文政四年江戸室町の美濃屋宗三郎の家にいたところを捕縛された。美濃屋は八戸藩や盛岡藩の取引商人であった。翌年、大作は小塚原で仕置きに処せられた。津軽藩主も勝手に参勤の道筋を変えたことが問題にされ、間もなく隠居となった。結果的に大作の目的は達せられたことになる。

『解体新書』記念碑

回向院の境内入口には、観臓記念碑が壁にはめ込まれている。刑場で腑分け《ふわ》（解剖）に立ち会い、これが契機となって『解体新書』を完成させた杉田玄白らの功績をたたえたものである。

記念碑には、「明和八年三月四日に杉田玄白・前野良沢・中川淳庵等がここへ腑分けを見に来た。それまでにも解体を見た人はあったが、玄白等はオランダ語の解剖書ターヘル・アナトミアを持って来て、その図を実物とひきくらべ、その正確なのにおどろいた」と、その感動が翻訳を決意させたのである。

「解体新書」の挿絵は、秋田藩士角館の小田野直武が描いた。エレキテルの発明で著名な平賀源内が秋田藩に招かれた時、角館に住んでいた直武の画才に魅せられ、蘭画の技法を教えたといわれる。その縁で、直武が江戸勤番に上った際、源内に寄寓《きぐう》しながら洋画を学び、やがて源内の紹介で玄白の解剖図を手がけることになった。医学書の翻訳は日本医学史上画期的なことであったが、直武の解剖図の正確さも称賛に値するものであった。

彰義隊の戦死者の墓

回向院の近くの延命寺（南千住二丁目）には、江戸時代に「首切り地蔵」と呼ばれた延命地蔵がある。

また北西にある円通寺（南千住一丁目）には、上野戦争時の弾痕が残る旧寛永寺の黒門が移されており、彰義隊の戦死者の墓が所在する。当時の住職が放置された遺体を上野から運び、埋葬したものである。墓地の近くには新撰組の近藤勇や土方歳三らの供養碑がある。

『解体新書』刊行を決意させた回向院の観臓記念碑＝荒川区南千住

【南部と津軽との対立】 相馬大作に見られるような仇敵《きゅうてき》津軽という、南部と津軽の確執は江戸でも知られていた。平戸藩主松浦静山が文政四（一八二一）年に書き始めた『甲子夜話《かっしやわ》』には、両家の贈答品授受の確執が記述されている。「南部と津軽の両氏は年久しき義絶の家である。両家は吉凶に当たりては津軽氏は必ず告げ、お祝いに来た。しかるに南部は拒んで受けなかった。真偽はわからないが、もし本当であれば、津軽氏の態度には機嫌取りがあるのではないか」

第30節　青山周辺

著名人が多数眠る墓地
山川浩、健次郎兄弟らも

青山霊園

地下鉄銀座線外苑前駅で下車して南に下ると、青山《あおやま》霊園（港区南青山二の三二）がある。美濃郡上藩青山家の下屋敷であったところで、明治七（一八七四）年に日本最初の公共墓地の一つとして造成されたものである。面積は二六ヘクタール（約七万九千坪）と広く、桜などの樹木が立ち並び、緑豊かな霊園となっている。

園内には大久保利通らの明治維新の功労者をはじめ、中江兆民らの思想家、志賀直哉らの文学者、長岡半太郎らの科学者、乃木希典らの軍人、芸術家、政治家など、著名人の墓所が数多くある。中には犬養毅や吉田茂といった歴代首相の墓もある。このほか、外国人墓地や警視庁墓地といった特色ある墓域も所在する。維新の元勲者たちはおしなべて見上げるような墓石であり、これらを探訪するのは大きな楽しみである。

斗南藩山川兄弟らの墓所

当地方のかかわりでは、斗南藩大参事（旧の家老）から陸軍少将となった山川浩と東京帝国大学総長となった弟の山川健次郎、八戸藩九代藩主信順の兄である福岡藩主黒田長溥（初めは斉溥）、戊辰東北戦争の際に、孟春艦で八戸に

青山墓地にある斗南藩士山川浩や弟の山川健次郎らの墓＝港区南青山

来航した後、野辺地を砲撃した佐賀藩士中牟田倉之助、ギリシャ（ハリストス）正教会の日本最初の司祭となり、八戸に再三来訪して源晟《あきら》や関春茂らに伝道した沢辺琢磨、奥羽列藩同盟を斡旋した盛岡藩校教授那珂梧楼とその養子で東洋史学を創設した歴史学者那珂通世、朝敵盛岡藩の戦後処理に盛岡に来住した長州藩士林友幸、岩手県水沢出身で内務大臣などを歴任した後、東京市長に就任し、関東大震災後の東京改造計画を立案した後藤新平などの墓がある。

高野長英記念碑

青山霊園の西、地下鉄表参道駅近くの青山通沿いのスパイラルビル（南青山五の六の二三）前に「高野長英先生隠れ家」の記念碑がある。

高野長英は水沢出身で、江戸で蘭学と蘭方医学を学び、長崎に出てシーボルトの門下となった。江戸で医者をしながら渡辺崋山らと親交を結び、天保九（一八三八）年に『戊戌《ぼじゅつ》夢物語』を書いて幕府の鎖国政策を批判した。これがもとで崋山とともに投獄された。火災のため牢獄《ろうごく》から解き放された長英は、そのまま帰らず各地を転々として逃げのびた。一時、宇和島藩にかくまわれて兵書の翻訳に従事した。顔を薬品で焼き、江戸に戻ってこの青山に隠れ住んでいたところを役人に襲われて自決におよんだ。蘭学を通して国家の対外的危機を知り、これに警鐘を鳴らした先駆者であった。

この記念碑から青山通を北に少し歩くと、通り沿いに善光寺（北青山三丁目）がある。長野善光寺の東京別院であるが、この境内にも高野長英の記念碑が建つ。長英の肖像が刻され、英文と和文で「開国の先覚者」であったと記す。もとは勝海舟撰文の碑であったが、戦災で壊れたため新たに再建したものである。なお長英は水沢後藤家の生まれで、母方の高野家を継いだが、青山墓地に眠る東京市長の後藤新平にとっては大叔父にあたった。

青山の善光寺境内にある高野長英記念碑＝港区北青山

神宮外苑のスポーツ施設

青山霊園の近くには神宮外苑の秩父宮ラグビー場、神宮球場、国立競技場などのスポーツ施設があり、迎賓館赤坂離宮や赤坂御所などがある赤坂御用地も広がっている。霊園からは六本木ヒルズや東京ミッドタウンのビルが望める。

【八戸沖での異国船との遭遇】 高野長英の『戊戌夢物語』執筆の動機は、前年に起きたアメリカのモリソン号撃退事件であった。幕府では、文政八（一八二五）年に異国船打払令を出して、外国船を即座に撃退するように命じていた。八戸藩でも領内の海岸警備を厳重にした。ところが、文政八年に有家沖を異国船が通過した時、漁師たちが書き物と物品をもらう事件が起きた。藩では、急きょ幕府へ報告した。幕府は、書き物の提出を命じ、日本語に和解《わげ》（翻訳）して藩に返却した。この時期、海岸を有する諸藩は強い緊張関係が強いられていた。

渡東嵎　明治維新で功績

谷中霊園に慶喜夫妻の墓

谷中霊園の渡東嵎墓

ＪＲ山手線日暮里駅で下車してすぐ南の丘陵地に谷中《やなか》霊園（台東区谷中七の五の二四）が広がる。谷中霊園は天王寺霊園、東京都谷中霊園、谷中寛永寺《かんえいじ》墓地の総称である。

谷中霊園の入り口に天王寺《てんのうじ》（谷中七の一四の八）があり、境内に天王寺大仏（釈迦如来座像）が鎮座する。五重塔も擁していたが、惜しくも昭和三十二（一九五七）年に焼失した。天王寺の門前に谷中霊園と一体となった天王寺の墓域があり、ここには八戸出身の秋田藩儒学者渡東嵎《わたりとうぐう》の墓がある。

墓碑銘などによると、諱《いみな》（本名）は政輿、長三郎と称し、号を東嵎といった。先祖は三河碧海郡渡村から近江高島郡舟木村を経て八戸に移住。屋号を恵比寿屋といって商いに従事。東嵎はその十二男に生まれ、江戸の芳野金陵門下で学ぶ。水戸藩儒学者藤田東湖の薫陶《くんとう》も受けたようで、安政年中（一八五四～五九）、秋田新田藩主佐竹義堯《よしたか》に招かれ儒官となる。義堯が宗家秋田藩を継ぐと、秋田藩に出仕して一〇〇石を給与された。明治維新の際、尊皇に藩論を統一する功績を挙げた。

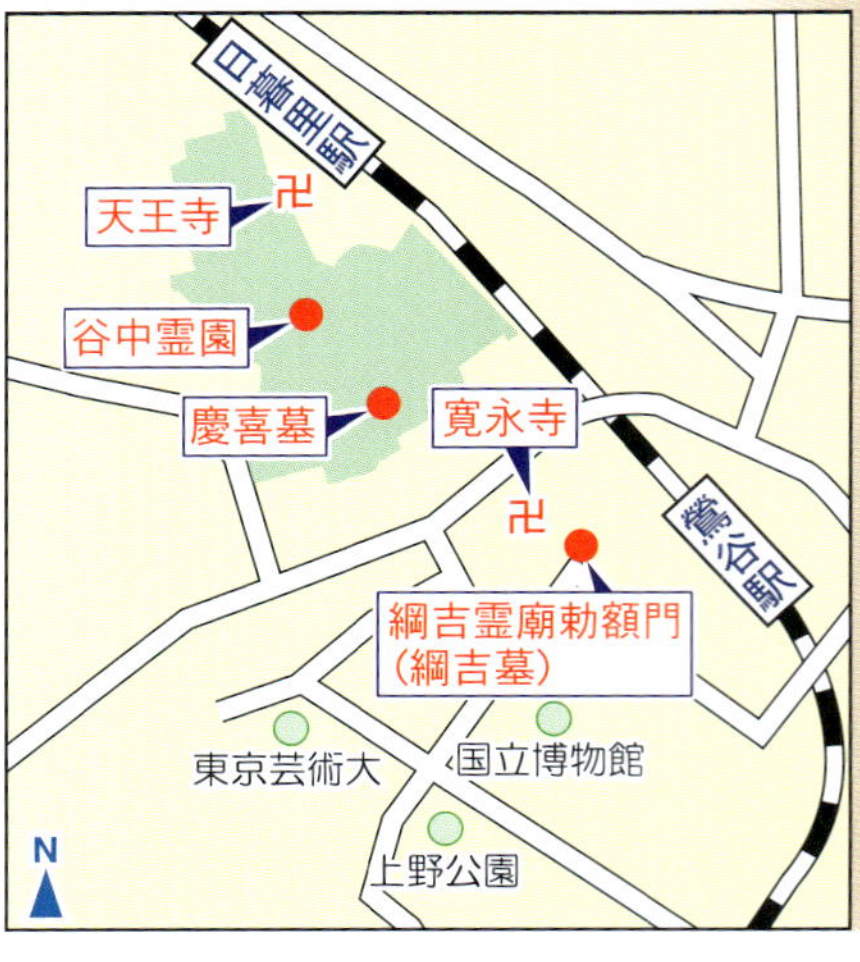

明治三（一八七〇）年、岩崎藩（秋田県湯沢市）誕生後は同藩校の学頭となり、廃藩後は東京に移る。『老子私抄』、『中

谷中霊園にある徳川慶喜の墓＝台東区谷中

庸私抄』などの著作や『文詩集』を編む。書をよくし、東嶋撰文になる野村軍記彰徳碑が八戸市長者山に所在する。

東嶋の墓の近くには、幕末の蘭方医で幕府奥医師の戸塚静海や彫刻家朝倉文夫の墓があるほか、植物学者牧野富太郎の墓もある。静海の門下には、八戸藩の森康庵が嘉永二（一八四九）年に入門し、蘭方医学を学んでいる。

谷中霊園の徳川慶喜墓

天王寺墓地から谷中墓地に足を踏み入れて南東の徳川家墓所に向かうと、途中に明治期の漢方医浅田宗伯の墓が見える。安藤昌益が伝えた小児薬の「安肝湯《あんかんとう》」を記録に留めた人である。霊園内の徳川家墓所は将軍正室や側室、子女の墓域となっており、非公開になっているが、十五代将軍慶喜《よしのぶ》の墓は霊園内の一般墓地にあるので見学できる。夫人とともに土まんじゅう型の墓碑二基が立つ。

他に谷中霊園には十和田市に渋沢農場を持っていた渋沢栄一の墓やペリー来航の対外危機を切り抜けた老中（福山藩主）阿部正弘、公武合体を進めた宇和島藩主伊達宗城の墓などがある。

寛永寺の徳川家墓地

慶喜の墓より少し南東に歩くと寛永寺本堂（上野桜木一丁目）がある。寛永寺は増上寺と並ぶ徳川家の菩提所《ぼだいしょ》で、三代将軍家光の代、寛永二（一六二五）年に天海により開山された寺である。江戸城の鬼門《きもん》（北東）を鎮護する寺で、境内は上野の山一帯に子院三十六坊を有する壮大な寺地を持っていた。ところが、慶応四（一八六八）年の彰義隊による上野戦争で多くの堂宇が焼失し、上野公園に生まれ変わった。現本堂は川越市喜多院から本地堂を明治に移築したもので、ここは江戸城を去った将軍慶喜が謹慎をしていた大慈院跡である。

本堂の後方には歴代将軍の墓が並ぶ徳川家墓地がある。場所的には東京国立博物館の裏手にあたる。四代家綱、五代綱吉、八代吉宗、十代家治、十一代家斉、十三代家定の墓がある。内部は見学できないが、豪壮な綱吉霊廟《れいびょう》勅額門や家綱霊廟勅額門によってその荘厳さをしのぶことができる。家定夫人の篤姫（天璋院）も家定の隣に眠る。墓石はすべて円筒形の塔に屋根のついた宝塔である。

徳川綱吉の墓前に建つ豪壮な霊廟勅額門（寛永寺）＝台東区上野桜木

【弘前藩菩提寺の津梁院】 寛永寺の北隣には弘前藩菩提寺の津梁院《しんりょういん》（上野桜木一の一四の二九）がある。三代藩主津軽信義《のぶよし》が創建した寺で、寺名は父信枚《のぶひら》の法名に由来する。江戸で没した信枚のほか、最後の藩主承昭《つぐあきら》と歴代夫人・家族の墓がある。寛永寺造営以前の江戸時代初頭には上野公園内には津軽家の屋敷があり、この縁で近くに菩提寺が創建されたものであろう。また谷中の感応寺には弘前藩医で、儒者の渋江抽斎の墓がある。森鷗外の同名の小説で名が知られる。

第32節　上野公園周辺②・東上野

石橋蔵五郎が学園創立

戦場から文化芸術の森に

上野公園

ＪＲ上野駅の西北に隣接した丘陵地には上野《うえの》公園（台東区上野公園）が広がる。江戸時代、寛永寺の寺域であった場所である。

慶応四（一八六八）年に起きた上野戦争の主戦場となって多くの堂社が灰じんに帰し、明治六（一八七三）年に日本最初の公園に生まれ変わった。現在は、上野の森美術館、東京文化会館、国立西洋美術館、国立科学博物館、東京国立博物館などが立ち並び、文化と芸術の森となっている。

南端には高村光雲が制作した西郷隆盛像があり、その後方には彰義隊墓所がある。新政府軍が彰義隊を総攻撃した際、その戦死者を葬った場所である。近くに激戦地となり、弾痕跡が残っていた黒門（寛永寺総門）跡の碑がある。江戸時代の堂社では、黒門跡近くに清水観音堂、動物園そばに東照宮や旧寛永寺の五重塔がある。

一方、公園の西南部には不忍池があり、この南東ほとりには下町風俗資料館（上野公園二丁目）がある。長屋を実物大に再現したユニークさが売り物である。さらに池の西方向には、三菱財閥の旧岩崎邸庭園（池之端一丁目）がある。コンドルが設計して明治二十九（一八九六）年に完工した木造二階建ての堂々とした洋館が建っている。

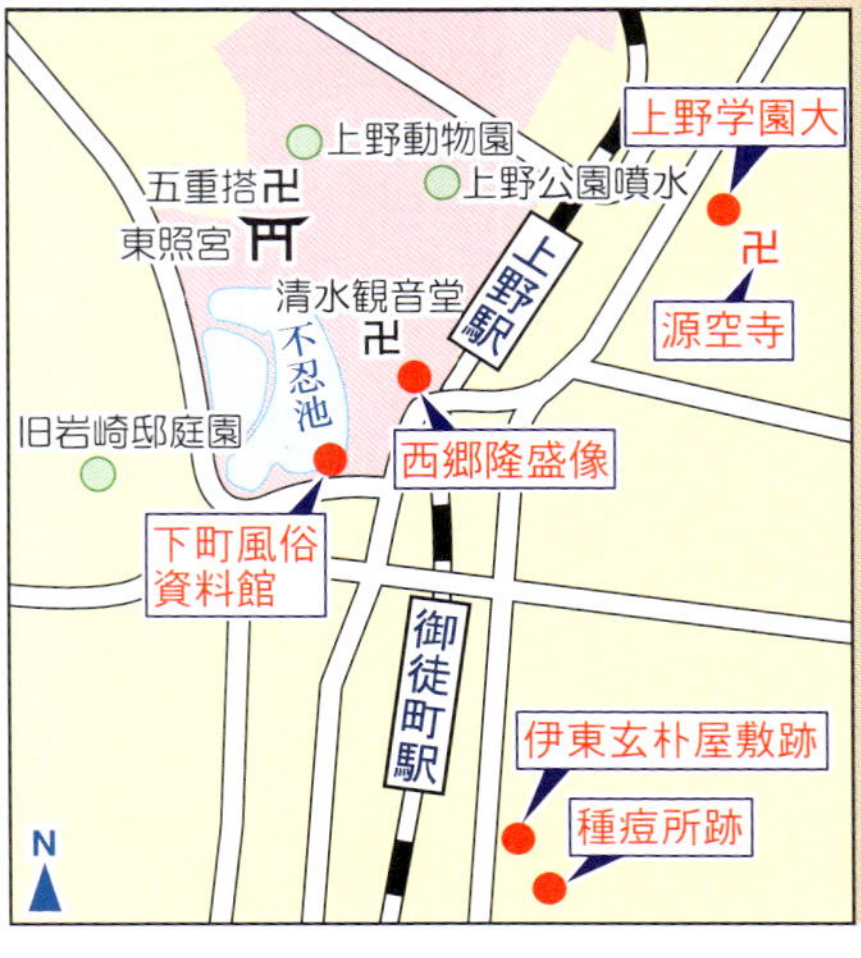

にぎわう上野公園の西郷隆盛像周辺＝台東区上野公園

上野学園創始者

上野駅の北東、昭和通りに臨む場所に上野学園大学（東上野四丁目）がある。ここは八戸市小中野出身の石橋蔵五郎《ぞうごろう》が開いた学校である。蔵五郎は十八歳で上京して日本体操学校を卒業して教職の道に進んだ。

明治三十七（一九〇四）年、前身となる上野女学校を創立。体育と音楽を結びつける個性的な教育方針を創り、教育界に新生面を切り開いた。「良妻賢母」の女性の育成よりも、人間として自覚ある女性を育てることに力点を置いた。蔵五郎の教育にかける思いは、母校の小中野小学校をはじめ、八戸市長者小学校などの学校校歌を数多く作曲していることでも知られる。

伊能忠敬の墓

上野学園を東に向かうと源空寺（東上野六丁目）がある。ここには伊能忠敬の墓や師匠である幕府天文方の高橋至時の墓、画家谷文晁の墓がある。忠敬は四九歳で隠居した後、一念発起し日本全国の地図づくりに挑んだ。

まず蝦夷地測量に出発し、寛政十二（一八〇〇）年五月に奥州街道沿いに三戸から七戸、青森を経て三厩から渡海。翌年十月には海辺測量のために久慈、八戸、三沢などの海岸線を北上して下北を一周。田名部より野辺地に下り、青森に向かった。こうして実地測量に裏付けられた日本初の日本全図「大日本沿海輿地《よち》全図」が誕生したのである。

蘭方医屋敷跡と種痘所

JR御徒町駅を過ぎた昭和通り東側には、蘭方医伊東玄朴の屋敷跡（台東一丁目）があり、その近くには種痘《しゅとう》所跡や幕府の医学館跡がある。玄朴は佐賀藩の出で、長崎でシーボルトに医学を学び、江戸で開業。文政十二（一八二九）年に八戸藩の森泰庵、安政三（一八五六）年に同じく北沢有中が蘭方医学を学ぶために入門した。玄朴は天然痘防止のために種痘所の設立を幕府に働き掛け、安政五年に開設にこぎつけた。

下北川内出身の中川五郎治も、文政七年に函館で日本最初の種痘接種を行った。ロシアに拉致《らち》された際、種痘法を習得したのであった。玄朴の佐賀での接種よりも二〇数年ほど早かった。

深川富岡八幡宮にある伊能忠敬旅立ちの像＝江東区富岡

【伊能忠敬の南部地方測量】 全国踏破した伊能忠敬は毎日、朝五時には宿を出発し、一日四〇キロを黙々と歩いて測量をした。二度目に南部地方に来訪した時は三沢で大吹雪に遭った。駕籠《かご》の戸障子も吹き飛び、道路測量はできなかった。八戸の市川村では、案内の宿老が忠敬の行動を警戒し、村高を言わなかった。田名部では、僧侶、医師、重立ちなどと会合をもった。奥北にまれなるほどに学文を好み、詩和歌をなす人がいると、『沿海日記』に記している。

第33節　本郷周辺①・本郷

啄木、賢治ら名作つづる

南部利剛と利恭の墓所も

東京大学赤門

地下鉄南北線東大前駅で下車して本郷通りを南に歩き、東京大学正門を過ぎると赤門《あかもん》が建っている（文京区本郷七の三の一）。

東大の代名詞となっている赤門は文政十（一八二七）年に十一代将軍家斉の娘が前田家に輿入れした時に建造された門である。正しくは御守殿門といい、将軍の娘を正室に迎える大名だけが朱色に塗ることを許された。この赤門のある本郷キャンパスは加賀百万石金沢藩の上屋敷跡である。赤門から入ったところには史料編纂《へんさん》所、総合図書館などが並んでいる。

史料編纂所には南部地方にかかわる中世文書の写本があり、中でも根城にいた遠野南部家の文書は貴重なものである。法学部には久慈市宇部出身の小田為綱《おだためつな》文書がフィルムで収蔵されている。

為綱は文久二（一八六二）年に二四歳で昌平校に入学し、盛岡藩校作人館教授となった。新政府に三陸開拓を建言したほか、「憲法草稿評林」を起草して新しい国家像を提示して注目を浴びた。後、衆議院議員となって国政に発言。田子の真田太古《さなだたいこ》事件では檄文《げきぶん》を執筆したほか、八戸義塾をつくって北村益らに薫陶を与えた。

石川啄木、宮沢賢治ゆかりの地

加賀百万石前田家の栄華を誇る東京大学赤門＝文京区本郷

東京大学の西側は台地と谷が複雑に入り組む地形である。この界隈《かいわい》には明治以降、帝国大学の開学とともに、夏目漱石に代表されるように数多くの文人が集まってきた。岩手県出身の石川啄木《たくぼく》や宮沢賢治もここに住んだ。

明治四十一（一九〇八）年、二三歳で北海道から上京した石川啄木は、金田一京助を頼って移り住み、やがて近くの喜之床（本郷二丁目）という床屋の二階に間借りした。朝日新聞の校正係をしながら優れた作品を生み出した。「かにかくに渋民村は恋いしかり」はこの地で生まれたものである。その後、小石川に転居してわずか二六歳でその生涯を閉じた。

宮沢賢治は、大正十（一九二一）年、二五歳の時に上京して本郷に住み、謄写版刷りの筆耕などで生計を立てる一方、街頭では信仰する日蓮宗の布教活動を行った。詩歌や童話の創作に力を注ぎ、『注文の多い料理店』などの童話を創《つく》りあげた。賢治旧居跡近くには、作家樋口一葉も住んでいた。貧窮の中で名作を書き上げ、二四歳の若さで亡くなった。近くにある文京ふるさと歴史館（本郷四丁目）を訪ねると、文人の足跡をたどることができる。

護国寺、小石川植物園

本郷の西方、地下鉄有楽町線護国寺駅で下車すると、護国寺（大塚五の四〇の一）である。五代将軍綱吉の生母桂昌院の発願によって天和元（一六八一）年に創建された寺である。仁王門、中門、鐘楼、本堂などからなる堂々たる大伽藍を有する。徳川家ゆかりの寺であったが、明治維新後は寺領を失い、幕府を倒した元勲たちにも墓地を売却した。境内には、新政府最高位に上り詰めた三条実美、軍人から首相になった山県有朋、日本初の政党内閣を組織した首相の大隈重信らの有名人の墓石が並ぶ。大隈は早稲田大学を創始したので大学関係の供養碑も見えている。また本堂裏手には戊辰戦争を戦った盛岡藩主南部利剛《としひさ》と最後の藩主となった利恭《としゆき》の墓も所在する。

護国寺の隣接地には、天皇家や宮家の墓所となっている豊島ヶ岡御陵がある。さらに護国寺の東には江戸時代に幕府の薬草園や養生所があった小石川《こいしかわ》植物園（白山三丁目）もある。

弥生町から命名された弥生式土器の発掘ゆかりの地碑＝文京区弥生

【弥生式土器発祥の地】 地下鉄南北線東大前駅で下車すると農学部である。この辺りは金沢藩と隣接していた水戸藩中屋敷跡である。旧町名を弥生《やよい》町といったが、この近くで出土した土器が縄文式土器と様式が違うことから、弥生式土器と名づけられた。弥生町の由来は、中屋敷に住んでいた徳川斉昭が文政十一（一八二八）年「弥生」（三月）十日に建てた歌碑から明治時代に命名されたものである。なお斉昭の「愛民」の精神を高く評価して海外へ紹介したのが新渡戸稲造であった。旧弥生町には「弥生式土器発掘ゆかりの地」碑が立つ（文京区弥生二の一一）。

第34節　本郷周辺②・本駒込

西有穆山、俊量を輩出
鳥谷部春汀ら眠る吉祥寺

吉祥寺

地下鉄南北線本駒込駅で下車すると近くに吉祥寺《きちじょうじ》がある（文京区本駒込三の一九の一七）。寺名は吉祥の金印が発見されたことによるという。もとは江戸城内にあり、神田台に移された後、明暦三（一六五七）年の大火で焼失し、現在地に移転して再興された。その後、戦災で諸堂が焼失し、かろうじて山門と経蔵のみが残されたが、広い敷地からは往時の大伽藍《がらん》がほうふつされる。

山門には「梅檀林《せんだんりん》」の扁額《へんがく》が掲げられている。梅檀林とは当寺に設けられた禅学を修める学問道場で、学寮には全国から千人を超す修行僧が集まったという。この学統は明治以降、駒澤大学へと発展することになる。

学林で学んだ穆山、評論家春汀の墓所

梅檀林で学んだ学僧に七戸町尾山頭出身の俊量がおり、八戸市湊出身の西有穆山《にしありぼくざん》がいた。俊量は学林の寮監中に見いだされて「永平寺蔵版正法眼蔵」の編纂《へんさん》に当たり、文化十二（一八一五）年に全九五巻を刊行した。穆山は天保十三（一八四二）年に入寮した後、牛込の鳳林寺などの住職に就き、その後、「正法眼蔵」の著述に没頭し、やがて明治三十五（一九〇二）年に曹洞宗管長に上り詰めた。

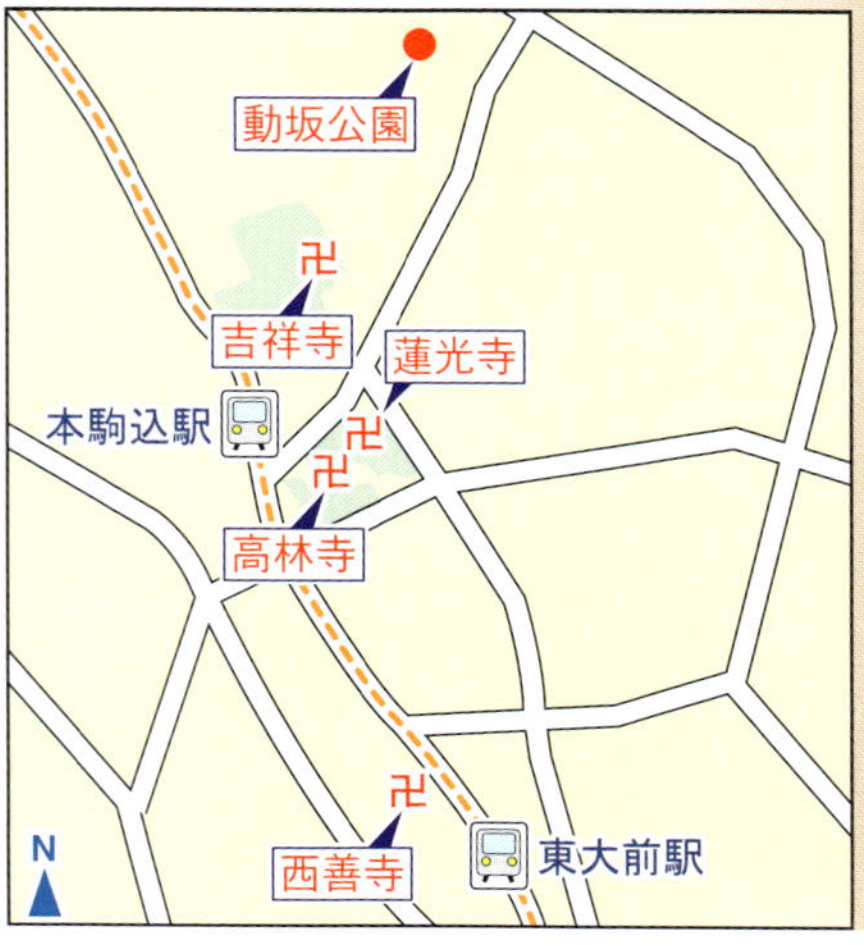

栴檀林の扁額が掲げられている吉祥寺山門＝文京区本駒込

吉祥寺は勢力を誇った寺院であったため、境内には大名や旗本家の墓が数多くある。墓域入り口には二宮金次郎の墓が立つほか、松前藩松前家や山形藩鳥居家、八戸藩と縁戚があった新発田《しばた》藩溝口家、さらには厳しい取り締まりで名をはせた町奉行鳥居耀蔵の墓がある。函館五稜郭で抗戦した後、新政府に入り外務大臣などを歴任した榎本武揚もここに眠る。

五戸町出身で明治を代表する評論家であった鳥谷部《とやべ》春《しゅん》汀《てい》の墓標も山門近くに立つ。名を鉄太郎といい、春汀と号した。雑誌「太陽」を主宰して人物評論に筆をふるい、「天下の絶品」とたたえられた。親交ある大町桂月を招いて十和田湖を案内し、十和田湖の美しさを世に広めたことでも知られる。明治四十一年、四三歳で死去した。

江渡狄嶺の精神窟生活

五戸町出身で、吉祥寺の北東にあたる駒込動坂に精神窟を開いた人に江渡狄嶺《えとてきれい》がいる。本名を幸三郎といい、明治三十四年に東京帝国大学に入学。無政府主義者クロプトキンなどの影響を受けて仲間と共同生活を始め、そこを精神窟と名づけた。東北町の詩人大塚甲山も身を寄せた。

明治末年、世田谷区船橋町で「百姓愛道場」と命名した百姓生活に入り、『或る百姓の家』などを著した。思想遍歴を昭和十四（一九三九）年の『地湧のすがた』にまとめ、しだいに独自の思想体系である「場の理論」を形成した。

本郷の寺町かいわい

本駒込駅の東に高林寺（向丘二丁目）、蓮光寺（同二丁目）が並び、南方に西善寺（同一丁目）がある。高林寺には大阪に蘭学を教授する適塾を開いた蘭方医緒方洪庵の墓、蓮光寺には最上徳内の墓がある。徳内は天明五（一七八五）年に蝦夷地探検に出掛け、千島・樺太を踏査して北方経営の重要性を幕府に建言した。徳内の妻は野辺地町の船問屋島谷清吉の娘であった。西善寺にも、エトロフ探検で知られた近藤重蔵が眠る。

文人の旧跡も多く、森鷗外の居宅の観潮楼跡（現在区立鴎外記念本郷図書館）、平塚らいてうの女性解放を目指した青鞜《せいとう》社発祥地跡があり、十和田湖の乙女像を製作した高村光太郎旧居跡もある。

雑誌「太陽」で優れた人物評論を行った鳥谷部春汀の墓＝文京区本駒込

【八百屋お七と二つの吉祥寺】 吉祥寺には八百屋お七の悲話が伝えられている。本郷の八百屋の娘お七は、火事で家が焼け吉祥寺で避難生活していたところ、寺小姓の吉三と恋に落ちた。家が再建されて自宅に戻ったが、吉三と会いたいがため家に火を付け、ついには火あぶりの刑に処せられたという話である。ところで、中央線沿いにも吉祥寺の地名（武蔵野市）が残る。ここは吉祥寺門前に住んでいた住人が明暦の大火後に移り住み、新たに開墾した場所で、旧にちなみ吉祥寺と名づけた。寺があったわけではない。

第35節　本所周辺

人気ある大関ら抱える
赤穂浪士討ち入りの跡も

天災犠牲者の供養

ＪＲ総武線の両国駅で下車。国技館通りを沿道の土俵入り力士像を見ながら南に歩いて行くと、回向院《えこういん》がある（墨田区両国二の八の一〇）。明暦三（一六五七）年の振袖火事の犠牲者を埋葬するために建てられた寺である。犠牲者には種々の宗派や多くの無縁者がいたことから、諸宗山無縁寺回向院と名づけられた。

その後も、安政大地震をはじめとする天災などの犠牲者や刑死者などの無縁者が多く葬られた。境内には、振袖火事や安政大地震の横死者供養塔、永代橋落下溺死者《できし》・海難事故者の供養塔などが建っている。著名人の墓があるほか、小塚原で処刑された鼠小僧《ねずみこぞう》次郎吉の墓がある。

回向院の周辺には相撲部屋が多く立ち並び、お相撲さんと出会う街にもなっている。

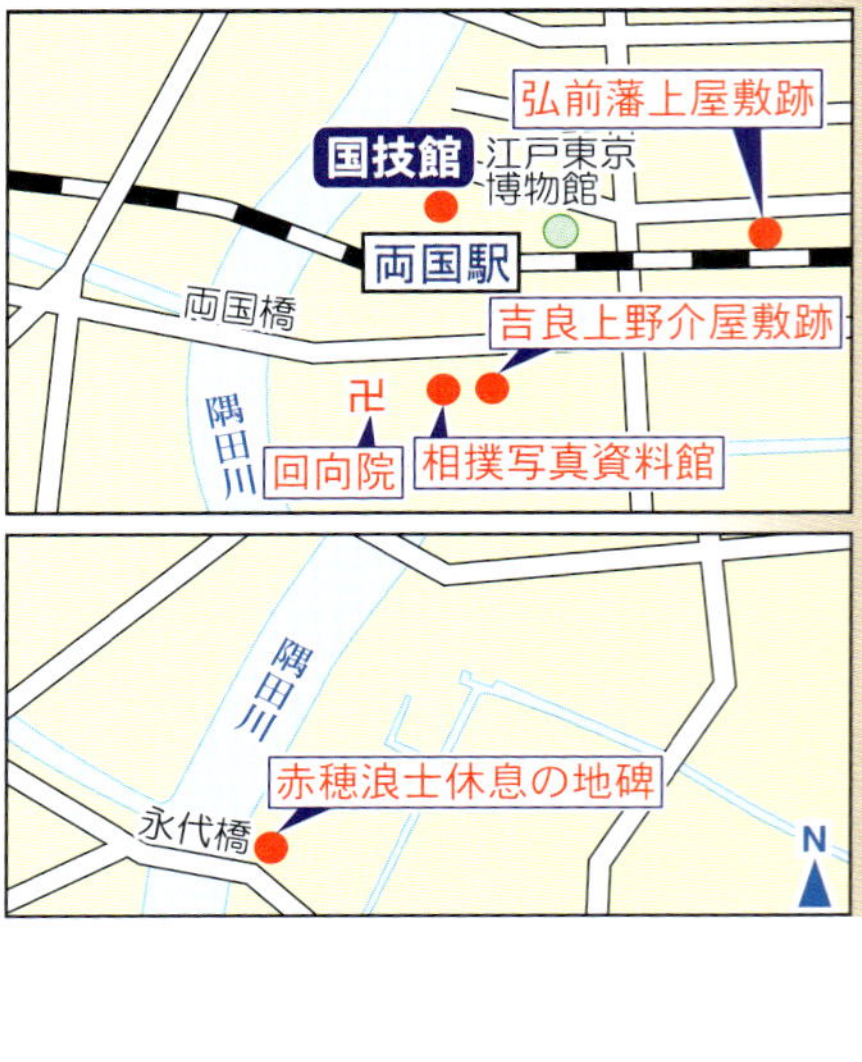

相撲と八戸藩主の褒美

回向院の境内では、江戸時代には勧進相撲が行われた。天明元（一七八一）年に初めて催されたが、天保四（一八三三）年からは春・秋二回、十日間の本場所が興行されるようになった。興行当日は茶屋や出店が立ち並び、大勢の見物人が押しかけてきた。八戸藩では文政年間（一八一八〜二九）以降、人気ある大関などの力士を抱えていた。天保三年

大石内蔵助以下 47 人の赤穂浪士が討ち入りした吉良上野介の屋敷跡＝墨田区両国

に江戸詰めをした遠山屯は相撲係を務めた。場所が始まると、回向院に詰め、抱え力士の勝負を記録して藩主に報告した。番付上位の者に勝った力士には、藩主から褒美《ほうび》が与えられた。ただし下位の者に一番でも負けると褒美は出なかった。この場所では、格別成績がよかった秋津風《あきつかぜ》は五〇〇疋《ぴき》、宮垣は前月に続いて一〇〇疋の褒美が下されている。

回向院のにぎわいは相撲だけではなかった。諸国の社寺から霊験あらたかな神仏や宝物がここで出開帳され、江戸っ子の盛り場の一つとして盛り上がっていた。

吉良上野介の屋敷跡

回向院を東に向かうと、吉良上野介の屋敷跡（両国三丁目）がある。現在、本所松坂町公園となっており、その一角をなまこ壁で囲んで往年の風情を出している。元禄十五（一七〇二）年十二月、赤穂浪士がこの吉良邸に討ち入って本懐をとげた。公園内には首洗い井戸が残っている。

この近くには相撲写真資料館（両国三丁目）がある。これは五戸町出身の工藤哲朗が開いた工藤写真館の中にある。哲朗は昭和四（一九二九）年以来、相撲協会の専属カメラマンを務め、協会行事や歴代横綱、優勝力士、国技館の変遷などといった相撲に関する写真を撮り続けた。また日本の航空写真撮影の草分けとしても知られる。めいにノンフィクション作家工藤美代子がおり、『工藤写真館の昭和』を出版している。これがＮＨＫの朝ドラで全国放送されたことがあった。安藤昌益を世に広めた『悲劇の外交官Ｈ・ノーマンの生涯』も著す。

江戸東京博物館

両国駅に戻ると、駅の北側には両国国技館と江戸東京博物館（横網一丁目）が並んで建っている。江戸東京博物館は規模も大きく、江戸から東京への発展の歴史を丁寧に説明するので見どころである。実物大に復元した日本橋を通って入場するなど工夫が多い。駅の東方には弘前藩津軽家の上屋敷跡（亀沢二丁目の緑町公園）がある。元禄元年神田小川町から本所に移り、明治までここに置かれた。

回向院の西へ行くと隅田川であり、ここには両国橋が架かる。西側の武蔵国と東側の下総国の両国に架けたから、名づけられたという。明暦の大火後、江戸の市街地拡張のため本所と深川を開き、万治二（一六五九）年に架橋したのが始まりである。

討ち入り後の赤穂浪士一行が伊勢屋竹口作兵衛店で休息をとった記念碑＝江東区佐賀

【赤穂浪士休息の地と八戸藩】永代橋のそば、佐賀一丁目に赤穂浪士休息の地の碑がある。ここで乳熊屋《ちくまや》みそ店を開いていた竹口作兵衛は、赤穂浪士の大高源吾とは俳句仲間であった。討ち入りをとげた浪士一行が、引き揚げの途中、ここで甘酒粥《がゆ》を振る舞われ、つかの間の休息を取ることができた。竹口家は伊勢屋と称した伊勢商人で、味噌《みそ》店のほか南茅場町に本店を持ち、廻船を動かして八戸藩と産物交易を行っていた。文化年間（一八〇四～一七）には、八戸にも支店を開設していた。

第36節　御茶の水・神田周辺

源ら受洗し国会議員に

渡辺が藩の郷土史連載

ニコライ堂

JR中央線御茶ノ水駅で降りて南に下ると、ドーム屋根のニコライ堂（千代田区神田駿河台四の一の三）が見える。堂名は創建した聖ニコライ大主教に由来し、正式名は日本ハリストス正教会教団復活大聖堂である。

建物はビザンチン様式をモチーフとしてロシアの建築家とコンドルの設計により明治二十四（一八九一）年に竣工をみたものである。

ニコライは文久元（一八六一）年に函館のロシア領事館付司祭として二五歳で来日した。その後、五〇年間日本でロシア正教会（ギリシャ正教）の宣教に励み、日本各地、とりわけ東北地方の布教に力を注いだ。明治十四（一八八一）年六月には、八戸に来て源晟《あきら》などをはじめとする信者と交わり、伝道を行った。

源は函館のパウエル沢辺（琢磨）から洗礼を受けていたが、関春茂も同時期に受洗していた。彼らは自由民権家として産馬紛争事件で活躍し、やがて相次いで衆議院議員となって国政に出た。仏教に代わる新しい宗教が八戸の若者の胸を打ち、やがて社会運動家に転身させる契機となった。

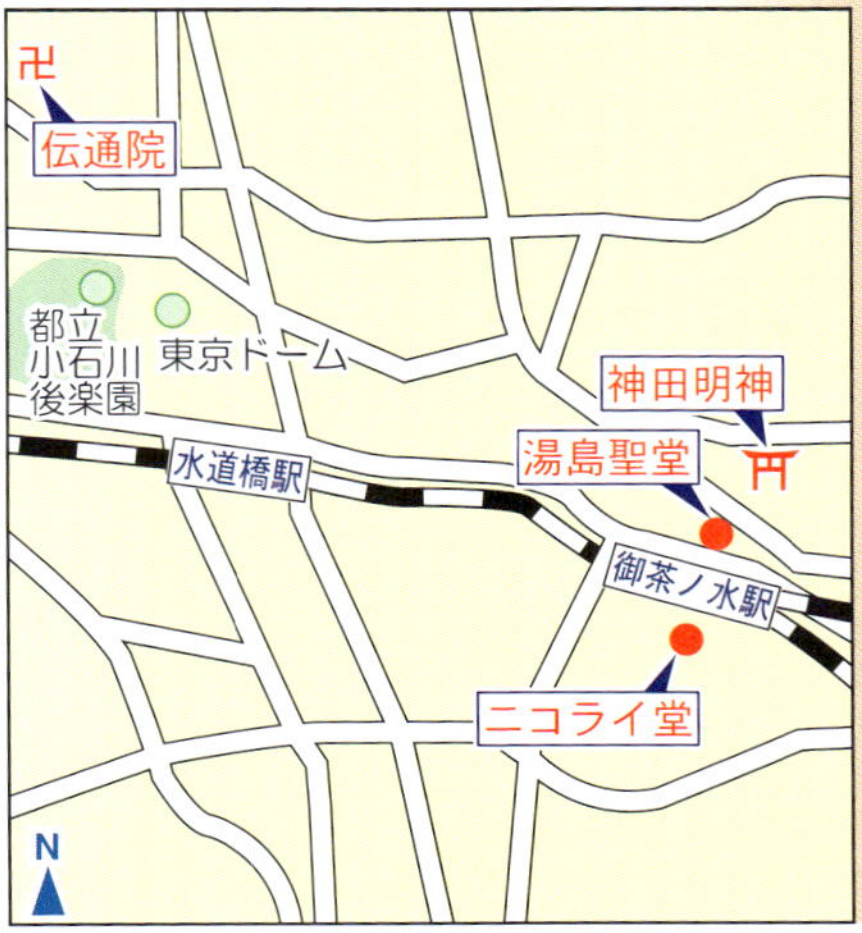

湯島聖堂と神田明神

神田にある瀟洒《しょうしゃ》な聖堂のニコライ堂＝千代田区神田駿河台

御茶ノ水駅の北側、聖橋を渡ると右手に湯島聖堂（文京区湯島一丁目）があり、その先の高台には神田明神（千代田区外神田二丁目）が鎮座する。

　元禄四（一六九一）年に五代将軍綱吉は林信篤を大学頭に任じて孔子廟をはじめとする湯島聖堂を建て、ここを学問所とした。やがて寛政異学の禁を機に制度を整えて幕府直営の学問所（昌平坂学問所）が誕生した。

　ここは維新後、大学校となり、大学南校、大学東校も設立されて、その後、東京大学へと発展した。

　明治末年に八戸の新聞である奥南新報に「柏崎記」を連載した人に渡辺馬淵《ばえん》がいる。馬淵は本名を知三郎といい、八戸藩貢進生に選抜されて大学南校に入学した逸材であった。「柏崎記」とは藩士としての体験をもとに記述した、今で言う八戸藩の郷土史である。

　神田明神は元和二（一六一六）年に二代将軍秀忠によって建立された神社で、山王《さんのう》権現（赤坂日枝《ひえ》神社）と並んで江戸の総鎮守といわれた。この祭礼は山王祭とともに、天下祭りと呼ばれ、江戸城内への行列入場も許されていた。境内には銭形平次の碑がある。平次は野村胡堂の小説である『捕物控』の主人公で、神田明神下に住んでいた。

小石川後楽園、伝通院

御茶ノ水駅の西、神田川の北側には小石川《こいしかわ》後楽園（文京区後楽一丁目）がある。地下鉄大江戸線飯田橋駅で下車すると近い。寛永年間（一六二四〜四三年）に水戸藩中屋敷（のち上屋敷）のここに初代徳川頼房が造園を始め、これを二代光圀《みつくに》が完成させた。後楽園の名称は「先憂、後楽」にちなみ、大きな池を中心に中国や日本の風光明美な名勝を配した回遊式の大庭園である。庭園の西に隣接して東京ドームが見えるが、そこが藩邸屋敷跡であった。庭の北側に水戸学を指導した藤田東湖の記念碑が建つ。八戸出身の秋田藩儒学者渡東嵎《とうぐう》は水戸の弘道館で東湖に学んだこともあったらしく、尊皇攘夷を唱えた。

後楽園の北西に伝通院（小石川三丁目）がある。徳川家康が生母於大の方を弔うために建てた寺で、徳川家の女性を葬る菩提《ぼだい》寺とされた。於大の墓や二代将軍秀忠の娘で豊臣秀頼に嫁いだ千姫の墓がある。詩人佐藤春夫もここに眠る。春夫は縁あって八戸市種差小学校や三本木高校などの校歌を作詞した。

江戸の総鎮守といわれた神田明神＝千代田区外神田

【ニコライの八戸来訪】 ニコライ『東北巡回日記』によると、明治十四（一八八一）年六月、ニコライは福岡や三戸で伝道した後、八戸へ荷馬車に乗ってやって来た。八戸の信徒は五五人おり、パウエル源（晟）を中心に伝教が行われていた。源の自宅ではルカ福音書、ルカ中里宅ではマトフィ福音書の講義と輪講が行われ、肴町の借家では、一〇〇人も集めて伝教をしていた。教会もサワ山崎らによって建てられ土・日曜日には教会二階で奉神礼が執り行われていた。

第37節　池袋・羽仁もと子関係

自由主義教育の申し子

印象的なデザインの校舎

自由学園明日館

ＪＲ山手線池袋駅で下車して南西に歩くと、自由学園明日館《みょうにちかん》（豊島区西池袋二の三一の三）がある。その向かいには婦人之友社がある。自由学園は八戸出身の羽仁《はに》もと子が大正十（一九二一）年に創設した学校である。キリスト教精神に基づいて「よき生活こそがよき教育」をモットーにして、大正自由主義教育の高まりの中で誕生した。

建物は当時帝国ホテル建設のために来日していたアメリカのライトによって設計された。切り妻屋根に柱が直線的に並んだ外観はきわめて印象的である。後方にはビルが望まれるが、ここだけは芝生に映えた別空間がつくり出されている。昭和九（一九三四）年、自由学園は生徒数の増加により東久留米市に移転。旧校舎は戦後、国の重要文化財に指定され、明日館と呼ばれて現在に至っている。

もと子の生涯と『婦人之友』発刊

もと子は明治六（一八七三）年、八戸市長横町の松岡家で生まれた。十七歳で上京し東京府立第一高等女学校に入学。卒業後、一時帰郷したが、再度上京して報知新聞社に校正係として入社した。やがて才能が認められ、日本最初の女性記者となった。同僚記者の羽仁吉一と結婚。明治三十六年に共同で雑誌『家庭之友』を創刊。

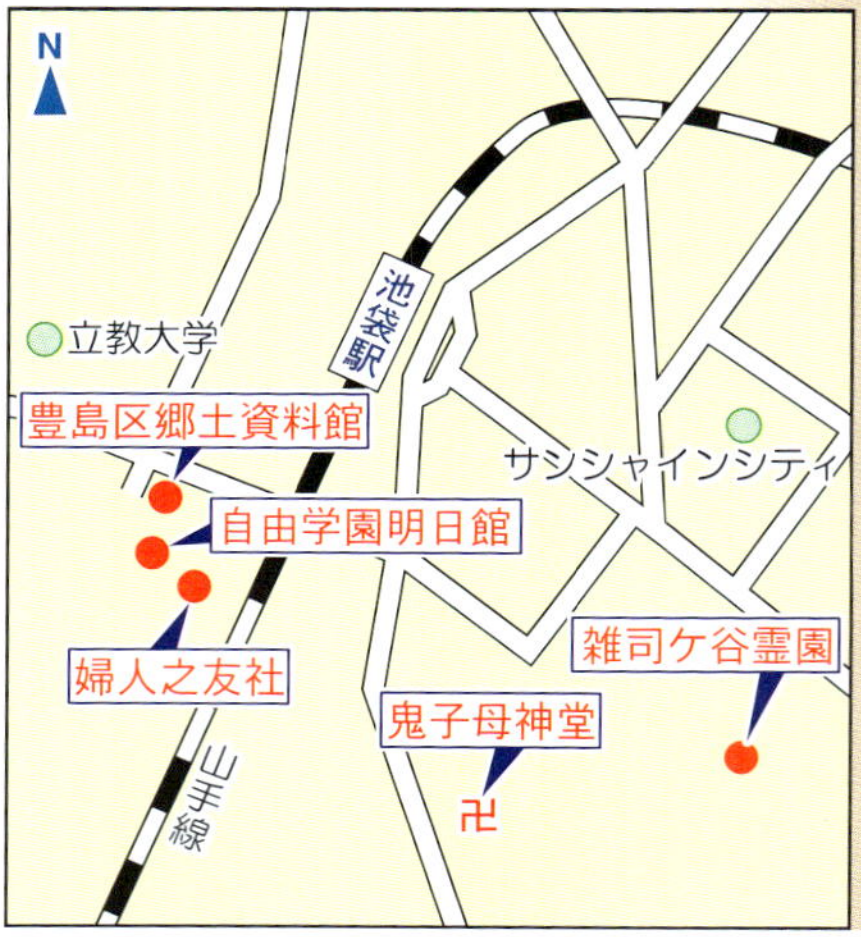

斬新な意匠が美しい、羽仁もと子創設の自由学園旧校舎（明日館）＝豊島区西池袋

数年後、婦人之友社を設立し、『婦人之友』を発刊した。雑誌を通して家計簿の記帳や台所の改善、洋服の作り方など、女性が家事から自立できる家庭経営を訴えた。やがて愛読者を中心に友の会の全国組織ができ、セツルメントなどの救済事業にも積極的に手を差しのべていった。文筆が得意で、昭和二年に『羽仁もと子著作集』を刊行。昭和三十二年、八三歳で生涯を終えた。

雑司ケ谷霊園

池袋駅の南東には雑司ケ谷《ぞうしがや》霊園（南池袋四の二五の一）がある。近くをレトロな都電が走っている。霊園は広いが、ここには羽仁もと子とその家族が眠る。墓標にはもと子の生活信条であった「思想しつつ　生活しつつ　祈りつつ」の自筆文が刻まれている。実生活を重んじたクリスチャンとしての生き方が息づく。もと子の墓の近くには小泉八雲《やくも》の墓が建つ。怪談『耳なし芳一』で名高いラフカディオ・ハーンである。八雲の次男は八戸市に縁戚を持っていた。

この霊園には、盛岡市出身でアイヌ語を研究した金田一京助、弘前市出身の作家佐藤紅緑の長男で「リンゴの歌」などを作詞した詩人サトウ・ハチロー、明治・大正期の評論家で十和田湖を全国に紹介した大町桂月の墓があるほか、著名人の墓が多い。中でも明治の文豪夏目漱石の墓は訪ねる人が多い。戒名は文献院古道漱石居士で、今もって文人の面影が伝わる。

生活信条が刻まれた羽仁もと子夫妻の墓碑＝豊島区南池袋

鬼子母神、スガモ・プリズン

雑司ケ谷霊園の近くには雑司ケ谷鬼子母神《きしぼじん》堂（雑司ヶ谷三丁目）があり、サンシャインビルが間近に見える。鬼子母神は子授けや安産の鬼神様で、江戸時代初頭に堂社が建立されて庶民の信仰を集めた。サンシャインはスガモ・プリズンと呼ばれた巣鴨監獄跡である。ここには戦後の東京裁判の被告たちが収容されて戦争犯罪が裁かれた。また自由学園明日館の近くには豊島区郷土資料館（西池袋二丁目）がある。江戸時代の園芸や戦後ヤミ市、芸術家のアトリエ村などを再現する。

【東久留米の自由学園校舎】 東久留米市に移転した自由学園の校舎も明日館と同様、清新な建物である。ライトの弟子である遠藤新が設計したもので、屋根に向かって柱が整然と並んだ意匠に特徴がある。昭和六（一九三一）年以降に、初等部食堂、女子部食堂・体操館・講堂、男子部体操館などが順次建てられた。もと子の妹には千葉クラがおり、地元八戸に明治四十三（一九一〇）年に千葉学園の前身を開設。姉妹ともども自由主義教育の申し子であった。

第38節　皇居・江戸城関係

皇居東御苑に本丸跡
八戸藩、大広間詰に昇進

江戸城跡と詰め所

皇居の北東部は皇居東御苑《ひがしぎょえん》（千代田区千代田一の一）として一般開放されている。ここは江戸城の本丸、二の丸、三の丸があったところである。本丸跡には松の廊下跡や天守台跡などが残されている。松の廊下跡は浅野内匠頭が吉良上野介に斬りつけた場所で、この付近には、江戸時代には本丸御殿が建っていた。諸大名はそれぞれの家格に応じて御殿での詰め所が決められており、二〇万石の盛岡藩は文化二（一八〇五）年に柳間から大広間詰、二万石八戸藩は安政二（一八五五）年に柳間から大広間詰へと昇進した。

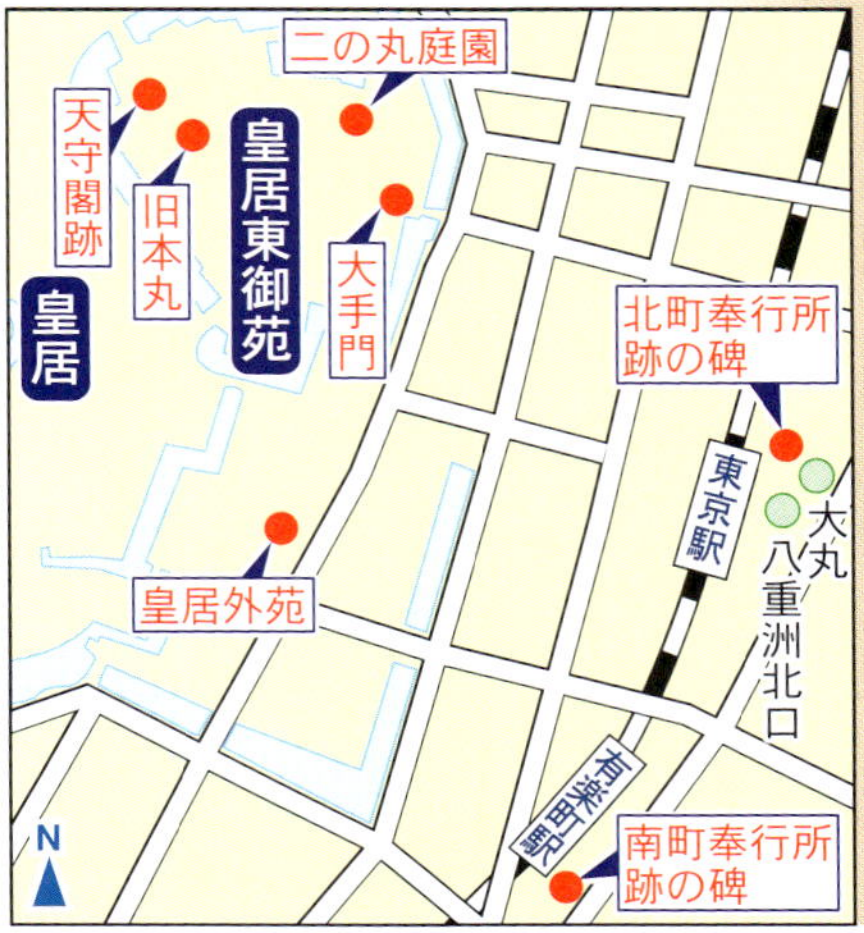

城中での八戸藩主の不作法

三〇〇年続いた江戸幕府であったので、殿中では儀式や作法がとかくうるさかった。何か不作法をすると、老中や大目付から「差控《さしひかえ》」（待機）や、より重い「逼塞《ひっそく》」（謹慎）の処分が下された。明和二（一七六五）年正月、五代八戸藩主信興が御礼登城した際、殿中でつまずくという不作法があった。すぐに差控をなすべきかを御用番老中に伺った。老中から、つまずくことはよくあることだ。それよりも本日の着衣はうこん色（濃い黄色）で目立ち過ぎる。西の丸へ出仕するのであれば、着替えした方が無難だといわれた。藩主は西の丸へ登城せず、差控の伺いを出した。老中からは、

天守閣が建てられていた江戸城本丸跡の天守台＝千代田区千代田

御年始の儀ゆえ、その儀に及ばずと指図された。おとがめなしで事は落着。派手な装束は殿中では御法度であった。

天明二（一七八二）年十月、今度は、七代八戸藩主信房は殿中で将軍へのお辞儀が一同より遅れた。あわてて大目付にお伺いを立てた。老中田沼意次はその儀に及ばずと達した。実にささいなことまで伺いを立て、上司の指示を仰ぐことが殿中では行われていたのである。

町奉行所跡とお裁き

江戸の治政や裁判を担当したのは南町と北町奉行所であった。JR有楽町駅の東には南町奉行所、東京駅構内には北町奉行所があった。南町奉行所跡の碑は有楽町駅中央口前広場の壁、北町奉行所跡の碑は東京駅八重洲北口前の大丸百貨店外壁にはめ込まれている。

大岡越前守は南町奉行の名奉行で知られているが、文筆で名声を博した奉行に根岸肥前守がいた。根岸は名を鎮衛《やすもり》といい、江戸のちまたの話を書き留めた「耳袋」で評判を集めていた。

享和三（一八〇三）年、江戸商人会津屋茂兵衛が八戸藩の非法をこの南町奉行の根岸へ訴えた。訴状は藩へ貸した一千二〇〇両を返してほしいということである。藩では、年賦返済で内々話を進めていたが、藩の御用掛江刺治右衛門が奉行所に呼び出された。裁きでは、本来は公儀お預けに該当するが、本人の落ち度とも言い難いとして、謹慎処分となった。藩の役人も過失があれば、町奉行から処罰を受けていた。

大名屋敷を盗み歩いた鼠小僧次郎吉

本所や小塚原の回向院には鼠小僧次郎吉の墓がある。鼠小僧は江戸市中の大名屋敷に忍び込み、大金を盗んでは貧しい庶民に分け与えたという。天保三（一八三二）年調べでは、盛岡藩や弘前藩、仙台藩など百家以上が被害に遭っている。盛岡藩は二度にわたって一六〇両を盗まれた。大名屋敷は広くて大きいため、忍び込みやすかったらしい。

八戸藩邸でも、鼠小僧ではないが度々盗難が起きた。享和元年には御用金十四両が江戸屋敷内の箪笥《たんす》から盗まれた。一見安心に見える藩邸ではあるが、家中の防犯意識は高くなかった。

本丸御殿跡に残る赤穂事件の松の廊下跡の碑＝千代田区千代田

【八戸藩の白木屋からの借金】　江戸の八戸藩邸では呉服を日本橋通一丁目の白木屋から購入していた。滞った借金は文政十一（一八二八）年で一千二〇〇両にのぼった。白木屋は江戸屈指の大呉服商である。幕府には訴えなかったが、藩からの代金返済には苦労した。藩から八〇〇両、五〇〇両と値切られた。しかし、それでも藩は支払う気がなく、二七両を返済しただけで、十年以上も知らぬ顔をした。白木屋は天保十三（一八四二）年に一括支払いを藩へ願い出た。八戸藩では、翌天保十四年に一万両の蓄財に成功したが、これにはたぶんに借金踏み倒しも含んでいたのであろう。

『八戸藩領をあるく』の凡例・出典

1、本文の出所を明らかにするために出典を明示した。多くは原本から採取したものが多いが、掲載に当たっては、できるだけ活字化された資料集から引用することにした。その際、編年の資料集には年月日と出典史料名を記入することとし、編年の資料集でないものは出典史料名のほか、検索の便をはかるため収録ページを入れた。

頻出する出典史料と資料集には次のような略称を用いている。

八戸藩目付所日記→目付、八戸藩勘定所日記→勘定、八戸藩用人所日記→用人

『八戸市史』史料編近世一〜一〇（八戸市、昭和四四〜五七年）→『市』近一〜一〇

『新編八戸市史』近世資料編Ⅰ・Ⅱ・Ⅲ（八戸市、平成一九・二〇・二三年）→『新市』近一〜三

『青森県史』資料編近世五　南部2八戸藩領（青森県、平成二三年）→『県』近五

『八戸南部史稿』八戸の歴史双書（八戸市、平成一一年）→『史稿』

『多志南美草』第一〜四巻（青森県文化財保護協会、昭和四五〜四七年）→『多草』一〜四

『大野村誌』第二巻史料編一・第三巻史料編二（洋野町、平成一八・二一年）→『大野』一・二

『種市町史』第一巻史料編一〜五巻（種市町、平成八〜一〇年）→『種市』一〜五

『八戸藩遠山家日記』・『続八戸藩遠山家日記』（青森県文化財保護協会、平成三・四年）→『遠山』・『続遠山』

『八戸藩遠山家日記』八戸の歴史双書　第一巻・第二巻（八戸市、平成一六・一八年）→『遠山』一・『遠山』二

『八戸藩の海運資料』上・中・下巻（青森県文化財保護協会、平成一七・一八・一九年）→『海運』上・中・下

2、資料集に収録されていない原本の収蔵文書名と所蔵先は次の通りである。

八戸藩目付所日記・勘定所日記・用人所日記は八戸南部家文書、遠山家日記は遠山家文書、永歳覚日記は西町屋文書である。所蔵先は八戸南部家文書と遠山家文書は八戸市立図書館所蔵、西町屋文書は八戸市博物館所蔵である。なお八戸藩目付所日記は八戸藩日記と通称される。

第1章第1節

（1）『南部叢書』第六冊（東洋書院、昭和五七年）
（2）『岩手県史』第五巻近世編二（杜陵印刷、昭和三八年）746p
（3）『江戸期八戸の日記集』八戸の歴史双書（八戸市、平成一五年）。『盛岡藩雑書』第一巻（熊谷印刷、昭和六一年）
（4）鈴木尭子『附録伝記』（種市町立図書館、昭和六三年）。寛文五年二月二七日条『史稿』、寛文五年同条『八戸藩史料』（伊吉書院、昭和四八年）
（5）榎森進「近世前期における北奥の狩猟」（『歴史のなかの東北』河出書房新社、平成一〇年）

第1章第2節

（1）寛文四年一二月六日条『史稿』

（2）「江戸幕府日記」（『県』近五13p）、「直房公御系譜一件」（八戸南部家文書）

（3）岩手史叢第一巻（岩手県文化財愛護協会、昭和四八年）518p、同第二巻（同）7p

（4）『県』近五13P

（5）元禄九年一一月条『青森縣史』第五巻（歴史図書社、昭和四六年）。同年同条『史稿』

第1章第3節

（1）三浦忠司『南部八戸の城下町』（伊吉書院、昭和五八年）

（2）『市』近一収録。『新市』近一246p・『新市』近二328pも関連。

（3）『はちのへ水物語―水道二十五年史』（八戸市水道部、昭和五三年）

（4）慶応元年三月一九日条勘定、同年8月9日条『多草』二

第1章第4節

（1）寛文五年二月二七日条『史稿』

（2）『新市』近一112p

（3）東京都井上家所蔵。八戸市立図書館所蔵井上家文書も関連。

（4）「八戸地域史」第三〇・三一号（八戸歴史研究会、平成九年）

（5）渡辺馬淵「奥南史談第五篇五」明治四一年一二月一三日付奥南新報。この連載記事を「柏崎記」と通称。

第1章第5節

（1）『概説八戸の歴史』中巻一（北方春秋社、昭和三六年）67p

（2）『県』近五21p

（3）元禄元年九月一二日条『史稿』

（4）元禄元年一一月一日条『史稿』87p、直房公直政公御二代集（『新市』近一132p）

（5）元禄七年一〇月一七日条目付（『市』近二）

（6）「八戸御由緒附録」（『県』近五66p）

（7）戸田茂睡『御当代記』東洋文庫六四三（平凡社、平成一〇年）

（8）「柳営日次記」・「江戸幕府日記」など（『県』近五57p）

第1章第6節

（1）『土芥寇讎記』（新人物往来社、昭和六〇年）

（2）元禄一〇年八月一二日条『史稿』・『新市』近一95p

（3）『県』近五273p

（4）三浦忠司「八戸藩における地頭の知行地支配」（『八戸地域史』第三五・三六号、八戸歴史研究会、平成一一年）

第1章第7節

（1）前掲『附録伝記』収録「御屋敷絵図」・『県』近五口絵写真・『図説青森県の歴史』（平成三年、河出書房新社）197p掲載写真など

（2）三浦忠司「八戸藩の江戸屋敷と藩主の交流」（『歴史手帖』第一八巻三号、名著出版、平成二年）、三浦忠司「八戸藩の江戸藩邸とその発掘」（『図説青森県の歴史』）、『陸奥八戸藩南部家屋敷跡遺跡発掘調査報告書Ⅰ』（林野庁六本木宿舎跡地遺跡調査会、平成七年）

（3）『柳沢家史料集成第一〇巻　参勤交代史料集・御例集』（柳沢文庫保存会、平成一六年）、小川恭一『江戸城のトイレ、将軍のおまる』（講談社、平成一九年）

（4）天保六年より「御下屋鋪御相対替一件」八戸南部家文書

（5）渡辺馬淵「奥南史談第五篇」（九〇）明治四二年九月二二日付
奥南新報

第2章第1節

（1）第2章第3節注1参照
（2）寛延三年三月九日条目付、同年一〇月一一日条目付、寛延三年一〇月一一日条永歳覚日記

第2章第2節

（1）貞享三年五月一日条目付（『市』近一）
（2）明治三年一〇月七日「伺之覚」（『大野』一）
（3）『新市』近一102p、享保9年4月条『史稿』
（4）『種市町史』第六巻通史編上235p（種市町、平成一八年）
（5）『県』近五95p

第2章第3節

（1）元禄一五年一月条『史稿』。三浦忠司「八戸藩における地方知行制の展開」（『岩手史学研究』第八五号、岩手史学会、平成一四年）参照
（2）『県』近五100p
（3）『種市町史』第六巻通史編上298p、天保一〇年頃御家中分限帳（『新市』近三564p）
（4）「久慈上館取立筋相増候用向書留」（『新市』近一209p）。第1章第6節注4三浦論考・前掲注1三浦論考参照
（5）寛延二年一二月二三日条目付。前掲注1・4三浦論考参照
（6）元禄三年一〇月五日条目付（『市』近一、『新市』近一248p）
（7）寛政九年九月二六日条目付

第2章第4節

（1）延享元年5月22日条『史稿』
（2）延享3年9月11日条『史稿』
（3）文化4年7月12日条『史稿』
（4）『概説八戸の歴史』中巻二（北方春秋社、昭和三六年）69p
（5）（6）文化四年一一月二三日条目付

第2章第5節

（1）貞享四年九月条『史稿』
（2）宝永四年三月一五日条目付（『市』近三）
（3）『概説八戸の歴史』中巻一129p表・132p文書写真
（4）享保五年六月二一日条目付（『市』近四）。村井久子『村市文書』（熊谷印刷、平成一六年）も参考
（5）『概説八戸の歴史』中巻一130p表。永歳目安録（『県』近五311p）も参考
（6）天明3年12月条『史稿』
（7）元禄一二年閏九月二〇日条目付（『市』近二）
（8）宝永三年七月一二日条目付・同年同月一三日条勘定（『市』近二）、宝永三年一〇月一日条目付（『新市』近一252p）
（9）『県』近五311p

第3章第1節

（1）『新編青森県叢書』第三巻（歴史図書社、昭和四八年）14p、『八戸市博物館研究紀要』第一二号・平成九年
（2）寛延元年七月一日条目付（『種市』一）
（3）宝暦五年一〇月二三日条目付（『市』近五）
（4）前掲注1叢書第三巻
（5）宝暦四年二月二六日条目付（『市』近五）
（6）宝暦六年一二月条『史稿』
（7）宝暦六年五月一一日条勘定（『市』近五）、宝暦六年五月二〇

日条勘定（『市』近五）
（8）宝暦六年三月五日条『史稿』
（9）寛延三年八月五日条目付（『種市』一）

第3章第2節

（1）『新市』近三391p
（2）『新市』近三396p
（3）『安藤昌益全集』第一巻（農山漁村文化協会、昭和五七年）
（4）安永寿延『写真集　人間安藤昌益』（農山漁村文化協会、昭和六一年）、『安藤昌益全集』第一三巻
（5）『新編青森県叢書』第三巻78p

第3章第3節

（1）写本は慶應義塾図書館所蔵、活字本は『安藤昌益全集』（農山漁村文化協会、昭和57年）・『統道真伝』（岩波文庫、岩波書店、昭和四一年）
（2）原本は東京大学総合図書館所蔵、活字本は『安藤昌益全集』（農山漁村文化協会、昭和57年）・『稿本自然真営道』東洋文庫四〇二（平凡社、昭和五六年）など。現代語訳は『安藤昌益全集』・安永寿延『安藤昌益―研究国際化時代の新検証』（農山漁村文化協会、平成四年）など
（3）『安藤昌益全集』第二巻
（4）『安藤昌益全集』第一六巻下
（5）『青森県史』資料編近世学芸関係471p（青森県、平成一六年）
（6）第3章第2節注2参照
（7）第3章第1節注4参照

第3章第4節

（1）『新市』近一386P
（2）天明五年五月二二日条勘定（『市』近七）
（3）天明四年四月一六日条目付（『種市』二120p）
（4）寛政九年六月一五日条目付
（5）「御家中病人数留帳」（『県』近五66p）、天明四年二月二四日条目付（『市』近七）
（6）天明四年二月一〇日条目付、「天明卯辰簗」（『新編青森県叢書』第三巻29p）
（7）『大野』二278p

第3章第5節

（1）森嘉兵衛『九戸地方史』上巻（九戸地方史刊行会、昭和四四年）943p
（2）寛政三年八月二九日条『史稿』
（3）文化七年九月一日条「御領内人数宗門御書上」（接待治卿「奥南温古集」第八巻）
（4）天明八年一〇月一九日条目付（『市』近七）
（5）「百姓騒動次第」・「百姓一揆日記」（『県』近五675・678p）、寛政七年一二月一九日条目付（『市』近七）
（6）寛政七年一二月一五日条目付
（7）寛政七年一二月一六日・同月一八日・同月二一日条目付

第4章第1節

（1）文政元年二月一七日条目付
（2）文化一一年八月二二日条「領内触書」（『史稿』389p）
（3）文化一三年一月二九日条『史稿』、文化一三年一月二日条目付（『市』近八）
（4）文化一一年一二月二三日条目付（『市』近八）
（5）『八戸藩士系譜書上』八戸歴史双書（平成一三年、八戸市）

705p、「七崎屋半兵衛改名書留置」（『県』近五651p）

（6）文政五年六月二七日条勘定。一部は『市』近八408p

第4章第2節

（1）文政二年三月一七日条目付

（2）文政二年三月二七日条目付

（3）文政二年閏四月二日条目付、文政二年八月四日条目付、文政四年一月二三日条目付、「七崎屋一件」（『新市』近一517p）

（4）天保七年八月「口上之覚」八戸南部家文書

（5）文政二年八月三日条目付、文政二年三月九日条目付

（6）文政四年一二月八・九日条、文政五年八月一七日条目付

第4章第3節

（1）文政一三年四月「御囲金御金箱留帳」八戸南部家文書

（2）文政二年九月九日条目付

（3）文政五年一二月一二日条『史稿』

（4）文政六年二月一二日条目付（『市』近八）

（5）渡辺馬淵「奥南史談第五篇三一」明治四二年三月一〇日付奥南新報

（6）「領内中総検地の事」（『日本庶民生活史料集成』第一三巻47p、三一書房、昭和四五年）

（7）天保三年九月五日条勘定、三浦忠司「八戸藩における水田開発」（『地方史研究』第一八五号、地方史研究協議会、昭和五八年）、前掲『はちのへ水物語―水道二十五年史』

（8）天保三年一二月七日条勘定（『市』近九）

（9）文政一一年三月一〇日条目付（『市』近八）

（10）「総検地ニ付相談帳」（『県』近五690p）

第4章第4節

（1）文政一〇年七月一七日条勘定

（2）天保元年閏三月一五日条『史稿』

（3）「築城願」（『新市』近一459p）

（4）天保五年一月九日条勘定（『市』近九125p）

（5）天保五年一月一二日条目付（『市』近九）、「総百姓押寄覚」（『新市』近一417p）

（6）天保五年一月一二日条目付（『市』近九）、天保五年一月「御沙汰書」（『種市』三）

（7）天保五年二月八日条目付（『市』近九）

第4章第5節

（1）天保四年一二月条『史稿』

（2）「天保九戌十亥年飢饉録」青森県立図書館所蔵近藤家文書

（3）天保八年六月三日条勘定（『市』近九）

（4）「及川隼太知行所凶作書上」（『県』近五234p）

（5）天保一〇年三月「江戸御在所御相続方并御領民御救御手当方中考調帳」八戸南部家文書、天保一〇年一二月一日条勘定、「百姓救済覚」（『県』近五696p）

（6）天保三年「御囲稗書上帳」（『大野』一271p）

（7）『新市』近一423p

（8）第4章第3節注6『日本庶民生活史料集成』参照

第4章第6節

（1）松野陽一「『落穂集』の翻刻と解題」（国文学研究資料館紀要第一六集、国文学研究資料館、平成二年）、松野陽一「近世和歌史と江戸武家歌壇」（『近世歌文集』上、岩波書店、平成八年）

（2）松野陽一『習古庵亨弁著作集』（新典社、昭和五五年）

（3）『読本事典』（笠間書院、平成二〇年）

(4) 天明三年一二月一一日条目付、小林文雄「武家の蔵書と収集活動」(『歴史評論』第六〇五号、平成一二年)、『八戸市立図書館図書館百年史』(八戸市立図書館、昭和四九年)
(5) 文政一二年九月二七日条目付(『市』近八)
(6) 安政六年六月条『多草』二
(7) 『日本農書全集』第二巻(農山漁村文化協会、昭和五五年)、前掲『九戸地方史』上巻

第5章第1節

(1) 「御主法掛頭取建白」(『新市』近一524p)、「百姓共救之覚」・「御内分言上帳」(『県』近五696・698p)
(2) 二月二〇日付木幡文内より「上」宛書状　八戸南部家文書
(3) 文政一〇年一月二五日・二月一九日条など八戸藩江戸藩邸用人所日記(八戸南部家文書)
(4) 文久元年一二月一六日条『史稿』474p
(5) 島津家書状(『県』近五707p)
(6) 『鹿児島県史料　斉彬公史料』第一巻(鹿児島県、昭和五六年)、三浦忠司「八戸藩の江戸屋敷と藩主の交友」(『歴史手帖』第一八巻三号、名著出版、平成二年)
(7) 文久元年遠山家日記(遠山家文書)、三浦忠司『八戸藩「遠山家日記」の時代』(岩田書院、平成二四年)、三浦忠司「遠山庄七の江戸勤番と八戸藩主の公武合体運動」(『はしかみ』第六八号、階上町教育委員会、平成二四年)
(8) 渡辺馬淵「奥南史談第五篇四一」明治四二年四月一三日付奥南新報
(9) 「御家譜抜書」遠山家文書

第5章第2節

(1) 「松前一件」(『県』近五735p)
(2) 文化四年五月二七日条目付(『種市』二)
(3) 文化四年六月一三日・二四日・二七日条『史稿』
(4) 文化四年一一月二二日条目付
(5) 「横文字和解」八戸市史編纂室所蔵
(6) 嘉永六年六月条『多草』二。大岡達夫『多志南美草全』(大岡達夫、平成一八年)も参考
(7) 安政元年四月二八日条『史稿』
(8) 巳年五月「有家浦詰猟師給銭覚」(『大野』一247p)
(9) 安政元年六月一八日・安政五年八月六日条『史稿』
(10) 安政五年八月六日条『多草』二
(11) 前掲注5「横文字和解」

第5章第3節

(1) 明治元年三月一〇日条『史稿』、慶応四年三月条逸見興長一代記・明治元年三月七日・一〇日条用人(『市』近一〇)
(2) 山崎有信『野辺地戦争記聞』(復刻版刊行会、昭和五一年)
(3) 明治二年一〇月按察使達書(『史稿』)
(4) 明治三年四月二一日条『多草』四

第5章第4節

(1) 前掲『はちのへ水物語―水道二十五年史』
(2) 前掲注1『はちのへ水物語』、『いのちの源泉を求めて―八戸の水道五十年史』(八戸圏域水道企業団、平成一一年)
(3) 文久三年一二月二八日・同一二月二九日条『多草』二
(4) 三浦忠司「北奥における商人の情報活動」(『日本歴史』第五八五号、吉川弘文館、平成九年)。同論文は『幕末維新と情報』幕末維新論集第一〇巻に再録(吉川弘文館、平成一三年)

（5）文久四年八月五日条『多草』二
（6）文久三年一二月二九日条『多草』二

第6章第1節

（1）（2）天保八年「八戸南部領分」（『県』近五526p）
（3）文化元年九月八日条勘定
（4）天保八年六月二五日条勘定（『大野』一）
（5）天保一〇年二月二九日条勘定（『市』近九、『県』近五535p）
（6）前掲注1「八戸南部領分」参照

第6章第2節

（1）文政一三年一二月二九日条「江戸例書」（八戸市立図書館所蔵青年会文庫）。三浦忠司「八戸藩の江戸飛脚と一里飛脚」（『交通史研究』第三六号、交通史研究会、平成七年）、三浦忠司「八戸藩の陸上交通」（八戸通運、平成六年）参照
（2）天保九年遠山家日記（『続遠山』）。前掲三浦『八戸藩「遠山家日記」の時代』参照
（3）第6章第1節注4参照
（4）「盛岡ヨリ箱舘迄定飛脚賃附」（『写真と絵で見る日本郵便の歴史』、ポスタルサービスセンター、平成元年）

第6章第3節

（1）「御参勤御道中一巻帳」遠山家文書。前掲三浦『八戸藩の陸上交通』参照
（2）万延元年一〇月二二日・文久二年五月一一日条『史稿』
（3）文久二年一〇月二八日条『多草』二
（4）宝暦五年五月七日条目付

第6章第4節

（1）文政八年八月・文政九年五月・文政一一年一〇月条「船手御用留」（『海運』上）。本節は三浦忠司『八戸湊と八戸藩の海運』（八戸港湾運送、平成二年）を参考
（2）『海運』上1p
（3）三浦忠司「八戸藩における藩政改革以後の海運と産物流通」（『地方史研究』第二二一号、地方史研究協議会、平成元年）
（4）天保二年一月「送状之事」（『県』近五460p）
（5）「御産物御用手控」（前掲注2）、「御産物方雑用手控」（『新市』近二20p）、「江戸諸国面付帳」（『県』近五491p）。前掲三浦『八戸湊と八戸藩の海運』参照
（6）文政一一年一一月付「大坂規定」（前掲「御産物御用手控」・「御産物方雑用手控」）。三浦忠司「東廻り海運と八戸藩の産物輸送」（『日本水上交通史論集』第四巻、文献出版、平成三年）参照
（7）万延元年九月「大坂御用小手筈牒」（八戸南部家文書）。前掲注6三浦論考参照
（8）安政七年「船手御用留」（『海運』中・下）
（9）『天保四年鮫御役所日記』（種市町教育委員会、平成七年）、三浦忠司「八戸湊の入津船と八戸藩の海運」（『八戸地域史』第一四号、八戸歴史研究会、平成元年）

第6章第5節

（1）古川古松軒『東遊雑記』東洋文庫二七（平凡社、昭和五二年）
（2）『日本常民生活資料叢書』第九巻（三一書房、昭和四七年）
（3）前掲三浦『八戸藩「遠山家日記」の時代』参照
（4）天保一三年七月二五日条勘定（『市』近九）

第7章第1節

（1）天保元年七月二七日条目付（『市』近九）
（2）天明二年六月一七日条勘定（『市』近七）

（３）嘉永七年六月「総牛馬御役銭取立帳」（『大野』二１８７ｐ）
（４）慶応二年八月「当御振駒御益金上納目録」（『県』近五４２６ｐ）
（５）享保一九年一〇月一〇日条用人（『市』近五）
（６）明和四年二月二二日条目付（『市』近六、『県』近五４０５ｐ）
（７）文化一二年三月二五日条目付（『市』近八）

第７章第２節

（１）嘉永六年一〇月条船手御用留（『海運』中）、大豆買上布達（『大野』二３２８ｐ）
（２）天保二年八月八日条勘定
（３）天保一二年三月条「御調御用頭書」（『海運』中）
（４）寛政元年一〇月二日付「五御代官所御蔵高江御買上大豆割付之事」（『秘鑑』工藤祐董『八戸藩法制史料』６９６ｐ、創文社、平成三年）
（５）寛政三年六月「波々伯部拝地小高帳」（『新市』近二２２８ｐ）
（６）前掲注１「船手御用留」参照

第７章第３節

（１）「寛政年中より拾書」（『大野』二３３９ｐ）
（２）前掲注１、および文政四年四月一八日条永歳覚日記（『県』近五６８２ｐ）。なお浜屋の最終的退任は文政六年で、これ以降西町屋は全鉄山を掌握（文政六年六月三日条目付（『大野』一））
（３）天保五年三月二九日条勘定（『大野』一）、および前掲注１
（４）天保五年「覚」（『県』近五３８３ｐ）、『淵沢家鉄山萬日記』（軽米町教育委員会、平成一七年）、および「御産物御用手控」（『海運』上）
（５）天保一二年「御調御用頭書」（『海運』中）
（６）天保八年一二月「御約定一札之事」（船手御用留『海運』上）
（７）第６章第４節注５史料参照。『八戸港史』（八戸港開港三五周年記念式典協賛会、昭和五一年）も参照
（８）斎藤潔「八戸の鉄の歴史」（『八戸地域史』第２号、八戸歴史研究会、昭和５８年）。斎藤潔『鉄の社会史』（雄山閣、平成２年）も関連
（９）『大野』一６８ｐ
（10）文化一二年「三社丸一件」（『県』近五５００ｐ）

第７章第４節

（１）（２）高橋美貴「八戸藩の漁業政策と漁乞」（地方史研究協議会編『歴史と風土—南部の地域形成』雄山閣、平成一六年）。田名部清一「八戸藩の漁業の一考察」（『八戸地域史』第四号、八戸歴史研究会、昭和五九年）・田名部清一『湊町の歴史』（『みなとの風光』八戸市立湊中学校、昭和六二年）も関連
（３）文化六年一二月一三日条目付（『市』近八）
（４）前掲三浦「東廻り海運と八戸藩の産物輸送」
（５）安政二年一一月条船手御用留（『海運』中）
（６）文久元年「売仕切帳」（『県』近五５０９ｐ）
（７）天保一〇年「諸事記」（『県』近五５１１ｐ）
（８）嘉永七年「船手并諸御用留」（『海運』中）
（９）文政一一年六月一二日条勘定・天保八年一月一九日条勘定（『大野』一）
（10）文政一一年六月一二日条・天保八年一月二七日条・慶応二年二月三日条勘定（『大野』一）

第８章第１節

（１）宝永元年七月一三日条目付（『市』近二）。本節は前掲三浦『南部八戸の城下町』を参考

(2) 宝暦元年一〇月一三日条目付

(3) 文化二年三月七日条目付（『市』近八）

(4) 文化五年四月八日条目付

(5) 文化四年一一月一日条目付（『新市』近一250p）

(6) 文化三年一一月二三日条目付（『市』近八）

(7) 天明二年七月五日条『史稿』、天明二年七月二七日・同八月四日・同八月二七日条勘定

(8) 文久三年三月条『史稿』479p

(9) 安政四年三月一二日条勘定

(10) 元禄二年一二月二一日条目付（『市』近一、『新市』近一248p）

(11) 慶安四年一一月一日条など盛岡藩雑書（『江戸期八戸の日記集』122p）、森嘉兵衛『九戸地方史』下巻（九戸地方史刊行会、昭和四五年）

(12) 第1章第1節注4『附録伝記』参照

第8章第2節

(1) 第2章第5節注1参照

(2) 『概説八戸の歴史』中巻一129p表

(3) 「当時造酒筈之系図」（『県』近五329p）

(4) 『八戸港史』26p表

(5) 『多草』一14・15p

(6) 宝暦一一年「譲状之事」（『新市』近二143p）

第8章第3節

(1) 「西町屋経営状況一らん表」（『概説八戸の歴史』中巻一171p）

(2) 第8章第2節注6参照

(3) 宝暦二年四月六日付「宗門覚」（寛延三年永歳覚日記）

(4) 『県』近五253p

(5) 明治二年一一月・明治三年一月付「帳簿」中の「覚」（『新市』近一267p）

(6) 明治二年一一月・明治三年一月付「諸用日記留」中の「覚」（『新市』近一267p）

(7) 「家訓覚」（『大野』二633p）

第8章第4節

(1) 享保六年六月一九日条目付（『市』近四）。本節は三浦忠司『八戸三社大祭の歴史』（伊吉書院、平成一八年）を参考

(2) 延享四年「法霊御神事行列帳」龗神社・新羅神社所蔵

(3) 文政三年七月一二日条勘定、文政三年七月二一日条遠山家日記、文政四年七月二〇日条遠山家日記、文政一〇年七月二一日条目付

(4) 天明四年条「法霊御神事当番之事」（永歳目安録『県』近五327p所載）、文政八年「法霊社神事日記」（『八戸の神社寺院由来集』八戸市、平成一四年）

(5) 天明五年条「法霊御神事当番之事」（『県』近五327p）

(6) 天保九年八月一二日条・天保一〇年七月一二日条永歳覚日記

(7) 天保九年条「法霊御神事諸入用覚」（『県』近五631p）

(8) 天保八年条「法霊御神事諸入用覚」新羅神社所蔵

(9) 天保四年「法霊御神事行列帳」龗神社所蔵

(10) 各年の「御神事諸入方覚」（「法霊御神事諸入用覚」新羅神社所蔵）

第8章第5節

(1) 寛文七年一〇月四日条「惣禄免許状」（『市』近一120p、『県』近五508p）

（２）寛延二年一二月二六日条目付（『市』近五）
（３）宝永六年五月二五日・同五月二八日条目付（『市』近三）
（４）安永元年七月付「口上」（明和九年「御家中并五御代官所諸願留」八戸南部家文書）、『はちのへ水物語―水道二十五年史』
（５）寛保元年六月五日付「乍恐以書付奉願上事」（『県』近五６０３ｐ）
（６）元治元年１２月条『史稿』
（７）文政五年七月一七日条目付（『市』近八）
（８）慶応二年七月二〇日条遠山家日記・『多草』三

第８章第６節

（１）安政三年七月二三日条目付・同月日条遠山家日記（『新市』近三８８ｐ）・同月日条『多草』二
（２）安政三年七月二三日条『多草』二・『年稀集』（種市町教育委員会、平成一〇年）・『史稿』・『種市』四
（３）安政三年七月二八日条遠山家日記
（４）安政三年七月二八日条『多草』二、安政三年七月二七日・七月二八日条『年稀集』
（５）安政三年七月二三日条『年稀集』、同年七月二四日・八月一日・八月二日条『袖裡日要鑑』（種市町教育委員会、平成一〇年）
（６）元治元年一二月二八日条目付（『市』近一〇）・『史稿』
（７）文化三年一一月二二日条遠山家日記（『遠山』一）

第９章第１節

（１）享和二年六月一六日条遠山家日記（『遠山』一）。本節は前掲三浦『八戸藩「遠山家日記」の時代』を参考
（２）享和二年目付、三浦忠司「八戸藩武家の結婚・離婚などの家族関係」（『八戸地域史』第四七号、八戸歴史研究会、平成二二年）
（３）『貝原益軒』日本思想体系三四（岩波書店、昭和四五年）
（４）磯田道史『武士の家計簿』（新潮社、平成一五年）９３ｐ
（５）天保一〇年一一月二七日条遠山家日記（『続遠山』）
（６）天保元年四月三日条遠山家日記（『遠山』）
（７）天保三年二月二八日条遠山家日記（『遠山』）

第９章第２節

（１）享和三年三月一〇日条遠山家日記（『遠山』一）。本節は前掲三浦『八戸藩「遠山家日記」の時代』を参考
（２）文化九年九月一六日条遠山家日記（『遠山』二）
（３）文化九年九月二二日条遠山家日記（『遠山』二）
（４）文政一〇年目付、第９章第１節注２三浦「八戸藩武家の結婚・離婚などの家族関係」参照
（５）文政六年三月一六日条遠山家日記

第９章第３節

（１）明治六年四月「反別御改ニ付札立帳」遠山家文書。本節は三浦忠司『下長の歴史』（下長地区石堂土地区画整理組合、昭和六一年）を参考
（２）天保一一年四月一日条遠山家日記（『続遠山』）。
（３）天保八年八月二七日条遠山家日記（『続遠山』）。「畠作手取調帳」（『新市』近二２６５ｐ）も参照
（４）前掲『九戸地方史』上巻参照
（５）文政六年一〇月一六日条遠山家日記
（６）文政七年三月一三日・八月二三日条遠山家日記
（７）文政一〇年三月一四日条遠山家日記
（８）文政一〇年四月「御検地野帳写」遠山家文書。前掲三浦『下

長の歴史』110p参照

第9章第4節

（1）文化一〇年「御代官定目帳」（『新市』近一326p）。本節は前掲三浦「八戸藩における地方知行制の展開」を参考
（2）『南部叢書』第四冊（東洋書院、昭和五七年）
（3）文政一二年一二月九日条遠山家日記（『遠山』）
（4）天保四年一二月八日条遠山家日記（『遠山』）
（5）第2章第3節注6史料参照
（6）前掲注2参照

第9章第5節

（1）元文四年「宗旨改組合帳」（『種市町史』第六巻通史編上358p）
（2）弘化四年「宗門改書上帳」（同町史通史編上364p）
（3）文政一二年「名子高帳控」（『大野』二688p）。大家族制の研究は森前掲『九戸地方史』上巻・有賀喜左衛門『日本家族制度と小作制度』（未来社、昭和四一年）・木下彰『名子遺制の構造とその崩壊』（御茶の水書房、昭和五四年）など
（4）文久二年「名子牒」（『大野』二696p）
（5）文久二年五月九日条「家来辰別家譲物」（『県』近五113p）
（6）寛政九年閏七月一八日条遠山家日記。前掲三浦「八戸藩における地方知行制の展開」参照
（7）前掲注1『種市町史』参照

第10章第1節

（1）文久三年一二月一一日・一三日条勘定（『大野』一）
（2）安政六年六月条『多草』第二巻
（3）田村栄一郎『松峰山長福寺』（長福寺、昭和六三年）
（4）小林文夫「大日霊神社所蔵の句額」（大野村、平成一七年）、酒井久男『九戸文学碑巡り』（種市町立図書館、平成七年）、『大野』一口絵・二27・646p
（5）第4章第6節注7参照

第10章第2節

（1）（2）三浦忠司『御九代集　全』（種市町教育委員会、平成七年）
（3）元治元年一二月二三日条目付（『市』近一〇）
（4）「安永年中より寛政まで丁内御触帳」の享和三年「覚」（『新市』近一320p）

第10章第3節

（1）第9章第1節注3参照
（2）文政九年八月一一日条遠山家日記
（3）文政一〇年七月一三日条遠山家日記
（4）文政六年一二月二日条など遠山家日記
（5）寛政三年六月付「御触」（「安永年中より寛政まで丁内御触帳」西町屋文書）。延享四年三月一二日条勘定（『新市』近一334p）
（6）高木侃『三くだり半と縁切寺』（講談社、平成四年）
（7）寛延四年七月二九日付「一札之事」（寛延三年永歳覚日記）

第10章第4節

（1）『日本庶民生活史料集成』第三巻（三一書房、昭和四四年）、『高山彦九郎日記』第三巻（西北出版、昭和五三年）、田村栄一郎『高山彦九郎と琥珀の邦』（くんのこほっぱ愛好会、平成一八年）
（2）寛政二年九月一三日条『北行日記』。これ以降九月二一日条まで八戸藩領内の様子を記述する。
（3）司馬遼太郎『街道をゆく』第三巻（昭和四八年、朝日新聞社）

八　戸　藩　年　表

年　号	西暦	事　　項
寛永４	1627	３月根城南部氏南部直義が遠野へ転封される。
寛永５	1628	盛岡藩主南部利直が八戸城の築城と八戸の町づくりを始めると伝えられる。
万治３	1660	１月渡部益庵が八戸町の様子を『八戸紀行』に記す。
寛文４	1664	１２月６日盛岡藩１０万石が分割され、南部直房に２万石が与えられて八戸藩が誕生する。
寛文５	1665	２月２７日盛岡藩から三戸郡九戸郡志和郡８３ヵ村が配分され、八戸城が居城と定められる。
寛文７	1667	１０月常泉院を修験の総禄職に任命する。
寛文８	1668	６月２４日藩主直房が突然死去する。盛岡藩による暗殺との伝承。
		８月直政が２代藩主となる。
寛文１１	1671	６月領内を六代官所の支配に分ける。
		６月菩提所南宗寺を類家村より糠塚村に移転造営する。
寛文１２	1672	６月盛岡藩領との境界が決着し、藩領域が確定する。
延宝３	1675	８月年貢の金目（金納）高を定める。
延宝５	1677	６月領内検地が終了し、藩士に小高帳を交付する。
天和２	1682	４月領内の制札場を定める。
天和３	1683	１０月財政悪化のため藩士に貸上金を実施する。
貞享元	1684	９月初めて幕府より八戸藩２万石の領地朱印状が与えられる。
貞享２	1685	６月七崎村を八戸藩領に入れ、北野牧のある侍浜・白米村を盛岡藩領に編入する。
貞享３	1686	３月石巻に米倉を建設し、志和米を江戸へ初めて運送する。
貞享４	1687	９月直政が詰衆に登用される。
元禄元	1688	９月直政が側衆となる。
		１１月直政が将軍綱吉の側用人に抜擢される。
		１２月参勤費用にあてるため藩士の舫金制度を始める。
元禄２	1689	１月病気のため側用人を辞退する。
		２月江戸上屋敷を麻布市兵衛町に拝領する。
		１２月直政が上屋敷で南部重信や沖西堂元令、清水宗川などと詩歌会を催す。
		１２月大工町と鍛冶丁が城下に編入される。
元禄３	1690	６月直政が漢詩文集の『新編文林全集』を編纂する。
		６月直政が盛岡藩桜田屋敷の詩歌会に林大学や金地院崇寛、知足院隆光らと参加する。
		１０月藩士が在郷在宅して農作業することを禁止する。
元禄６	1693	８月鮫の百姓に屋敷を割り渡し、船着場付近の整備を始める。
元禄７	1694	１０月村役人の名称の検断を庄屋、肝煎を名主と改称する。
元禄８	1695	１１月領内人口５万８，５０７人。うち武家１，１７２人、百姓３万４９６人、町人２，８８６人など。
元禄９	1696	１１月中里清右衛門に『旧話集』５冊を編纂させる。
		１１月直政が八戸藩の由来を記した「御遺訓」を編纂する。
元禄１０	1697	８月郷村御内所高帳が作成され、領内石高は４万２，５９９石余と書き上げられる。
元禄１１	1698	この年、近江商人の大塚屋が盛岡から八戸に出店する。
元禄１２	1699	５月盛岡藩から通信が養子に入り、３代藩主となる。
		閏９月五戸代官から市川沖の鰯漁中止の要請がくる。
元禄１５	1702	１月藩士の領地を城下から遠方に移す。
		９月大飢饉となり、１万７，８００石余の田畑が損耗する。
宝永元	1704	６月酒田からの幕府の城米船が入港するようになる。
		７月塩丁が足軽屋敷となる。
宝永３	1706	７月湊浦がにぎわい、諸国の出稼ぎ者と騒動が起きる。
宝永４	1707	３月六日町などの裏町３町が塩・煙草の専売制廃止を訴える。
		５月湊川口に十分一役所（川口役所）が設置される。
享保元	1716	１０月広信が４代藩主となる。

年　号	西暦	事　　　項
享保４	1719	この年、美濃屋が盛岡から八戸に出店する。
享保５	1720	この年、近江屋が盛岡から八戸三日町に店を開業する。
享保６	1721	７月１９日法霊神輿が初めて長者山へ渡御し、祭礼行列が始まる。
享保９	1724	４月領内検地法を制定し、標準生産高や租率を設定する。
享保１１	1726	１０月領内総馬数が２万４１疋。
享保１３	1728	７月２４～２９日大雨による損耗高が１万４５２石余。
享保１８	1733	１２月領内百姓に貸上金を一律に命ずる。
享保１９	1734	１０月藩営牧場の馬数が妙野４６疋、広野４７疋。
元文３	1738	５月大豆などの沖の口の礼金を定める。
寛保元	1741	６月信興が５代藩主となる。 ７月領内総石高４万１，０００石余、うち蔵入高は２万７，０００石余、給所高１万４，０００石余と書き上げる。
延享元	1744	５月駿府城警備の命により軍師森弾右衛門が信玄流軍制を定める。 ８月安藤昌益が遠野の流鏑馬の射手を治療する。 １２月昌益が天聖寺にて講演を行い、守西らに感銘を与える。
延享３	1746	９月藩士が負担する軍役が定められる。 この年、宗門改帳に十三日町居住の昌益が４４歳で、５人家族と書き上げられる。
延享４	1747	７月法霊祭礼行列に山車としゃぎり踊子が参加する。 この年、八戸町の町屋数が７５２軒。
寛延２	1749	１２月領内人口が７万１，８５２人の最多となる。うち武家１，６７６人、百姓６万１，９９７人、町人４，０７５人など。 この年、猪が田畑を荒らす猪飢渇が起こる。宝暦２年までに百姓３，０００人が餓死するという。
寛延３	1750	３月有力商人に藩経費を立て替えさせる仕送制度を始める。
宝暦元	1751	１０月塩丁が武家町となり、東に足軽町の下組丁が新設される。
宝暦３	1753	３月昌益が刊本『自然真営道』を刊行する。
宝暦５	1755	２月昌益が稿本『自然真営道』巻１（私制字書巻）の序文を執筆する。 １０月大飢饉となり１万8，５７３石が損耗する。
宝暦６	1756	５月軽米通や久慈通で餓死者・行方不明者が多数出る。 この年、『新歌類聚』が編集され、亨弁が江戸藩邸にて歌会を催す。
宝暦13	1763	８月大雨による耕地・人家の被害が大。
明和２	1765	５月信依が６代藩主となる。
明和３	1766	７月領内の馬数は三戸郡９，６１５疋、九戸郡８，７５９疋、計１万8，３７４疋。 この年、領内の牛数は三戸郡４８６疋、九戸郡１，２８５疋、計１，７７１疋。
明和６	1769	６月湊・白銀・鮫・久慈の〆粕５，１００俵、漁油１，４４４樽の生産を書き上げる。 ７月藩営牧場の馬数は広野４１疋、妙野２３疋。
天明元	1781	２月信房が７代藩主となる。
天明２	1782	６月総馬改めの馬寄場を城下八日町のほか中心村落に集約する。 ８月惣門丁から足軽が移されて上組丁が新設され、惣門丁は町人町となる。
天明３	1783	１月信房が俳号を互扇楼畔李と称す。 １０月未曽有の大飢饉が起き、１万９，２３６石余の田畑が損毛する。 １２月藩士が書籍を共同購入する書物無尽仲間がつくられる。
天明４	1784	２月五つの代官所内の死絶・離散数は９，５７４人を数える。 ９月田畑の損耗高が１万6，４５７石余に上る。
天明５	1785	８月２３日大風雨による被害のため１，３７７石余が損耗する。
天明８	1788	９月幕府巡見使に随行する古川古松軒が『東遊雑記』に八戸城下の印象を記す。 １０月八戸三店などの有力商人に新規に２，５００両の拠出を命ずる。 この年、飢饉に備えて囲い稗の貯蔵が大野村で始まる。

年　号	西暦	事　　　　　　項
寛政２	1790	２月社寺に当年より国家安全五穀成就漁乞の祈祷を命ずる。 ５月領内田畑の荒廃地の開墾を指示する。 ９月高山彦九郎が八戸に至り、『北行日記』に城下や領内の様子を書き記す。
寛政３	1791	８月領内総人口４万４，９１９人。うち武家２，００１人、百姓３万８，１４１人、町人３，３１５人など。
寛政４	1792	５月江戸下屋敷を麻布新町に拝領する。 ９月ロシア使節ラクスマンが大黒屋光太夫らを伴って根室に来航し、通商を求める。
寛政５	1793	３月沿岸警備の陣容を定め、狼煙・篝の準備を指示する。 １０月畔李が長者山に芭蕉句碑を建立する。
寛政６	1794	５月主法を発し、年貢の厳しい取り立てを命ずる。
寛政７	1795	１２月久慈で百姓騒動が起き、百姓が久慈代官所へ押し寄せる。
寛政８	1796	２月信真が８代藩主となる。
寛政１２	1800	３月藩士らが武器無尽設立を願い出る。
享和元	1801	１０月伊能忠敬が蝦夷地測量のために八戸に来る。
享和２	1802	この年、飛騨国出身の浜谷茂八郎に鉄山の経営を請け負わせる。
享和３	1803	５月領内の百姓家数が７，８２３軒。うち八戸廻１，７３３軒、長苗代通５１６軒、名久井通１，１７３軒、軽米通２，３００軒、久慈通２，１０１軒＜注１＞。 この年、藩士の武器補修にあてるため藩が武器舫を発足させる。
文化元	1804	４月藩営牧場の広野を休牧とする。 この頃、藩札が発行される。
文化２	1805	３月廿一日町（下大工町のこと）が城下に編入される。
文化３	1806	１１月２２日八戸廿六日町より出火し、城下１７０軒が焼失する大火が起きる。
文化４	1807	１月町家の増加により廿八日町から塩丁・下組丁にかけて町人町となる。 ６月ロシア船が蝦夷地を襲撃し、幕府から領内の浦堅めと箱館出兵の準備が指示される。大砲配備と箱館出兵の軍勢を編成するが、出兵は中止となる。 ７月浦堅めの大砲方を鮫・久慈・小船渡・有家・八太郎・麦生などへ配置する。 １１月武器舫に助成金を積み増しし、藩士の武器補修費の拡充をはかる。
文化５	1808	４月武家町の柏崎新丁が新設される。 ６月八戸六日町以外での肴販売禁止を守るように布令する。
文化６	1809	１２月鰯漁がにぎわい、湊・白銀などで１万１，２４８貫文余の漁獲量となる。
文化８	1811	２月江戸上屋敷が全焼する。
文化９	1812	１１月久慈諏訪神社に久慈地方の俳人名が記された句額が献納される。
文化１１	1814	８月藩札が暴落し、藩札と正銭との引き替えの自粛を命ずる。
文化１２	1815	３月江刈・葛巻通の牛博労が越前や水戸へ牛の販売に登りたいと願い出る １０月盛岡藩下屋敷から延焼し、江戸下屋敷が全焼する。
文化１３	1816	１月藩札交換に応じない和泉屋へ百姓・町人が押しかける。
文化１４	1817	１２月舫所に借用金を返済しない藩士を改易処分とする。
文政元	1818	３月角の浜などの海岸へ鯨１００頭余りが寄せる。
文政２	1819	３月藩主が主法替を指示し、藩政改革を始める。改革主任に野村武一を登用し、御調役所を設立する。 ３月年貢取立が遅延した久慈代官を改易とする。 ４月西町屋徳右衛門を産物輸送を担う船手支配人に任命する。 ８月１万両の御用金を七崎屋半兵衛に命ずる。上納できない七崎屋の財産を没収し、一族の藩士松橋宇助らを改易処分とする。 ８月年貢取立不足により名久井長苗代通代官を改易とする。
文政３	1820	４月江戸深川富岡町に蔵屋敷を開設する。 ７月法霊祭礼行列に山車屋台とともに、鮫の虎舞や湊踊り子が参加し、華やかになる。
文政４	1821	４月浜谷経営の鉄山を藩営とし、鉄山支配人に石橋徳右衛門を任命する。

年　号	西暦	事　　　　　　　　　　　項
		１２月舫所に借用金を返済しない藩士たちを改易処分とする。
文政５	1822	３月久慈において百姓数百人が騒動を起こす。
		３月名久井通百姓が正銭による年貢上納はできないとして名主所へ押願する。
		７月ビイドロ細工の大規模な唐船の見世物が長者山で興行される。
		８月舫所に借用金を返済しない藩士たちを改易処分とする。
		１２月荒地などの新田開墾を布令し、開墾可能地の見立てを指示する。
文政６	1823	２月新田開発掛が設置される。
		４月豊山寺の修築が完成する。
文政８	1825	１月２日八戸廿三日町から出火し、城下中心街２４２軒が焼失する。
		７月有家沖に現れた異国船より有家の漁師が英文の書付を受け取る。
		７月法霊社の社殿が落成し、遷宮式を行う。
		９月長者山新羅大明神祭礼へ武者行列の参拝が始まる。
文政１０	1827	４月相撲の御抱えを始め、その取扱金の規則を定める。
		７月長者山三社堂（新羅神社）の造営がなり、芝居興行などでにぎわう。
		９月新羅祭礼に騎馬打毬と流鏑馬が実施される。
文政１１	1828	３月藩政改革１０年満期を迎え、意見の聴取を行う。
		３月領内の総検地を始める。
		１１月大坂荷受問屋柳屋又八と大豆・〆粕の移出の約定を取り決める。
文政１２	1829	４月９日八戸惣門丁より出火し、城下中心街４０４軒が焼失する。大火後、奥行きや石屋根などの建築規制を行う。
		９月藩学校を二の丸に開校する。校名は学校と称す。
天保元	1830	３月城下の下町振興のため十八日町・廿八日町などで大日市が開かれる。
		閏３月八戸城新御殿落成式を行う。
		閏３月野村武一に改革の功を賞して軍記の名前と感章を与える。
		４月１万５千両の囲い金が藩庫に貯えられる。
		７月総馬改めを行い、三戸郡９，３４２疋、九戸郡８，７３１疋。
		８月若殿造酒助が八太郎での大砲演習中に爆死する。
		１２月江戸・八戸間の定便飛脚の運用が始まる。
天保３	1832	９月正法寺姥水門からの用水堰が延長され、長苗代の開田が進む。
天保４	1833	１０月領内百姓人口は５万５５１人。
		１０月八戸町の町内・小路の出入り口に柵を建てる。
		１１月札の辻へ町口御門、惣門丁へ惣門を建造する。
		１２月飢饉のため領内で稗３合の穀改めを実施する。
		本年より天保１０年まで飢饉が続くため「七年飢饉」という。
		この頃までに江戸屋敷では継続的に「読本」の収集が行われる。
天保５	1834	１月久慈で稗３合買上などに反対して百姓一揆が起こり、八戸鍛冶丁へ押し寄せる。
		１月２１ヵ条の百姓要求を認め、責任者野村軍記を免職とする。
		２月野村は身帯改易の上、家屋敷の没収となる。
		３月鉄山支配人を石橋徳右衛門から軽米の淵沢円右衛門（元屋五郎助）に交代する。
		６月江戸中屋敷を上屋敷の隣の麻布市兵衛町に拝領する。
		この年、天保郷村高帳を幕府へ提出する。
天保７	1836	１２月大飢饉となり、3万６，０００石の田畑が損耗する。
天保８	1837	５月困窮のため大野村が１００石の伝馬高を願い出る。
		６月飢饉により長苗代通に極窮の百姓が多く出る。
		６月新発田米を積み込んだ買米船が次々に入港する。
		９月領内絵図を幕府へ提出する。
		１１月２２日若殿信一が江戸参勤中に宇都宮で死去するが、１２月７日に江戸で死去したと公表される。

年　号	西暦	事　　　項
天保９	1838	４月薩摩藩島津篤之丞の養子縁組が幕府から許可される。
		７月酒屋仲間が飢饉ではあるが、細民の生活を助けるために祭礼行列の実施を訴える。
		１０月沿岸警備の功により城主格に昇進する。これ以後、御陣屋敷は御城と呼称。
		この年、八戸町町屋の家数６９１軒、鍵数８５５軒、人数４，５２０人<注２>。
天保１０	1839	２月凶作続きのため観音林村が５割増の伝馬助成金を願う。
		２月飢饉により長苗代通に渇命に及ぶ者多し。
		６月から領内へ５万両貸出の飢饉対策が実施される。
天保１２	1841	１月下落した藩札の回収を再度始める。
天保１３	1842	５月篤之丞を改名した信順が９代藩主となる。
		５月船遊亭扇橋が八戸に来訪し、『奥のしおり』に八戸の様子を書き留める。
		７月飯盛り女が鮫に３１人、湊に４２人。
天保１４	1843	１１月産物販売策により囲い金１万両を蓄える。
弘化２	1845	６月囲い金３万両を蓄える。
弘化４	1847	１０月囲い金５万両を蓄える。
		１１月軽米の淵沢円右衛門が農書『軽邑耕作鈔』を著す。
嘉永３	1850	春、三峰館寛兆らが『俳諧多根惟智山』を刊行。
嘉永６	1853	５月以降、盛岡藩領五戸通、七戸通、三閉伊通などで大豆買上反対などの百姓一揆が起きる。
		６月六日振飛脚が八戸に到着し、ペリー艦隊が浦賀に来航したことを告げる。
		１０月御抱え相撲を廃止して足軽組の増員をはかる。
安政元	1854	４月領内沿岸８ヵ所に台場を築造する。
		６月総勢１，３６０人余の軍事演習を白山平で行う。
		この時期、新稲荷丁や新鳥屋部丁が造成される。
安政２	1855	１２月信順の官位が従四位下、四品に昇進。江戸城控の間が柳間詰から大広間詰となる。
安政３	1856	７月２３日八戸沖で大地震が発生し、津波が海岸へ押し寄せる。
		１２月将軍家定と島津家出の篤姫が婚礼を行う。薩摩藩主島津斉彬が幕政改革に乗り出す。
安政４	1857	１１月藩士蛇口伴蔵が上水事業成就の願文を寺下観音堂に奉納する。
安政５	1858	８月西洋流の軍事演習を白山平で行う。
		１２月斉彬の死去を受け、薩摩藩主の国父久光が公武一和に動く。
万延元	1860	３月大老井伊直弼が桜田門外で水戸浪士に襲われる。
		４月久世大和守が老中首座に就任し、公武合体策を進める。
		８月蛇口開削の鴨平用水堰が完工する。
		１０月皇女和宮の将軍降嫁が決まる。
文久元	1861	１月以降、信順が久世邸と薩摩・福岡藩（黒田家）邸などの島津一門を頻繁に訪問する。
		４月蛇口が蒼前平上水事業の願文を寺下観音堂に奉納する。
		１２月信順が侍従に昇進する。
文久２	1862	１月老中安藤信正が坂下門外で水戸浪士に襲われる。
		４月島津久光が兵を率いて入京し、幕政について朝廷に建議する。
文久３	1863	４月足軽組増員により新組丁がつくられる。
		１２月商人大岡長兵衛が『多志南美草』に徳川幕府終末の予測を記す。
元治元	1864	１２月２８日八戸廿三日町より出火し、城下中心街４００軒余が焼失する大火となる。
慶応元	1865	３月表町通から十六日町裏町通への町堰の分岐工事が行われる。
慶応２	1866	２月大岡長兵衛が『多志南美草』の序文を執筆する。
明治元	1868	３月新政府から江戸出兵の命を受け、藩兵が江戸へ出立する。
		閏４月八戸藩は奥羽列藩同盟に署名するが、新政府の庄内征討の命により観音林へ軍勢を出動させる。
		９月盛岡藩が新政府に降伏する。
		９月同盟を離脱した弘前藩と野辺地守備の盛岡・八戸藩兵が交戦する。
		１２月新政府は朝敵諸藩の処分を行うが、八戸藩は処分されず。会津藩は領土没収、盛岡

年　号	西暦	事　項
		藩は１３万石に減封され白石に転封。
明治２	1869	４月大参事などの職制を設け、藩治職制の改革を行う。
		６月版籍奉還により藩主は藩知事となる。
		１０月按察府より八戸藩へ褒賞が達せられる。
		１１月旧会津藩が３万石での立藩が認められ、斗南藩となる。
明治３	1870	４月斗南藩士が船で鮫湊に上陸し、三戸に向けて八戸町を通過する。
明治４	1871	７月１４日廃藩置県により八戸藩が廃止され、八戸県が誕生する。
		９月４日八戸県など五県が弘前県に合併する。９月２３日弘前県が青森県と改称。
		９月２４日元八戸県の戸数１万３，５６９軒（士族３９３、卒１８４、社家７５、寺５３、修験４０、平民１万２，８１６、穢多８）、人数６万８，１９３人（士族２，９２７、卒１，０４１、社人４３７、僧１５５、修験２０５、平民６万３，３７４、穢多５４）＜注３＞。

年表は『八戸南部史稿』や『八戸市史』史料編近世など本文引用の参考資料をもとに作成した。ただし注３項目の出典は次の通り。注１：御調向并表御定録類覚帳・八戸南部家文書　注２：御巡見衆御宿亭主江被仰付覚帳・西町屋文書　注３：東京県庁進達留・八戸南部家文書

八戸藩主の系図

- ①直房
  - ②直政
    - ③通信　盛岡藩主 南部重信四男
      - ④広信
        - ⑤信興
          - ⑥信依
            - ⑦信房
            - 主計　一家を成す、子は逸見家を成す
            - ⑧信真
              - 信経　江戸で死去
              - 信一　江戸で死去
              - 忠文　江戸で死去
              - お美保　花房万吉妻
              - お賢　阿部遠江守妻
              - お重　柴田六三郎縁組み後死去
              - 造酒之助　八戸で死去
              - お文　市橋主殿頭妻
              - お利　植村駿河守妻
              - お鶴　信順妻
                - ⑨信順　鹿児島藩主 島津重豪十男
                  - お八百　島津貴敦妻
                  - お菫　櫛笥隆義妻
                  - 栄信　十代を継ぐ
            - お光　織田大膳妻
          - 信充　南部信之養子 逸見家を成す
          - お清　夭折
          - 与五郎　山崎勘太夫養子
          - お栄　山崎勘太夫妻
          - お常　中里清右衛門妻
          - お久　三戸左近妻
          - 豊松　山村養子後 逸見家を成す
          - 興春　新宮家を成す
          - お幸　中里郷右衛門妻
          - お重　中里清左衛門妻
          - お政　佐々木金右衛門妻
          - 春松　川勝文右衛門妻
          - 万吉　井上半平養子
          - 初次郎　船越治助養子
          - 勝寿　湊九郎兵衛養子
          - お梅　戸来惣右衛門妻
        - 信之　一家を成す
        - お貞　三戸左京妻
      - 修理　夭折
    - お仙　朽木主水妻
    - お菊　南部主計妻
  - 直常　夭折
  - お富　市橋左京妻

【出典】
八戸南部家文書弘化３年・慶応元年「系譜」、明治初年「元八戸南部家系」、「系譜書上」、遠山家文書「御九代集」、『八戸南部史稿』、『寛政重修諸家譜』

あとがき

本書は二部構成となっている。前半は『八戸藩領をあるく』、後半は『南部の歴史　東京散歩』である。これらはデーリー東北新聞に連載された原稿が基になっている。前者は平成二十四年一月六日から一年間、全五一回連載したものである。後者は平成二十一年四月七日から十二月までの九ヵ月、全三八回連載した。

今回、単行本にするに当たり、いくらかの加筆を行うとともに、前者には本文に記述した内容の根拠となる出典を明示し、さらに時代の流れを把握できるように年表を付け加えた。出典を加えた理由は史実に基づいた記述を心掛けたことの証しであると同時に、今後歴史事項をより掘り下げて調べたい人のためにその利便性を図るためである。この出典の明示こそが本書の特色といってよいであろう。

私たちのふるさとは豊かな土と水に恵まれ、緑なす山々とともに洋々とした海が広がる自然環境で育まれてきた。そのような風土の中で、私たちの先祖は長い年月をかけて営々として歴史と伝統を積み重ね、今日に至った。

今、ふるさとの歴史を振り返る時、身の回りには、意外と江戸時代に起源を持つものが多い。市町村にある大字は藩政時代の村の範囲であり、地域の一体感や地域意識、風俗習慣・言語などの多くはこの藩政時代に培われてきたものであった。

一方、昨今の歴史研究はめざましいものがある。新しい史料が発掘され、これに基づいて実証的な歴史研究が進められている。お国自慢的な歴史ではなく、言い伝え、聞き伝えではない、しっかりとした史料の裏付けのある重厚な歴史が望まれている。また近年、新しい史料集の編纂を目指した『新編八戸市史』や『青森県史』が相次いで刊行され、新しい歴史像の構築が提唱されるようになった。

そこで、本書では、現代社会の母胎となった江戸時代の八戸藩に焦点を当てて、新たに編纂された史料を使いながら、新しい観点からふるさとの歴史の歩みを書き綴ってみることにした。

『八戸藩領をあるく』では、前半部分は八戸藩の誕生から藩の廃止までを時間の経過に従って記述したが、後半は交通や産業、武士や商人、農民の暮らしなど、分野別の事項について横断的な歴史をクローズアップした。いずれも時間的流れに沿いながら縦糸と横糸を織り込むようにして八戸藩の歴史を立体的に構成したものである。ただ注目してほしいのは、藩政治の動きという政治史だけにとらわれず、社会の新しい動向や人々の暮らし方、生活の姿に目を向けて歴史の歩みを跡づけていることである。

八戸藩の歴史は八戸地域だけにとどまらない。東京には、八戸をはじめとする南部地方ゆかりの旧跡が数多く残されている。大都会の東京はダイナミックに変貌するのが常である。ところが、東京のビルの谷間や住宅街の一角には、変わらぬ東京とその基盤となった江戸の歴史が今なお静かに息づいている。そこに見い出される八戸藩ゆかりの地を散策しながら、南部の歴史を再発見しようという試みが、『南部の歴史　東京散歩』である。本文には、冒頭に道順を記すとともに、最寄りの駅を記したルートマップを掲載した。これを手がかりにすれば、そのゆかりの地を訪ね歩くことができよう。

ところで、本書の特色は本文の記述だけではない。各ページに配された迫力ある写真も見どころである。そのねらいは、写真を通してふるさと八戸や東京に残る現在の姿、人々の暮らしとたたずまいを映し出そうということにある。表情豊かな写真によってふるさとの歴史にタイムスリップする醍醐味を味わってもらえれば、幸いである。

最後に本書刊行するに当たりデーリー東北新聞社と連載担当者の川口桂子・沼沢隆一・遠山良雄の諸氏には格別のご厚情をたまわった。とりわけ川口氏には本書校正の労も取っていただいた。厚く感謝申し上げる。

平成二十五年十一月

三浦忠司

【著者紹介】

三浦　忠司（みうら・ただし）

昭和23（1948）年生まれ。青森県立高等学校教諭を経て八戸市史編纂室長となり、平成20年八戸市立小中学校校長を退職。八戸歴史研究会会長、安藤昌益資料館館長。八戸市在住。

【主な著書】

『八戸藩「遠山家日記」の時代』（岩田書院）、『八戸三社大祭の歴史』（伊吉書院）、『八戸湊と八戸藩の海運』（八戸港湾運送株式会社）、『八戸と安藤昌益』（安藤昌益資料館）、『南部八戸の城下町』（伊吉書院）、『南部鍵屋 村井家襖の下張り文書』（鍵屋村井家文書刊行会）、『写真が語る八戸の歴史・近世編』（八戸ガス興業株式会社）、『八戸藩の海運資料』（青森県文化財保護協会）、『八戸藩遠山家日記』（青森県文化財保護協会）

【主な論文】

「八戸城下町における祭礼の成立と展開」（比較都市史研究）、「北奥における商人の情報活動」（日本歴史、吉川弘文館『幕末維新論集』第10巻再録）、「八戸藩の江戸飛脚と一里飛脚」（交通史研究）、「東廻り海運と八戸藩の産物輸送」（日本水上交通史論集）、「八戸藩における藩政改革以後の海運と産物流通」（地方史研究）

八戸藩の歴史をたずねて
――八戸藩領をあるく　東京散歩

定価　本体一七一四円＋税

発　行　平成二十五年十一月二十二日　初版
　　　　平成二十六年一月十日　第二刷
　　　　平成二十七年三月二十九日　第三刷

著　者　三浦忠司

発行者　荒瀬　潔

発行所　デーリー東北新聞社
　　　　〒〇三一―八六〇一
　　　　八戸市城下一―三―一二
　　　　電話　〇一七八―四四―五一一一
　　　　http://www.daily-tohoku.co.jp/

印刷所　川口印刷工業株式会社